RICK HANSON ET RICHARD MENDIUS

Rick Hanson est un professeur de méditation. Richard Mendius est neurologue, il a fondé un institut mêlant les neurosciences et des sagesses contemplatives. Leur méthode repose sur la méditation de la pleine conscience qu'ils enseignent et sur leur expérience de psychothérapeutes.

Retrouvez leur méthode sur
http://wellspring.org/

Le Cerveau de Bouddha

ÉVOLUTION
Des livres pour vous faciliter la vie !

Robert CIALDINI
Influence et manipulation
Comprendre et maîtriser les mécanismes et les techniques de persuasion

Guy FINLEY
Le Courage d'être libre
Se libérer de la peur et de l'angoisse

Alexandro JODOROWSKY & Marianne COSTA
La Famille, un trésor, un piège
Métagénéalogie : comment guérir de sa famille

Eduardo PUNSET
101 raisons d'être optimiste
… et de croire en demain

Catherine BENSAID & Pauline BEBE
L'Autre, cet infini
Dialogue autour de l'amour et de l'amitié

Daniel GOLEMAN
Attentif, concentré et libre
Concentration, pleine conscience : les clés de la réussite

Jacques SALOMÉ
Voyage aux pays de l'amour

Catherine GUEGUEN
Pour une enfance heureuse
Repenser l'éducation à la lumière des
dernières découvertes sur le cerveau

Fabrice MIDAL
Frappe le ciel, écoute le bruit
Ce que vingt-cinq ans de méditation m'ont appris

Rick HANSON
Le Pouvoir des petits riens
52 exercices simples pour changer sa vie

RICK HANSON
avec le Dr Richard Mendius

Le Cerveau de Bouddha

Bonheur, amour et sagesse
au temps des neurosciences

Traduit de l'anglais (États-Unis)
par Olivier Colette

Préface de Christophe André

les arènes

Le Cerveau de Bouddha
Titre original :
BUDDHA'S BRAIN
THE PRACTICAL NEUROSCIENCE OF HAPPINESS, LOVE AND WISDOM

Pocket, une marque d'Univers Poche, est un éditeur qui
s'engage pour la préservation de son environnement
et qui utilise du papier fabriqué à partir de bois
provenant de forêts gérées de manière responsable.

© 2009 by Rick Hanson, Ph.D., and Richard Mendius,
MD and New Harbinger Publications
© Éditions des Arènes, Paris, 2011, pour la traduction française

ISBN : 978-2-266-22737-7

Sommaire

Préface

C'est le soir. Je vais embrasser ma plus jeune fille avant la nuit. Comme toujours, nous bavardons un petit moment :

— Papa, je sens que je vais avoir du mal à m'endormir, je suis trop énervée.

— Ah bon ? Il y a des trucs qui ne vont pas, tu as des soucis ?

— Non, non, mais il y a plein de choses dans ma tête. Tu sais comment on fait pour arrêter de penser ?

— Ouh là ! Ça, c'est difficile, de s'arrêter de penser. Tu penses à des choses qui t'inquiètent ?

— Mais non, je te dis, arrête de faire ton psychiatre, Papa ! C'est juste que je n'arrive pas à arrêter mon cerveau pour m'endormir. Dis-moi comment faire.

— Eh bien, souvent, ce qui aide, c'est de ne pas chercher à s'endormir, de ne pas se dire : « il faut que je m'endorme, il faut que je m'endorme », mais plutôt de se détendre. Par exemple, en sentant bien sa respiration : en prêtant attention à l'air qui rentre dans le nez, qui descend dans les poumons, puis qui ressort, un peu plus tiède ; en sentant bien comment la

11

poitrine et le ventre se gonflent et se dégonflent, tout doucement… Tu sens tout ça ?

— Ouais, ouais.

Un instant s'écoule.

— Je sens, mais ça· marche pas terrible, tout de même. Tu n'as rien de mieux ?

— Tu sais, le sommeil, on ne peut pas lui commander, on peut juste attendre qu'il arrive, en essayant de ne pas trop s'énerver à vouloir absolument dormir là, maintenant.

— Bon, OK. Alors laisse tomber, gratte-moi plutôt un peu le dos s'il te plaît…

Ce que je fis. Et elle s'endormit.

On peut bien sûr tirer toutes sortes de conclusions de cette histoire.

La première, c'est que, parfois, un kiné est préférable à un psy.

La deuxième, c'est que certaines de nos difficultés à apaiser notre esprit seront mieux résolues si nous acceptons le détour par l'apaisement préalable du corps.

La troisième, c'est que nous rêvons d'un cerveau très obéissant, et que, constatant que ce n'est pas souvent le cas, nous abandonnons vite. Trop vite…

Régner sans gouverner

Paul Valéry écrivait, dans ses *Mauvaises Pensées*[1] : « La conscience règne et ne gouverne pas. » Nous sommes tous pareils, grands et petits : nous aimerions que notre cerveau nous obéisse, comme ça, sans efforts autres que lui donner des ordres, comme nous en donnons à notre petit doigt. Nous nous étonnons, naïvement, que notre ego ne contrôle pas totalement notre cerveau. Et puis nous laissons tomber, et nous passons à autre chose…

Pourquoi renoncer si vite ? Sans doute à cause d'un curieux mélange de naïveté, de fatalisme et d'ignorance…

Naïveté : nous pensons trop souvent que notre cerveau est à nos ordres, qu'il est « nous ». Il est vrai que, lorsque nous lui disons « marche », il fait marcher nos jambes ; lorsque nous lui disons « regarde », « lis », « chante », « prends ta douche », l'efficacité est foudroyante et tout s'accomplit. Par contre, cela se passe moins bien lorsque nous lui disons « dors », « calme-toi », « cesse de t'inquiéter », « prends la vie du bon côté » ; cela se passe moins bien lorsque nous essayons de le pousser à d'autres choses encore, un peu plus compliquées (« fais preuve de sagesse ») ou même un peu plus simples (« sors-toi cette mélodie stupide de la tête »).

Fatalisme : constatant cela, nous risquons de nous dire que, « puisque je n'y arrive pas, c'est que ce sont des domaines que l'on ne peut pas contrôler… » Croyance erronée, bien sûr, certitude simpliste et mensongère, adoptée par dépit et par paresse. Si, on peut les contrôler ! On peut faciliter son endormissement, et son bonheur, et bien d'autres choses encore. Mais seulement de manière progressive, et partielle, et à condition de le travailler régulièrement. Mais comment ?

Ignorance, car, une fois cette prise de conscience faite, nous butons alors en général sur un troisième obstacle : « Comment m'y prendre ? » Si nous renonçons si souvent, c'est que nous ne savons pas comment faire, ni par quel bout aborder le problème. Nous manquons de méthodes, de repères, de modèles. Mais il faut avouer que nous avons des excuses...

Entraînement de l'esprit

Durant mes études de médecine, puis de psychiatrie, je n'avais jamais entendu parler de la possibilité d'agir de manière délibérée sur ses capacités mentales. Cela concernait éventuellement la neurologie, où j'avais vu à l'œuvre des rééducations de personnes devenues aphasiques (ayant perdu leurs capacités de langage) après un accident vasculaire cérébral. Mais rien pour la psychiatrie ou la psychologie. Je n'avais jamais lu non plus d'articles ni d'ouvrages à ce propos. Bref, tout se passait comme si le cerveau était une boîte noire aussi hermétique que celle des avions. Bien sûr, on nous avait appris à soigner les esprits malades, mais il s'agissait plutôt de chimie : les médicaments, ou de psychanalyse : une sorte de voyage initiatique dans lequel il fallait s'embarquer pour des années sans même savoir où l'on aboutirait ; cela pouvait avoir du charme et de l'intérêt, mais ne ressemblait en rien à un entraînement régulier et délibéré.

Un des premiers qui me parla ouvertement et de façon convaincante de l'entraînement de l'esprit fut Matthieu Ricard, moine bouddhiste et ambassadeur de la cause tibétaine[2] : il m'expliqua qu'il pouvait exister un *mind-training* comme il existe un *body-building*. Mais le premier est malheureusement moins connu et moins pratiqué que le second. On peut se demander pourquoi. Car, dans bien des domaines de notre vie, et pas seulement pour gonfler nos muscles, nous développons beaucoup d'énergie : apprendre un métier, un sport, un art ; mais aussi faire les soldes ou le ménage.

En revanche, cette même énergie, cette même persévérance nous manque lorsqu'il s'agit de développer en nous des aptitudes que pourtant nous aimerions avoir : sagesse, altruisme, sérénité.

La philosophe Simone Weil, comme bien d'autres penseurs, se posait elle aussi cette question, par exemple au moment de la Seconde Guerre mondiale[3] : « Queues alimentaires. Une même action est plus facile si le mobile est bas que s'il est élevé. Les mobiles bas enferment plus d'énergie que les mobiles élevés. Problème : comment transférer aux mobiles élevés l'énergie dévolue aux mobiles bas ? » Elle ajoutait, faisant référence aux restrictions alimentaires provoquées par la guerre : « Les gens qui restaient debout, immobiles, de une à huit heures du matin pour avoir un œuf, l'auraient très difficilement fait pour sauver une vie humaine… » Et j'ajoute : cet effort, le ferions-nous pour développer notre esprit ? Ne soyons pas sévères : nous le ferions peut-être. Une fois ou deux. Mais non chaque jour. Or c'est au quotidien que tout cela se joue. Non pour des heures, mais pour quelques minutes, chaque jour de notre vie…

Que faire, alors ? C'est simple : se tourner vers ce qui existe déjà, s'inspirer des maîtres qui ont déjà réfléchi à cela, avant de chercher à approfondir notre propre voie, tout seuls dans notre coin.

Pourquoi le cerveau de Bouddha
(et non celui de Jésus) ?
Pour explorer des voies nouvelles, nous avons besoin de modèles. Pour envisager, pour oser et pour persévérer. C'est exactement comme au ski ou en cuisine, comme dans tous les domaines de notre vie : si

nous devions tout inventer, ce serait terrible et décourageant.

Imaginez que vous ne sachiez pas que le ski existe, que vous n'ayez jamais entendu parler de ça, ni jamais vu personne skier : il est peu probable qu'en vous asseyant et en réfléchissant quelques minutes vous découvriez le principe de la glisse sur deux planches. Et, même si c'était le cas, vous renonceriez après quelques essais : « trop compliqué, donc impossible ». Entre le moment où les humains ont imaginé l'idée du ski et celui où les techniques en ont été au point, il s'est écoulé de très nombreuses générations : lorsqu'on arrive après, et qu'on a la chance de pouvoir utiliser cette tradition, on a tout intérêt à le faire.

Tout change et tout est plus facile, si l'on dispose de modèles. Et plus encore si ces modèles sont prêts à nous transmettre leur expérience : ils deviennent alors des maîtres. On n'aime pas aujourd'hui parler de « maîtres », ou on le fait très prudemment[4] : parce que les humains se sont beaucoup fourvoyés dans la vénération de maîtres et autres leaders ; parce qu'on pense de nos jours que chacun doit être le créateur de lui-même ; et pour beaucoup d'autres raisons, bonnes (comme la première) ou moins bonnes (comme la seconde). Mais, tout de même, les maîtres et leur enseignement, ça existe et ça peut nous servir grandement.

D'ailleurs, nous ne parlons pas ici de maîtres à penser ou de maîtres spirituels, mais de « maîtres de vie ». De ceux qui ne se contentent pas de délivrer un enseignement, mais ont le souci de l'incarner au jour le jour. Parmi ces maîtres de vie, capables de nous inspirer sur les chemins de l'amour, de la sagesse, de la morale, on aurait pu choisir Jésus ou Socrate, par exemple[5]. Alors pourquoi ce livre propose-t-il plutôt Bouddha ?

Peut-être parce qu'il est le plus proche de nos besoins et de nos fragilités ?

Bouddha avait le souci de diminuer la souffrance de tous les humains, ce qui est plus réconfortant pour la plupart d'entre nous que ne peut l'être le souci premier de Socrate : augmenter notre lucidité. Bien sûr, je simplifie, et Bouddha avait aussi le souci de la lucidité, mais il pensait justement que la souffrance l'obscurcissait. Et qu'il est difficile d'être lucide si l'on n'est pas stable dans sa tête et dans son cœur. L'enseignement bouddhiste[6] nous rappelle que le travail sur *Shamata*, le calme intérieur, précède celui sur *Vipassana*, la vision pénétrante.

Peut-être parce qu'il est le plus humain ?

Au départ, Bouddha était un humain normal avec un cerveau normal ; pas du tout un fils de Dieu, comme Jésus, juste un fils de roi, c'est-à-dire quelqu'un absolument comme vous et moi, simplement né au bon endroit et au bon moment. Mais, par ses observations, ses réflexions puis son *travail* acharné, Bouddha évolua. Et se transforma en un être éveillé, puis en un professeur infatigable, qui enseigna à ses élèves l'art et la manière de changer leur esprit. En cela, Bouddha est incontestablement un bon *modèle*[7] : assez proche de nous au départ, et explicite sur le fait que son changement immense et radical fut le produit d'un travail certes immense, mais aussi accessible à chacun. À sa suite, de nombreux maîtres reprirent et approfondirent son enseignement, nous léguant un riche corpus de réflexions et de pratiques.

Dans cet énorme héritage de l'enseignement bouddhiste, beaucoup d'intuitions se sont trouvées confirmées par les neurosciences contemporaines, et ce livre est la synthèse de ces deux approches du psychisme. Elles ne sont nullement incompatibles, comme le rappelle la célèbre phrase du neurobiologiste Antonio Damasio : « En découvrant les secrets de l'esprit, nous le percevons comme l'ensemble de phénomènes biologiques le plus élaboré de la nature, et non plus comme un mystère insondable. Pourtant l'esprit survivra à l'explication de sa nature, tout comme le parfum de la rose continue d'embaumer, même si l'on en connaît la structure moléculaire[8]. » De même, bouddhisme et neurosciences proposent ainsi deux lectures compatibles mais non similaires du fonctionnement de l'esprit humain. Et chacune garde sa saveur et sa finalité propre…

La neuroplasticité : comment changer
son cerveau par le travail de la pensée

Notre cerveau produit nos pensées, nos émotions, notre conscience, bref : notre cerveau produit notre esprit. Mais cette relation n'est pas à sens unique : en retour, notre esprit va aussi façonner notre cerveau, le modifier biologiquement. Ce qu'on appelle *neuroplasticité* est cette capacité de notre matière cérébrale à changer sous l'effet de nos pensées, de nos efforts répétés et de nos apprentissages.

Le constat est simple : 1) nos pensées et émotions ne sortent pas d'un esprit immatériel mais d'un corps et notamment d'un organe, le cerveau, 2) ce cerveau est influencé par tout un tas de choses qui dépendent de nous (comment nous le nourrissons, comment nous le stimulons, comment nous l'entraînons),

3) des modifications concrètes, aujourd'hui visibles grâce aux techniques de neuro-imagerie, accompagnent ces efforts.

Le constat est simple donc, mais il est aussi révolutionnaire. Il est en train de bouleverser le monde de la psychothérapie : en montrant, depuis 1992, que certaines formes de travail psychologique, comme les thérapies comportementales, aboutissent à des changements anatomiques ou fonctionnels du cerveau[9], les chercheurs ont considérablement revalorisé les psychothérapies. Celles-ci ont définitivement quitté leur statut d'aimables bavardages ou d'inutiles « prises de tête » pour devenir des stratégies d'apprentissage, exigeantes certes mais aussi puissantes, en vue d'une meilleure régulation de nos pensées et de nos émotions. Depuis, les travaux ont déferlé dans ce domaine de l'efficacité[10], de la prédiction d'efficacité[11] et des perspectives de recherche à privilégier pour rendre les psychothérapies encore plus efficaces[12].

Parmi ces stratégies psychothérapiques, certaines, très récentes, sont notamment inspirées des techniques de méditation bouddhiste, dites de « Pleine Conscience », et dont il est très largement question dans ce livre. Là encore, elles se sont avérées efficaces dans nombre de domaines, allant du contrôle de la douleur[13] à la prévention des rechutes dépressives[14]. Et, là encore, toutes les études montrent que leur efficacité repose sur leur capacité à modifier le fonctionnement[15] et parfois l'anatomie du cerveau[16].

Ces nouvelles approches du fonctionnement de notre esprit, et de sa sensibilité aux apprentissages, sont bien sûr précieuses aux personnes qui souffrent de difficultés psychologiques. Mais elles sont aussi fondamentales pour toutes les autres : celles qui n'en souffrent pas, et celles qui n'en souffrent plus mais qui en ont souffert et ne voudraient surtout pas que cela recommence ! Il y a ainsi un bénéfice évident à pratiquer un entraînement de l'esprit, même si l'on n'est pas souffrant, ni malade.

Sinon notre cerveau restera ce qu'il est : un champ en friche. Potentiellement fertile, mais en friche. Ou une forêt primitive : avez-vous déjà essayé de vous promener dans une forêt non travaillée par les humains ? Une forêt sans sentiers, sans clairières ? On y étouffe vite, on n'y voit pas grand-chose, on n'a pas plaisir à y flâner. Il en va de même de notre intériorité…

Pourquoi la culture de notre intériorité
est-elle plus importante que jamais ?

L'entraînement de l'esprit est indispensable à tout humain pour des raisons éternelles : sans ces efforts sur nous-mêmes, nous serons de plus en plus le jouet de nos démons intérieurs. Nous deviendrons des champions de stress, d'énervement, d'incohérence, d'instabilité attentionnelle, à force de les subir et de les pratiquer…

Mais cette pratique de l'intériorité est encore plus indispensable aujourd'hui que jamais. Ce n'est pas un hasard si la notion d'entraînement de l'esprit en général et celle de méditation en particulier se trouvent depuis quelques années sur le devant de la scène : nous en avons un besoin radical !

Notre monde est de plus en plus sollicitant, et il est devenu très facile de se couper de notre intériorité :

l'extériorité nous tend les bras et se propose de remplir toute notre conscience. Par des distractions (depuis peu) et des actions (depuis toujours). Aujourd'hui, au moment où nous n'avons plus à remplir nos journées d'actes de survie (trouver à manger, où dormir), nous devrions profiter du temps et de l'énergie libérés par la technologie pour devenir des êtres plus intelligents et plus équilibrés. Mais nous ne le faisons pas : nous laissons ce nouvel espace de conscience vacant être comblé par tout un fatras de *superficialité externe* dont nous abreuve notre société de consommations et de distractions.

Notre monde est devenu plus complexe : rapide, changeant, rendant dangereux les raisonnements, les classifications et les perceptions simplistes. Nous devons aujourd'hui comprendre qu'un bon cerveau vaut mieux que de gros biscoteaux pour y voir plus clair et plus loin. Pour ne pas se perdre, corps et âme. Pour ne pas s'affoler ou se déprimer inutilement. Pour se protéger aussi de ce qui brouille notre lucidité et notre liberté[17] : pour ne pas céder aux multiples sollicitations toxiques (publicités et endoctrinements) et aux pseudo-solutions (achetez, dépensez, marchez au pas). Le danger d'appauvrissement mental chez chacun de nous est aujourd'hui considérable. Voyez ce qu'en pensait le philosophe Gustave Thibon : « Philosophes du Moyen Âge qui attribuaient la stérilité des prostituées aux combats que se livraient entre eux les multiples embryons conçus chaque jour au contact de leurs partenaires et qui s'entre-détruisaient en fonction de leur nombre. Ce qui, *mutatis mutandis*, s'applique merveilleusement à notre style de civilisation où l'homme, sollicité dans tous les sens par de nouvelles attractions, n'a plus la capacité ni le temps de laisser mûrir en lui quoi que ce soit, en sorte que l'écart se rétrécit de plus en plus, dans son esprit et dans son âme, entre la conception et l'avortement[18]… » Sommes-nous condamnés à penser court, dispersé et superficiel ? Oui, à moins de prendre soin de notre intériorité.

Plus qu'un nouveau savoir,
une nouvelle manière de vivre…

Les bénéfices de l'entraînement de l'esprit sont donc nombreux : limiter nos souffrances, développer notre bien-être et notre santé, mais aussi accroître notre lucidité, notre conscience, nos capacités d'amour et de sagesse.

Cependant, le but de ce livre dépasse largement ce que le penseur bouddhiste Fabrice Midal appelle le « matérialisme spirituel[19] » : « abaisser » l'entraînement de l'esprit à la poursuite de nouveaux buts matériels (être moins stressé pour mieux travailler, avoir meilleur moral pour dépenser davantage, afficher sa « zen-attitude » en bandoulière sociale). L'entraînement spirituel (c'est-à-dire *de l'esprit*) ne doit pas seulement être perçu comme une occupation de plus, une performance de plus, une simple recherche d'optimisation de ce que nous sommes.

C'est bien plus que cela.

L'ambition de la démarche expliquée ici est un changement profond de perspective et de rapport à notre existence : l'établissement en nous d'une pratique de spiritualité laïque[20], d'une vie de notre esprit qui sache se tourner vers autre chose que l'immédiat, le facile, l'utilitaire. Une vie de notre esprit qui nous aide à mieux nous diriger vers les valeurs qui nous importent. Qui nous aide à devenir plus sereins, plus lucides et plus clairvoyants.

C'est cette étape de l'apprentissage qui est bien sûr la plus intéressante, cette étape qui commencera après la dernière page du dernier chapitre de ce livre.

Et qui va durer toute votre vie.

Christophe ANDRÉ est médecin psychiatre à l'hôpital Sainte-Anne à Paris. Il a notamment publié : *Les États d'âme, un apprentissage de la sérénité* (éditions Odile Jacob) et *De l'art du bonheur, apprendre à vivre heureux* (éditions de L'Iconoclaste).

Introduction

Comment créer plus de bonheur, d'amour et de sagesse en agissant directement sur son cerveau, tel est le sujet de ce livre qui explore une intersection historique inédite – celle de la psychologie, de la neurologie et de la pratique contemplative. Nous nous sommes efforcés de répondre à deux questions :

- Lorsque nous vivons un état mental de bonheur, d'amour et de sagesse, comment notre cerveau est-il configuré ?
- Comment utiliser notre esprit pour stimuler et renforcer ces états cérébraux positifs ?

Le résultat est un guide pratique où vous trouverez de nombreux outils susceptibles d'améliorer votre cerveau.

Richard est neurologue, et je suis moi-même neuropsychologue. Bien que je sois l'auteur de l'essentiel de ces lignes, Richard est un collaborateur et un compagnon d'enseignement de longue date, et la connaissance intime du cerveau qu'il a acquise en trente années d'exercice médical imprègne ces pages. Ensemble, nous avons fondé l'Institut Wellspring des neurosciences et de la sagesse contemplative, dont le site Internet, www.wisebrain.org, propose un grand nombre d'articles, d'exposés et de documents divers.

Grâce à ce livre, vous apprendrez à gérer toutes sortes d'états mentaux difficiles, y compris le stress, la déprime, la distractibilité, les problèmes relationnels, l'anxiété, la tristesse et la colère. Mais nous nous concentrerons principalement sur le bien-être, le développement psychologique et la pratique spirituelle. Depuis des milliers d'années, les contemplatifs – ces athlètes olympiques de l'entraînement mental – étudient l'esprit. En appliquant au cerveau la tradition contemplative que nous connaissons le mieux – le bouddhisme –, nous tenterons de révéler les voies neuronales du bonheur, de l'amour et de la sagesse. Personne ne connaît parfaitement la nature du cerveau humain, y compris celui d'un Bouddha. En revanche, on sait de mieux en mieux stimuler et renforcer les bases neuronales des états de joie, d'affection et de vision profonde.

COMMENT UTILISER CE LIVRE

Il n'est pas indispensable d'avoir des connaissances en neurosciences, en psychologie ou en méditation pour tirer profit de ce livre. Il mêle informations et méthodes – un peu comme un mode d'emploi du cerveau accompagné d'une boîte à outils. C'est à vous d'y piocher les accessoires qui vous sont le mieux adaptés.

Le cerveau est tellement fascinant qu'il est l'objet d'un grand nombre d'études scientifiques, que vous pourrez consulter, le cas échéant, grâce aux références mentionnées en fin d'ouvrage. Par ailleurs, afin d'éviter que ce livre ne se transforme en manuel, nous avons simplifié les descriptions d'activités neuronales en nous limitant à leurs caractéristiques essentielles.

> Celles et ceux qui recherchent surtout des méthodes pratiques pourront survoler les parties scientifiques.

Bien entendu, la psychologie et la neurologie sont des sciences récentes qui sont loin de répondre à toutes les interrogations. Nous n'avons donc pas cherché à être exhaustifs. En fait, nous avons fait preuve d'opportunisme en nous limitant aux méthodes qui proposent une explication scientifique plausible de la manière dont elles activent les réseaux neuronaux de satisfaction, de bienveillance et de paix.

Ces méthodes incluent des méditations guidées dont les instructions, délibérément vagues, recourent parfois à une langue poétique ou évocatrice plutôt que précise ou explicite. Il existe différentes manières de les aborder : on peut simplement les lire, puis y réfléchir, les inclure en partie aux pratiques méditatives que l'on exerce déjà, les travailler en entier avec un ami, ou enregistrer les instructions et les pratiquer seul. Les consignes ne sont que des suggestions, susceptibles d'être entrecoupées de pauses aussi longues qu'on le souhaite. Il n'y a pas de mauvaise manière de méditer – la bonne manière est celle qui vous semble telle.

Attention : ce livre ne prétend pas se substituer à des soins professionnels ni constituer un traitement contre des maladies mentales ou physiques. Chaque être est unique. Certaines méthodes peuvent éveiller une sensation de gêne, surtout si l'on a subi un traumatisme.

Sentez-vous libre de les laisser de côté, d'en discuter avec un ami (ou un thérapeute), de les changer, voire de les abandonner. Soyez bienveillant envers vous-même.

Enfin, s'il y a bien une chose dont je suis certain, c'est qu'il suffit de petites modifications dans son esprit pour provoquer de grands changements dans son cerveau et dans sa vie. Je l'ai constaté à de nombreuses reprises autour de moi, dans mon cabinet de psychologue et dans mes cours de méditation, mais également en moi, dans mes propres pensées et sentiments.

Il est réellement possible d'engager chaque jour un peu plus son être dans une meilleure direction.

Celui qui change son cerveau change sa vie.

1
Les pouvoirs de transformation du cerveau

Les principales activités du cerveau se modifient elles-mêmes.

Marvin L. MINSKY

Quand l'esprit change, le cerveau change aussi. Pour reprendre le concept du psychologue Donald Hebb : quand des neurones s'activent ensemble, ils se raccordent ensemble. Autrement dit, l'activité mentale crée de nouvelles structures neuronales[1]. Par conséquent, même les pensées et les sentiments fugaces peuvent laisser des traces durables dans le cerveau, comme une giboulée de printemps peut creuser de petits sillons sur le flanc d'une colline.

Par exemple, les chauffeurs de taxi de Londres – qui doivent mémoriser un véritable dédale de rues – ont un hippocampe plus volumineux que la moyenne car ils exercent davantage cette zone du cerveau essentielle pour la mémoire visuospatiale[2]. De même, lorsqu'on est plus heureux, la région frontale gauche du cerveau est plus active[3].

Tout ce qui traverse l'esprit sculpte le cerveau.

On peut donc utiliser son esprit pour améliorer son cerveau – au profit de tout son être et de tous ceux dont on touche la vie.

L'objectif de ce livre est de vous montrer comment. Vous saurez ce que fait le cerveau quand l'esprit est heureux, aimant et sage. Et vous apprendrez à activer ces états cérébraux en les renforçant un peu plus chaque fois. Ainsi, petit à petit, vous serez capable de recâbler – intégralement – votre cerveau afin de connaître un bien-être plus grand, des relations plus satisfaisantes et une vraie paix intérieure.

Le cerveau en quelques principes de base

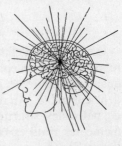

• Votre cerveau ressemble à 1,5 kilo de fromage blanc et comprend 1 100 milliards de cellules, dont 100 milliards de *neurones*. En moyenne, les neurones sont reliés entre eux par une centaine de milliers de connexions, appelées *synapses*[4].

• Par ses synapses réceptrices, le neurone reçoit des signaux d'autres neurones – généralement sous forme de substances chimiques appelées *neurotransmetteurs* –, qui lui permettent de décharger ou non. De même, par ses synapses émettrices, il envoie des signaux à d'autres neurones, qui leur permettent de décharger ou non.

• Un neurone type décharge entre cinq et cinquante fois par seconde. Le temps de lire tous les points de cet encadré, des millions de milliards de signaux auront circulé dans votre tête.

• Chaque signal neuronal correspond à une information : le système nerveux fait circuler les informations comme le cœur fait circuler le sang. Toutes ces informations constituent ce que nous appelons de manière générale l'*esprit*, dont l'essentiel nous demeure inconscient. Dans notre usage de ce terme, l'« esprit » désigne aussi bien les signaux qui régulent la réponse au stress que la capacité à faire du vélo, les traits de personnalité, les espoirs et les rêves, ou le sens des mots que vous lisez à cet instant même.

• Le cerveau est à la fois le moteur et l'architecte principal de l'esprit. Il est tellement actif que, bien qu'il ne représente que 2 % du poids total du corps, il utilise 20 à 25 % de son oxygène et de son glucose[5]. Tel un réfrigérateur, il bourdonne en permanence. Par conséquent, que nous soyons profondément endormis ou en pleine réflexion, il consomme à peu près la même quantité d'énergie[6].

• Pour 100 milliards de neurones qui déchargent ou non, le nombre de combinaisons possibles est approximativement de 10 puissance un million, c'est-à-dire 1 suivi d'un million de zéros : c'est le nombre d'états possibles de votre cerveau. En comparaison, les atomes de l'univers sont estimés à « seulement » 10 puissance quatre-vingts (10^{80}).

• Les événements mentaux conscients reposent sur des coalitions temporaires de synapses, qui se font et se défont – le plus souvent en l'espace de quelques secondes –, comme les remous d'un cours d'eau[7]. Les neurones peuvent également former des circuits durables, en renforçant leurs connexions réciproques par l'activité mentale.

• Le cerveau fonctionne comme un système global : aussi, attribuer certaines fonctions – telles l'attention ou l'émotion – à une seule de ses parties relève en général de la simplification.

• Le cerveau interagit avec d'autres systèmes dans le corps – qui interagit à son tour avec le monde – tout en étant modelé par l'esprit. Au sens le plus large, l'esprit est le fruit du cerveau, du corps, du monde naturel et de la culture humaine – mais également de l'esprit même[8]. Nous simplifions les choses lorsque nous considérons le cerveau comme la base de l'esprit.

• Esprit et cerveau agissent si profondément l'un sur l'autre qu'on les comprend mieux lorsqu'on les considère comme un système esprit/cerveau unique et codépendant.

UNE CHANCE SANS PRÉCÉDENT

Tout comme le microscope a révolutionné la biologie, ces dernières décennies de nouveaux outils de recherches, telle l'IRM, ont permis d'accroître considérablement les connaissances scientifiques sur l'esprit et le cerveau. Aujourd'hui, nous disposons donc de beaucoup plus de moyens d'être heureux et efficaces dans notre vie quotidienne.

Par ailleurs, il existe un intérêt croissant pour les traditions contemplatives, qui, depuis des millénaires, étudient l'esprit – donc le cerveau – en l'apaisant suffisamment pour percevoir ses plus légers murmures, et développent des techniques sophistiquées pour le transformer. Quel que soit le domaine où l'on veut progresser, il peut être utile de s'inspirer de ceux qui maîtrisent déjà cette compétence, tels les plus grands chefs pour les amateurs de cuisine. Aussi, si vous souhaitez accéder à plus de bonheur, de force intérieure, de clarté et de paix, il est logique de vous inspirer des pratiquants – laïques ou religieux dévoués – qui ont cherché à cultiver ces qualités.

> « Tout ce qui s'éloigne d'une approche contemplative de la vie est une promesse presque assurée de malheur. »
>
> Père Thomas KEATING

> « Nous en avons probablement plus appris sur le cerveau ces vingt dernières années qu'au cours de toute l'histoire écrite. »
>
> Alan LESHNER

Bien que le terme « contemplatif » puisse sembler exotique, quiconque a déjà médité, prié ou s'est simplement émerveillé devant le spectacle des étoiles s'est ouvert à la contemplation. Le monde compte un grand nombre de traditions contemplatives, associées pour la plupart aux grandes religions, dont le christianisme, le judaïsme, l'islam, l'hindouisme et le bouddhisme. Parmi ces grands courants, les scientifiques se sont surtout intéressés au bouddhisme. Comme la science, le bouddhisme encourage à ne rien tenir pour acquis et n'impose aucune croyance en Dieu. En outre, il propose un modèle détaillé de l'esprit assez facilement transposable à la psychologie et à la neurologie. Par conséquent, tout en vouant un grand respect aux autres traditions, nous nous appuierons surtout sur les perspectives et les méthodes bouddhistes.

Imaginez chacune de ces disciplines – psychologie, neurologie et pratique contemplative – comme un cercle (schéma 1). Ce qu'on a découvert à leur intersection commence seulement à révéler ses promesses, mais les scientifiques, les cliniciens et les contemplatifs en savent déjà beaucoup sur les états cérébraux qui sont à la base des états mentaux sains, et sur les moyens de les activer. Grâce à ces importantes découvertes, nous avons la possibilité extraordinaire d'influencer notre esprit, de diminuer nos souffrances ou les dysfonctionnements, d'augmenter notre bien-être et de stimuler notre pratique spirituelle. Ce sont les activités centrales de ce que l'on pourrait appeler la *voie de l'éveil*, et notre objectif est de recourir aux sciences du cerveau pour vous aider à emprunter correctement cette *voie* et à aller le plus loin possible. Aucun ouvrage ne pourra vous donner le cerveau d'un bouddha, mais, en comprenant mieux l'esprit et le cerveau de ceux qui sont allés au bout de ce chemin, il est possible de développer chez soi la joie, l'affection et la pénétration.

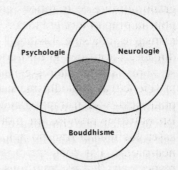

Schéma 1 : L'intersection
de trois disciplines

L'ÉVEIL DU CERVEAU

Richard et moi-même croyons que l'esprit, la conscience et la voie de l'éveil ont une dimension transcendantale – nommons-la Dieu, Esprit, nature de bouddha, le Fondement, ou ne la nommons pas. Quoi qu'il en soit, par définition, elle dépasse l'univers physique. Comme il est impossible de prouver son existence, il est important – et conforme à l'esprit scientifique – de la respecter comme une possibilité.

Toutefois, un nombre croissant d'études démontre combien l'esprit dépend du cerveau. Ainsi, comme l'esprit, le cerveau se développe dans l'enfance, et, si le cerveau est endommagé, l'esprit l'est également. Des modifications subtiles de la chimie cérébrale altèrent l'humeur, la capacité de concentration et la mémoire[9]. En recourant à de puissants aimants pour inhiber le système limbique, qui participe au contrôle des émotions, on peut amener les individus à modifier leur jugement moral[10]. Certaines expériences spirituelles correspondent même à des types d'activité neuronale précis[11].

Tout aspect de l'esprit qui n'est pas transcendantal repose nécessairement sur les processus physiologiques du cerveau. L'activité mentale, consciente ou inconsciente, reflète une activité neuronale, tout comme la photo d'un coucher de soleil sur l'écran de votre ordinateur reflète une combinaison de charges magnétiques sur votre disque dur. En dehors de facteurs transcendantaux potentiels, le cerveau est la condition proximale nécessaire et suffisante de l'esprit – *proximale* car le cerveau, en plus d'être lui-même affecté par l'esprit, est au cœur d'un plus vaste réseau de causes et de conditions biologiques et culturelles.

Bien entendu, personne ne sait encore exactement *comment* le cerveau fabrique l'esprit ni comment l'esprit se sert du cerveau pour s'autofabriquer. On entend parfois dire que les dernières grandes énigmes scientifiques sont : Quelle est l'origine du Big Bang ? Quelle grande théorie peut intégrer la mécanique quantique et la relativité générale ? Quelle est la relation entre le cerveau et l'esprit, en particulier en matière d'expérience consciente ? Cette dernière question accompagne les deux autres car il est aussi difficile – et aussi important – d'y répondre.

« L'histoire de la science est riche en exemples de rapprochements fructueux entre deux ensembles de techniques, deux ensembles d'idées, développés dans des contextes distincts pour la recherche de vérités nouvelles. »

J. Robert Oppenheimer

Pour recourir à une analogie, après Copernic, la plupart des gens instruits acceptaient l'idée que la Terre tourne autour du soleil. Mais personne ne savait précisément comment. Environ cent cinquante ans plus tard, Isaac Newton développait les lois de la gravité, qui offraient un début d'explication à ce mystère. Deux cents ans après, ce fut au tour d'Einstein d'affiner le travail de Newton par la théorie de la relativité générale. Il pourrait s'écouler trois cent cinquante ans, voire plus, avant que nous ne comprenions ce qui lie le cerveau à l'esprit. En attendant, nous pouvons toujours partir d'une hypothèse de travail raisonnable : *l'esprit est ce que fait le cerveau.*

Éveil de l'esprit et éveil du cerveau sont donc liés. À travers l'histoire, d'illustres enseignants – mais également des hommes et des femmes méconnus – ont cultivé de remarquables états mentaux en générant de remarquables états cérébraux. Par exemple, les moines tibétains expérimentés, plongés dans une méditation profonde, produisent des *ondes cérébrales* gamma extraordinairement puissantes et diffuses dans de très vastes espaces neuronaux qui déchargent en synchronie entre trente et quatre-vingts fois par seconde, intégrant et unifiant des territoires importants de l'esprit[12]. Aussi, tout en respectant profondément la dimension transcendantale, nous resterons dans le cadre de la science occidentale afin d'examiner ce que propose la neuropsychologie moderne, éclairée par la pratique contemplative, pour développer efficacement bonheur, amour et sagesse.

Il est certain que ces méthodes ne remplaceront jamais les pratiques spirituelles traditionnelles. On peut très bien observer sa propre expérience et le monde ou devenir un être plus heureux et bienveillant sans être titulaire d'un doctorat en neurosciences ou disposer d'un EEG. Mais savoir comment influencer son cerveau peut être très utile, en particulier pour ceux qui n'ont pas le temps de peaufiner leur pratique, y compris vingt-quatre heures sur vingt-quatre, sept jours sur sept, comme le permet la vie monastique.

LES ORIGINES DE LA SOUFFRANCE

La vie offre un grand nombre de plaisirs et de joies, mais elle réserve également son lot de douleurs et de peines : ce sont les effets secondaires de trois stratégies qui, au cours de l'évolution, ont permis aux animaux, y compris aux humains, de transmettre leurs gènes. Pour ce qui est de la survie stricte, ces stratégies fonctionnent parfaitement bien, mais elles entraînent également un certain nombre de souffrances (comme nous le verrons en détail dans les deux chapitres suivants). Mais, dès que ces stratégies sont contrariées, des signaux d'alerte désagréables – voire atroces – parcourent le système nerveux afin de remettre l'animal sur la bonne voie. Or les contrariétés surviennent en permanence puisque chaque stratégie est par essence contradictoire, dès lors que l'animal tente de :

- Séparer ce qui est lié afin de créer une frontière entre le monde et lui-même.
- Stabiliser ce qui ne cesse de changer afin de maintenir ses systèmes internes dans des limites étroites.
- S'accrocher à des plaisirs fugaces et échapper à d'inévitables souffrances afin de saisir les

opportunités et d'éviter les dangers qui se présentent à lui.

La plupart des animaux n'ont pas de système nerveux suffisamment complexe pour que ces signaux d'alerte atteignent un niveau de détresse significatif. Mais notre cerveau, remarquablement plus développé, est un terrain fertile pour la souffrance. Seuls les êtres humains s'inquiètent de l'avenir, regrettent le passé et se reprochent le présent. Nous sommes frustrés quand nous ne pouvons obtenir ce que nous désirons et déçus quand ce que nous aimons finit par prendre fin. Nous souffrons *de* souffrir. Nous sommes mécontents d'avoir mal, révoltés de mourir et tristes de nous réveiller tristes un jour de plus. Ce type de souffrance – qui regroupe l'essentiel de nos peines et de notre insatisfaction – est une construction du cerveau. Une invention. Ce qui est ironique, poignant – et extraordinairement encourageant.

Car, si le cerveau est à l'origine de la souffrance, il peut aussi être son remède.

VERTU, PLEINE CONSCIENCE ET SAGESSE

Il y a plus de deux mille ans, un jeune homme prénommé Siddhartha – qui n'était pas encore éveillé, ni surnommé « le Bouddha » – passa de nombreuses années à exercer son esprit, donc son cerveau. La nuit de son éveil, il sonda son esprit (qui reflétait et révélait les activités sous-jacentes de son cerveau) et y vit à la fois l'origine de la souffrance et la voie qui permet de s'en libérer. Puis, pendant quarante ans, il parcourut le nord de l'Inde, expliquant à tous ceux qui consentaient à l'écouter comment :

- Apaiser le feu de l'avidité et de la haine afin de vivre dans l'intégrité.
- Stabiliser et concentrer l'esprit afin de ne pas céder à ses confusions.
- Développer la vision intérieure qui nous libère.

En résumé, il enseigna la vertu, la pleine conscience (également appelée « concentration ») et la sagesse, qui sont les trois piliers de la pratique bouddhiste et la source du bien-être quotidien, du développement psychologique et de la réalisation spirituelle.

La *vertu* consiste simplement à réguler ses actes, ses paroles et ses pensées pour aider plutôt que blesser les autres et soi-mêmes. Dans le cerveau, la vertu dépend de la régulation descendante du *cortex préfrontal* (le « cortex » – dont la racine latine signifie « écorce » – désigne la couche extérieure du cerveau, et l'adjectif « préfrontal », ses parties les plus en avant, juste en arrière et au-dessus du front). Mais elle dépend également du système *parasympathique*, générateur d'apaisement ascendant, et du système *limbique*, générateur d'émotions positives. Nous apprendrons à exercer les circuits de ces systèmes au chapitre 5. Plus tard, nous examinerons la vertu dans le cadre des relations, puisqu'il s'agit souvent du domaine où elle est le plus souvent mise à l'épreuve, puis nous verrons comment entretenir les états cérébraux favorables à l'empathie, à la bienveillance et à l'amour (voir les chapitres 8, 9 et 10).

La *pleine conscience* procède de l'utilisation habile de l'attention portée aux mondes intérieur et extérieur. Comme l'apprentissage du cerveau se fait avant tout par l'attention, la pleine conscience est le moyen idéal de s'imprégner des expériences positives et de les intégrer en soi (nous verrons comment au chapitre 4). Dans les chapitres 11 et 12, nous examinerons les moyens d'activer les états cérébraux favorables à la pleine conscience, y compris l'absorption méditative profonde.

La *sagesse* est le bon sens appliqué, que l'on acquiert en deux étapes. Premièrement, en distinguant ce qui fait souffrir de ce qui apaise – en d'autres termes, les origines de la souffrance et la voie de sa cessation (chapitres 2 et 3). Et, deuxièmement, une fois cette distinction acquise, en se détachant des choses qui font souffrir et en renforçant celles qui apaisent (chapitres 6 et 7). Ainsi, avec le temps, vous vous sentirez plus connecté à tout, plus serein face aux changements et à l'impermanence de toute chose, et plus apte à gérer plaisir et douleur sans vous agripper au premier et lutter contre la seconde. Enfin, le chapitre 13 traite d'un des défis les plus séduisants et les plus subtils de la sagesse : le sentiment d'être un moi vulnérable et distinct du monde.

Régulation, apprentissage et sélection

Vertu, pleine conscience et sagesse relèvent de trois fonctions fondamentales du cerveau : régulation, apprentissage et sélection. Le cerveau s'autorégule – et régule d'autres systèmes corporels – par une combinaison d'activités stimulantes et inhibitrices : les feux verts et les feux rouges. Il apprend en formant de nouveaux circuits et en renforçant ou en affaiblissant ceux qui existent déjà. Et il sélectionne tout ce que l'expérience lui a appris à apprécier : même un ver de terre peut être entraîné à choisir un trajet particulier pour éviter un choc électrique.

Ces trois fonctions – régulation, apprentissage et sélection – opèrent à tous les niveaux du système nerveux, de la danse moléculaire complexe à l'extrémité d'une synapse jusqu'à l'intégration du contrôle, de la compétence et du discernement à l'échelle du cerveau tout entier. Elles interviennent dans toute activité mentale importante.

Or chaque pilier de la pratique correspond de très près à une des trois fonctions neuronales fondamentales. La vertu relève en grande partie de la régulation, à la fois pour stimuler les tendances positives et pour inhiber leurs pendants négatifs. La pleine conscience favorise de nouveaux apprentissages – puisque l'attention façonne les circuits neuronaux – et s'appuie sur les expériences passées pour développer une conscience plus stable et plus concentrée. La sagesse est une question de choix – par exemple, se détacher de plaisirs modestes au profit de satisfactions plus grandes. C'est ainsi que développer la vertu, la pleine conscience et la sagesse dans son esprit revient à améliorer la régulation, l'apprentissage et la sélection dans son cerveau. Renforcer ces trois fonctions neuronales – ce que nous apprendrons à faire dans les pages qui suivent – permet donc d'étayer les piliers de la pratique.

INCLINER L'ESPRIT

Lorsqu'on s'engage sur la voie de l'éveil, on part de là où l'on est. Puis – avec le temps, les efforts et les moyens adéquats –, la vertu, la pleine conscience et la sagesse se consolident peu à peu, et l'on se sent plus heureux et plus aimant. Certaines traditions décrivent ce processus comme la révélation de notre vraie nature, tandis que d'autres y voient une transformation de l'esprit et du corps. Bien entendu, ces deux aspects de la voie de l'éveil sont complémentaires.

D'une part, notre vraie nature est à la fois un refuge et une ressource lorsqu'on s'attelle au travail parfois difficile du développement psychologique et de la pratique spirituelle. Tous ceux qui ont sondé le plus profondément l'esprit – les sages et les saints de toutes les traditions religieuses – tiennent à peu près le même discours : notre nature fondamentale est pure, consciente, paisible, rayonnante, aimante et sage, et elle est unie de façon mystérieuse aux fondements ultimes de la réalité, peu importe le nom qu'on Lui donne. Bien que notre vraie nature puisse être momentanément dissimulée par le stress et les préoccupations, la colère et les aspirations insatisfaites, elle ne cesse d'exister. Il peut être très réconfortant de le savoir.

D'autre part, exercer l'esprit et le corps afin de développer ce qui est sain – et déraciner ce qui ne l'est pas – est essentiel à tout cheminement psychologique et spirituel. Même si la pratique consiste à « retirer ce qui voile » la vraie nature – pour emprunter une expression du bouddhisme tibétain –, il s'agit d'un processus graduel d'entraînement, de purification et de transformation. Paradoxalement, il faut du temps pour devenir ce que l'on est déjà.

Dans les deux cas, ces changements mentaux – révéler la pureté inhérente et cultiver les qualités saines – reflètent des changements cérébraux. En comprenant mieux comment notre cerveau fonctionne et change – comment il peut être l'objet d'un rapt émotionnel ou s'établir dans une vertu calme ; comment il peut créer des distractions ou encourager la pleine attention, faire des choix nuisibles et d'autres plus sages –, vous pouvez développer le contrôle sur votre esprit. Votre quête de bien-être, de bonté et de perspicacité n'en sera que plus aisée et plus fructueuse, et vous pourrez aller aussi loin que possible sur la voie de l'éveil.

ÊTRE DANS SON PROPRE CAMP

Selon un principe éthique général, plus on a de pouvoir sur quelqu'un, plus on a le devoir d'en user avec bienveillance. Eh bien, sur qui avez-vous le plus de pouvoir au monde ? Sur votre moi à venir. Cette vie est entre vos mains, et ce qu'elle sera dépend du soin que vous lui apportez.

Un soir, aux alentours de Thanksgiving, alors que j'avais environ six ans, j'ai vécu une des expériences les plus fondamentales de ma vie. Je me revois devant notre maison de l'Illinois, au bord d'un champ de maïs. Les sillons dans la terre sombre étaient remplis d'eau de pluie et, au loin, sur les collines, de minuscules lumières clignotaient. Je me sentais calme et clair à l'intérieur, mais la tristesse qui régnait dans ma famille ce soir-là me peinait. Et puis, j'ai eu une révélation fulgurante : il ne tenait qu'à *moi*, et à personne d'autre, de trouver au fil du temps la voie qui me mènerait à ces lumières lointaines et à la perspective de bonheur qu'elles incarnaient.

Ce moment m'est resté en mémoire parce qu'il m'a permis de comprendre ce qui est ou non en notre pouvoir. Il est impossible de changer le passé ou le présent : on ne peut que les accepter tels qu'ils sont. En revanche, on *peut* préparer les conditions d'un avenir meilleur, le plus souvent de manière simple et humble. Par exemple, au cours d'une réunion de travail tendue, en inspirant puis en expirant longuement afin d'activer les vertus apaisantes du système nerveux parasympathique (SNP). De même, lorsqu'une expérience contrariante nous revient à l'esprit, on peut se rappeler le sentiment éprouvé en compagnie d'un être qui nous aime – et imprégner ainsi peu à peu le souvenir d'une tonalité positive. Ou encore, pour stabiliser l'esprit, il est possible de prolonger délibérément les sensations de bonheur et d'augmenter par la même occasion les niveaux de dopamine, un neurotransmetteur favorable à la focalisation de l'attention.

Avec le temps, ces petits gestes finissent par compter. Chaque jour, les activités ordinaires – comme l'ensemble des pratiques spirituelles ou de développement personnel – nous offrent des dizaines d'occasions de changer radicalement notre cerveau. Nous avons réellement ce pouvoir – une chance merveilleuse dans un monde où tant de forces nous dépassent. Une seule goutte d'eau n'a qu'un effet limité, mais le temps et le nombre de gouttes suffisants permettent de creuser un Grand Canyon.

Toutefois, pour y parvenir, il faut être dans son propre camp. Peut-être n'est-ce pas très facile au début : la plupart des gens accordent plus de bienveillance à leur prochain qu'à eux-mêmes. Pour passer dans son camp, il peut être utile de trouver des arguments convaincants. Par exemple, songez aux faits suivants :

• Quand vous étiez petit, vous méritiez autant de soins et d'affection que n'importe quel autre enfant. Pouvez-vous vous revoir enfant ? Ne souhaiteriez-vous pas le meilleur à ce petit être ? Il en va de même aujourd'hui : vous êtes un être humain comme les autres, et vous méritez autant le bonheur, l'amour et la sagesse.

• Progresser sur la voie de l'éveil vous rendra plus efficace dans votre travail et dans vos relations. Pensez aux nombreux avantages dont bénéficiera votre entourage si vous êtes de meilleure humeur, plus chaleureux et plus perspicace. Veiller à son propre développement n'est pas égoïste. C'est en réalité un grand cadeau que l'on fait aux autres.

UN MONDE SUR LE FIL DU RASOIR

Et, surtout, songez à l'impact imperceptible mais réel de votre développement personnel sur un monde en proie à l'avidité, à la confusion, à la peur et à la colère. Notre monde est sur le fil du rasoir, prêt à basculer d'un côté ou de l'autre. Lentement mais sûrement, aux quatre coins de la planète, la démocratie gagne du terrain, les associations citoyennes se multiplient, et nous sommes de plus en plus conscients de notre fragile interdépendance. Pourtant, le climat se réchauffe, les technologies militaires sont de plus en plus dévastatrices, et un milliard de personnes se couchent chaque soir le ventre vide.

Aujourd'hui, l'espoir est aussi proche que la tragédie : les ressources naturelles et techniques nécessaires pour éviter de sombrer *existent déjà*. Le problème n'est pas le manque de moyens. C'est le manque de volonté et de modération, d'attention à ce qui se passe réellement et d'intérêt éclairé pour soi-même – en d'autres termes, une pénurie de vertu, de pleine conscience et de sagesse.

C'est en étant de plus en plus habile avec son esprit – donc avec son cerveau – que chacun de nous pourra contribuer à engager le monde dans une meilleure direction.

Chapitre 1 : POINTS CLÉS

• Ce qui se passe dans l'esprit modifie le cerveau de manière à la fois temporaire et durable : les neurones qui s'activent ensemble (on dit qu'ils « déchargent » ensemble) se raccordent ensemble. Et ce qui se passe dans le cerveau modifie l'esprit, puisque cerveau et esprit sont un même système intégré.

• Par conséquent, on peut utiliser l'esprit pour modifier le cerveau au profit de l'esprit même – et de tous les êtres dont nous touchons la vie.

• Les gens qui pratiquent de manière approfondie les traditions contemplatives sont les « athlètes olympiques » de l'esprit. C'est en nous inspirant de leurs méthodes d'entraînement mental (donc cérébral) que nous apprendrons à développer efficacement bonheur, amour et sagesse.

• L'évolution du cerveau nous a permis de transmettre nos gènes, mais ses trois stratégies de survie fondamentales nous font également souffrir.

• La vertu, la pleine conscience et la sagesse sont les piliers du bien-être quotidien, du développement personnel et de la pratique spirituelle. Elles dépendent de trois fonctions neuronales fondamentales : la régulation, l'apprentissage et la sélection.

• La voie de l'éveil consiste autant à transformer l'esprit/cerveau qu'à découvrir notre vraie nature extraordinaire.

• Parce qu'ils permettent de bâtir peu à peu de nouvelles structures neuronales, les petits gestes quotidiens positifs entraînent de grands changements au fil du temps. Pour persévérer, il faut être dans son propre camp.

• Le monde prendrait une meilleure direction si un grand nombre de gens acceptaient de transformer leur cerveau.

Première partie

ORIGINES
DE LA SOUFFRANCE

2

La souffrance du point de vue
de l'évolution

*Rien n'a de sens en biologie, si ce n'est
à la lumière de l'évolution.*

Théodosius DOBZHANSKY

La vie est souvent merveilleuse mais elle peut être aussi très dure. Regardez les visages autour de vous – ils trahissent probablement des tensions, des déceptions et des inquiétudes considérables. Vous-même n'êtes pas à l'abri de peines et de frustrations. Les affres de l'existence vont de la solitude et du désarroi subtils au traumatisme et à l'angoisse intenses, en passant par le stress, la peine et la colère modérés. C'est ce que l'on appelle la *souffrance*. Souvent légère mais chronique, elle peut prendre la forme d'un sentiment sous-jacent d'angoisse, d'irritabilité ou d'inaccomplissement. Il est normal de vouloir la réduire pour faire plus de place à la satisfaction, à l'amour et à la paix.

On ne peut résoudre un problème sans comprendre son origine. C'est pourquoi tous les grands médecins, psychologues et maîtres spirituels ont excellé dans l'art du diagnostic. Ainsi, dans ses Quatre Nobles Vérités, le Bouddha a identifié une maladie (la souffrance), diagnostiqué son origine (le désir irrépressible ou besoin incontrôlable), précisé son remède (se libérer du désir irrépressible) et prescrit un traitement (l'Octuple Sentier).

Ce chapitre examine la souffrance à la lumière de l'évolution humaine afin d'identifier ses origines dans le cerveau. Lorsqu'on comprend *pourquoi* on se sent nerveux, agacé, harcelé, compulsif, déprimé ou inadapté, ces sentiments ont moins d'emprise sur soi. Cette compréhension même peut apporter un certain soulagement. Elle peut également aider à faire un meilleur usage des « prescriptions » de ce livre.

L'évolution du cerveau

• La vie est apparue il y a environ 3,5 milliards d'années, et les premiers organismes multicellulaires, il y a 650 millions d'années. (Quand vous êtes enrhumé, souvenez-vous que les microbes ont presque trois milliards d'années d'avance sur les autres formes de vie !) Lorsque les premières méduses ont vu le jour il y a environ 600 millions d'années, les animaux étaient déjà suffisamment complexes pour avoir besoin de communiquer entre eux par leurs systèmes sensoriel et moteur, d'où l'apparition du tissu neuronal. L'évolution des animaux a entraîné celle de leur système nerveux, lentement structuré en un QG central : le cerveau.

• L'évolution bâtit sur l'existant. La progression de la vie peut se voir à l'intérieur de notre cerveau, à travers ce que Paul MacLean[1] a appelé les niveaux de développement reptilien, paléomammalien et néomammalien (voir schéma 2 : tous les schémas sont en partie inexacts et ne visent qu'à illustrer notre propos).

• Les tissus corticaux, relativement récents, complexes, conceptualisants, lents et diffus en termes de motivation, recouvrent les structures *sous-corticales* et le *tronc cérébral*, des structures anciennes, simplistes, concrètes, rapides et intenses en termes de motivation. (La région sous-corticale se trouve au centre du cerveau, au-dessous du cortex et au-dessus du tronc cérébral. Ce dernier correspond plus ou moins au « cerveau reptilien » du schéma 2.) Lorsque vous vaquez à vos occupations quotidiennes, une sorte de cerveau de lézard-écureuil-singe façonne vos réactions de bas en haut.

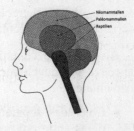

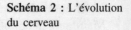

Schéma 2 : L'évolution du cerveau

• Toutefois, le cortex moderne exerce une grande influence sur le reste du cerveau et, sous la pression de l'évolution, a dû développer des aptitudes sans cesse améliorées dans un certain nombre de domaines : parenté, attachement, communication, coopération et amour[2].

• Le cortex est divisé en deux « hémisphères » reliés par le *corps calleux*. Au cours de notre évolution, l'hémisphère gauche (chez la plupart d'entre nous) s'est focalisé sur le traitement linguistique et séquentiel, et l'hémisphère droit, sur le traitement holistique et visuospatial. Bien entendu, les deux moitiés du cerveau fonctionnent en étroite collaboration. De nombreuses structures neuronales sont doubles et se retrouvent dans chacun des hémisphères, mais par convention on parle le plus souvent d'une structure unique (par exemple l'hippocampe).

TROIS STRATÉGIES DE SURVIE

Au cours de centaines de millions d'années, nos ancêtres ont développé trois stratégies de survie fondamentales :

- Créer des séparations – afin d'ériger des frontières entre eux-mêmes et le monde, mais également entre différents états mentaux.
- Maintenir la stabilité – afin de préserver un équilibre sain entre les systèmes physiques et mentaux.
- Saisir les opportunités et éviter les dangers – afin de bénéficier de ce qui est favorable à la reproduction et d'échapper à ce qui lui est défavorable.

Ces stratégies se sont avérées extraordinairement payantes en matière de survie. Mais Mère Nature se fiche de ce que nous *ressentons*. Pour inciter les animaux, y compris les humains, à adopter ces stratégies et à transmettre leurs gènes, les réseaux neuronaux ont évolué pour générer douleur et angoisse dans les circonstances suivantes : quand il n'y a plus de séparations, quand la stabilité est menacée, quand les opportunités nous échappent ou quand le danger menace. Malheureusement, ces conditions sont sans cesse réunies, car :

- Tout est connecté.
- Tout change en permanence.
- Les opportunités ne peuvent pas toujours être saisies ou elles perdent de leur pouvoir d'attraction, et de nombreux dangers sont inéluctables (comme vieillir ou mourir).

Voyons comment tous ces éléments nous font souffrir.

PAS VRAIMENT SÉPARÉS

Les *lobes* pariétaux du cerveau occupent la partie arrière supérieure du crâne (un « lobe » est une zone arrondie et saillante du cortex). Chez la plupart des gens, le lobe gauche permet d'établir une distinction entre le corps et le monde, et le lobe droit indique la position du corps par rapport aux éléments de son environnement. Le résultat est un présupposé automatique, sous-jacent, que l'on peut formuler à peu près ainsi : *Je suis un être distinct et indépendant.* Bien que ce ne soit pas tout à fait faux, nous verrons que cette affirmation doit être considérablement nuancée.

Pas vraiment distincts

Pour vivre, un organisme doit *métaboliser*, c'est-à-dire échanger de la matière et de l'énergie avec son environnement. Ainsi, au cours d'une année, un grand nombre d'atomes de votre corps sont remplacés. L'énergie que vous consommez pour vous procurer un verre d'eau provient de la lumière du soleil qui se fraie un passage jusqu'à vous à travers la chaîne alimentaire – à proprement parler, c'est la lumière qui lève le verre à vos lèvres. En réalité, le mur qui semble se dresser entre votre corps et le monde s'apparente davantage à une palissade.

Quant à la séparation entre votre esprit et le monde, elle est comme une ligne sur un trottoir. Dès votre naissance, le langage et la culture pénètrent dans votre cerveau et le façonnent[3]. L'empathie et l'amour vous lient naturellement aux autres, permettant à vos esprits d'entrer en résonance[4]. Ces flux d'activité mentale fonctionnent dans les deux sens et vous permettent d'influencer également les autres.

Dans votre esprit, il n'y a presque aucune frontière. Tout son contenu se mêle, les sensations devenant des pensées, des sentiments, des désirs, des actions puis d'autres sensations. Ce flux de conscience correspond à des cascades d'assemblages neuronaux fugaces qui se jettent les uns dans les autres puis se dispersent, souvent en moins d'une seconde[5].

Pas vraiment indépendants

Si un nationaliste serbe n'avait pas assassiné l'archiduc Ferdinand, la Première Guerre mondiale n'aurait pas eu lieu, mes parents n'auraient pas été amenés à se rencontrer à un bal de l'armée en 1944 et je n'existerais pas. Bien entendu, l'existence de *chacun* d'entre nous aujourd'hui dépend de dizaines de milliers de causes. Jusqu'où faut-il aller ? Mon fils – né avec le cordon ombilical autour du cou – n'aurait pas survécu sans les technologies médicales développées au fil des siècles.

On pourrait même remonter à la *nuit des temps* : la plupart des atomes de notre corps – y compris l'oxygène des poumons et le fer du sang – sont nés dans une étoile. Au commencement de l'univers, l'hydrogène était à peu près le seul élément existant. Les étoiles sont des réacteurs de fusion nucléaire géants qui broient des atomes d'hydrogène tout en fabriquant des éléments plus lourds et en libérant d'énormes quantités d'énergie. En devenant une *nova* (une nouvelle étoile), certaines ont expulsé leur contenu dans le milieu interstellaire. Lorsque notre système solaire a commencé à se former, environ neuf milliards d'années après le début de l'univers, les gros atomes étaient en nombre suffisant pour créer notre planète, les mains qui tiennent ce livre et le cerveau qui comprend ces mots. Vous existez parce qu'un grand nombre d'étoiles ont explosé. Votre corps est constitué de poussières d'étoiles.

Votre esprit dépend également d'un enchaînement incalculable de causes. Songez aux événements et aux gens qui ont modelé vos opinions, votre personnalité et vos émotions. Imaginez que vous ayez été échangé avec un autre bébé à votre naissance et que vous ayez été élevé par de pauvres épiciers kényans ou par une riche famille de pétroliers du Texas : à quoi ressemblerait votre esprit aujourd'hui ?

La souffrance de la séparation

Comme nous sommes tous connectés au monde, nos tentatives de séparation et d'indépendance sont régulièrement frustrées, entraînant l'apparition de signaux de gêne et d'alerte. En outre, même lorsque nos efforts sont momentanément couronnés de succès, ils mènent malgré tout à la souffrance. Si le monde vous semble complètement distinct de vous, il devient potentiellement dangereux, et vous finissez par le craindre et par lui résister. Dès lors que vous vous dites : « Je suis *ce* corps distinct du monde », les fragilités de ce corps vous appartiennent. Si vous estimez qu'il est trop gros ou qu'il n'est pas beau, vous souffrez. S'il est menacé par la maladie, la vieillesse et la mort – comme le sont tous les corps –, vous souffrez.

PAS VRAIMENT PERMANENTS

Votre corps, votre cerveau et votre esprit abritent un très grand nombre de systèmes qui doivent être maintenus dans un équilibre sain. Tout irait bien si des changements de conditions ne les perturbaient pas en permanence, déclenchant des signaux d'alerte, de douleur et de détresse – en un mot, la souffrance.

Nous sommes des systèmes dynamiques

Prenons le cas d'un neurone qui libère un neurotransmetteur appelé « sérotonine » (voir schémas 3 et 4). Ce minuscule neurone fait partie du système nerveux, mais constitue également en soi un système complexe dont le fonctionnement dépend de nombreux sous-systèmes. Lorsqu'il s'active, les rameaux à la terminaison de son axone expulsent des molécules dans les synapses (ou connexions) qu'il forme avec d'autres neurones. Chacun des rameaux contient environ deux cents petites bulles, les *vésicules*, remplies de sérotonine[6]. Chaque fois que le neurone décharge, cinq à dix vésicules s'ouvrent. Comme un neurone type décharge approximativement dix fois par seconde, les vésicules se vident toutes les deux ou trois secondes.

De petites machines moléculaires se pressent donc de fabriquer de la sérotonine ou de recycler celle qui flotte autour du neurone. Elles doivent ensuite bâtir des vésicules, les remplir de sérotonine et les rapprocher de l'action, à l'extrémité de chaque rameau. À tout moment, des problèmes sont susceptibles de survenir et de rompre l'équilibre – en outre, le métabolisme de la sérotonine n'est qu'un système parmi les milliers que compte votre corps.

Un neurone type

• Les neurones sont les éléments de base du système nerveux. Leur fonction principale est de communiquer entre eux par de minuscules connexions appelées *synapses*. Bien qu'il existe de nombreux types de neurones, leur conception générale est relativement similaire.

• Le corps cellulaire est prolongé par des épines baptisées *dendrites*, chargées de réceptionner les neurotransmetteurs émis par d'autres neurones. (Certains neurones communiquent directement entre eux au moyen d'impulsions électriques.)

• Pour simplifier, la somme des signaux stimulateurs et inhibiteurs que reçoit un neurone milliseconde par milliseconde lui permet de décharger ou non.

• Lorsqu'un neurone décharge, une onde électrochimique parcourt son axone (la fibre qui s'étend jusqu'au neurone auquel il envoie des signaux). Des neurotransmetteurs sont libérés dans ses synapses, inhibant les neurones récepteurs ou les incitant à décharger à leur tour.

• Les signaux nerveux sont accélérés par la *myéline*, une substance grasse qui isole et protège les axones.

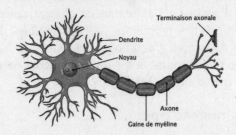

Schéma 3 : Un neurone (simplifié)

• La matière grise du cerveau est constituée en grande partie de corps cellulaires neuronaux. Il existe également de la matière blanche, composée d'axones et de cellules *gliales*, qui exercent des fonctions de support métabolique (par exemple envelopper les axones de myéline et recycler les neurotransmetteurs). Les corps cellulaires neuronaux sont comme cent milliards d'interrupteurs connectés par leurs « câbles » axonaux. Ils forment un réseau complexe dans votre tête.

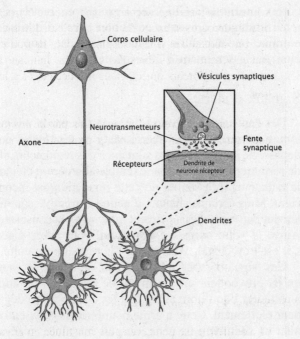

Schéma 4 : Une synapse (grossie dans l'encadré)

Maintenir l'équilibre est un défi

Pour que vous restiez en bonne santé, chaque système corporel et mental doit équilibrer deux besoins conflictuels. D'une part, demeurer ouvert aux transactions continues avec l'environnement local[7], car un système clos est un système mort. D'autre part, préserver la stabilité en restant centré sur un point de réglage compris entre certaines limites – ni trop chaud ni trop froid. Par exemple, l'inhibition, gérée par le cortex préfrontal (CPF), et l'excitation, par le système limbique, doivent s'équilibrer : trop d'inhibition entraîne une sensation d'engourdissement, trop d'excitation, le sentiment d'être submergé.

Signaux d'alerte

Des capteurs enregistrent l'état de chacun de vos systèmes (comme dans un thermostat). Si les limites sont dépassées, ils envoient des signaux à des régulateurs afin de restaurer l'équilibre (par exemple allumer ou éteindre le radiateur). L'essentiel de cette régulation est inconscient. Mais certains signaux d'action corrective sont tellement puissants qu'ils peuvent remonter à la conscience. Ainsi, si votre corps est trop froid, vous serez glacé ; s'il est trop chaud, vous aurez l'impression de cuire.

Ces signaux sont désagréables, notamment parce qu'ils provoquent un sentiment de menace – un appel à restaurer l'équilibre avant que les choses ne se dégradent réellement. Cette alarme peut être discrète, entraînant un sentiment de gêne, ou plus bruyante, générant de l'inquiétude, voire de la panique. Quoi qu'il en soit, elle mobilise votre cerveau afin que vous retrouviez à tout prix l'équilibre.

Cette mobilisation s'accompagne souvent de désirs irrépressibles qui peuvent aller de simples aspirations à des besoins compulsifs. Il est intéressant de constater qu'en pali – la langue des premiers bouddhistes – le désir irrépressible est désigné par le terme *tanha*, dont la racine signifie soif. La « soif » exprime la puissance viscérale des signaux d'alerte, y compris lorsqu'ils ne sont pas liés à la survie mais, par exemple, au risque d'être rejeté. C'est parce que les signaux d'alerte sont désagréables qu'ils sont efficaces : c'est parce qu'ils vous font souffrir – parfois un peu, parfois beaucoup – que vous voulez qu'ils cessent.

Tout change en permanence

Parfois, les signaux s'interrompent quelque temps – aussi longtemps que les systèmes sont équilibrés. Mais, comme le monde change en permanence, le corps, l'esprit et les relations sont constamment perturbés. Les régulateurs des systèmes de votre vie, de la base moléculaire à la cime interpersonnelle, doivent tenter d'imposer un ordre statique à des processus par nature instables.

Songez à l'impermanence du monde physique, qu'il s'agisse de la volatilité des particules quantiques ou de notre Soleil, qui deviendra un jour un géant rouge et engloutira la Terre. Ou aux turbulences de votre système nerveux : certaines régions du cortex préfrontal qui participent à la conscience sont l'objet de mises à jour cinq à huit fois par seconde[8].

Cette instabilité neurologique est sous-jacente à tout état mental. Par exemple, toute pensée implique une régulation momentanée de la circulation neuronale, la formation d'un assemblage cohérent de synapses qui doivent rapidement se disperser en un désordre fertile pour permettre à d'autres pensées d'émerger[9]. Il suffit d'observer sa respiration pour s'apercevoir que les sensations changent, se dissipent et disparaissent peu après leur apparition.

Tout change. C'est la nature universelle de la réalité extérieure et de l'expérience intérieure. Par conséquent, la vie ne peut être qu'une suite de ruptures d'équilibre. Mais, pour vous aider à survivre, votre cerveau tente en permanence d'arrêter le cours du fleuve, en s'efforçant de stabiliser des systèmes dynamiques, de trouver des constantes en ce monde variable et de bâtir des projets permanents pour des éléments changeants. Votre cerveau poursuit sans cesse l'instant qui vient de s'écouler, en tentant de le comprendre et de le contrôler.

C'est comme si nous vivions au sommet d'une chute d'eau et que chaque instant – vécu uniquement et toujours *maintenant* – nous fonçait dessus puis, soudainement, s'élançait dans le vide avant de disparaître. À ceci près que le cerveau s'accroche à jamais à ce qui vient de filer.

PAS VRAIMENT AGRÉABLES NI DOULOUREUX

Pour pouvoir transmettre leurs gènes, nos ancêtres animaux devaient, plusieurs fois par jour, choisir de rechercher ou d'éviter un certain nombre de choses. Aujourd'hui, les humains recherchent ou évitent non seulement des objets physiques, mais aussi des états mentaux. C'est ainsi que nous sommes en quête d'amour-propre et que nous repoussons la honte. Toutefois, malgré sa grande sophistication, le système de recherche et d'évitement humain dépend en grande partie des mêmes circuits neuronaux que ceux qu'un singe utilise pour trouver des bananes ou un lézard pour s'abriter sous une pierre.

La tonalité affective de l'expérience

Comment votre cerveau décide-t-il de rechercher ou d'éviter une situation ? Imaginons que vous marchiez dans les bois : soudain, au détour d'un chemin, vous détectez une forme sinueuse par terre, juste devant vous. Pour simplifier un processus complexe, au cours des premiers dixièmes de seconde, la lumière réfléchie sur cet objet parvient au cortex *occipital* (en charge de l'information visuelle), qui la transforme en une image compréhensible (voir schéma 5). Puis le cortex occipital envoie des représentations de cette image dans deux directions : à l'hippocampe, qui évalue son potentiel de danger ou d'opportunité, et au cortex préfrontal ainsi qu'à d'autres parties du cerveau, pour une analyse plus approfondie et plus longue.

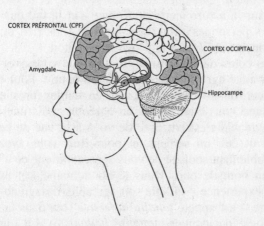

Schéma 5 : Ce qui se passe quand vous détectez une menace ou une opportunité potentielle

Par précaution, votre hippocampe compare immédiatement cette image à sa brève liste de dangers incitant à « fuir et à réfléchir plus tard ». Il retrouve très vite des formes sinueuses dans sa liste de menaces et transmet un message d'alerte ultra-prioritaire à votre amygdale : « Attention ! » L'amygdale – qui agit comme une sonnette d'alarme – envoie une mise en garde générale à votre cerveau et un signal accéléré à vos systèmes neuronaux et hormonaux de « combat-ou-fuite[10] ». (Nous analyserons en détail la réaction en cascade de combat ou de fuite dans le prochain chapitre.) Pour l'instant, il suffit de savoir qu'environ une seconde après avoir repéré la forme vous faites un bond en arrière.

Entre-temps, le cortex préfrontal, puissant mais relativement lent, a puisé des informations dans la mémoire à long terme pour déterminer s'il s'agit d'un serpent ou d'un bâton. Quelques secondes passent, et il se focalise sur la nature inerte de l'objet – et le fait que plusieurs personnes vous aient précédé sans rien dire –, et conclut qu'il ne s'agit que d'un bâton.

Au cours de cet épisode, tout ce que vous avez ressenti a été agréable, désagréable ou neutre. Pour commencer, quand vous flâniez sur ce sentier forestier, le paysage vous était neutre ou agréable, puis une peur désagréable s'est emparée de vous à la vue de ce qui pouvait être un serpent, et pour finir vous avez été agréablement soulagé de vous apercevoir que ce n'était qu'un bout de bois. Dans le bouddhisme, cet aspect de l'expérience – qu'elle soit agréable, désagréable ou neutre – est appelé *tonalité affective* (ou, dans la psychologie occidentale, *tonalité hédoniste*). La tonalité affective est produite principalement par l'amygdale[11], puis largement diffusée. C'est un moyen simple mais efficace d'indiquer à l'ensemble du cerveau ce qu'il doit faire à tout moment : se rapprocher des carottes agréables, éviter les bâtons désagréables et passer son chemin dans tous les autres cas.

Substances neurochimiques essentielles

Voici les principales substances chimiques du cerveau qui affectent l'activité neuronale. Bien qu'elles aient de nombreuses fonctions, nous n'avons répertorié que celles qui sont pertinentes pour cet ouvrage.

Neurotransmetteurs fondamentaux
• Le glutamate : active les neurones récepteurs.
• Le GABA : inhibe les neurones récepteurs.

Neuromodulateurs
Ces substances – parfois aussi appelées neurotransmetteurs – influencent les neurotransmetteurs fondamentaux. Parce qu'elles sont libérées en quantités importantes dans le cerveau, elles ont un effet puissant.
• La sérotonine : régule l'humeur, le sommeil et la digestion. La plupart des antidépresseurs visent à accroître ses effets.
• La dopamine : impliquée dans les récompenses et l'attention. Favorise les comportements d'approche.
• La noradrénaline : met en garde et excite.
• L'acétylcholine : favorise l'éveil et l'apprentissage.

Neuropeptides
Ces neuromodulateurs sont synthétisés à partir de *peptides*, des molécules organiques particulières.
• Les opioïdes : protègent contre le stress, apaisent, réduisent la douleur et génèrent du plaisir (l'ivresse du coureur, par exemple). Les endorphines en font partie.
• L'ocytocine : favorise les liens parents-enfants et l'attachement dans le couple. Associée à la proximité heureuse et à l'amour. Les femmes ont plus d'ocytocine que les hommes.

• La vasopressine : contribue à l'attachement parent-enfant et dans le couple. Chez les hommes, elle peut favoriser l'agressivité envers les rivaux sexuels.

Autres substances neurochimiques
• Le cortisol : libéré par les glandes surrénales en réponse au stress. Stimule l'amygdale et inhibe l'hippocampe.
• L'œstrogène : le cerveau des hommes et des femmes contient des récepteurs d'œstrogène. Affecte la libido, l'humeur et la mémoire.

L'attrait de la carotte

Deux systèmes neuronaux majeurs nous attirent en permanence vers les « carottes ». Le premier est basé sur la dopamine. Les neurones qui libèrent la dopamine deviennent plus actifs lorsqu'on se trouve en présence d'éléments qui, dans le passé, ont été liés à des gratifications – par exemple, lorsqu'on reçoit le message d'une amie que l'on n'a pas vue depuis quelques mois. Ils s'emballent également lorsqu'on se trouve en présence d'un élément représentant une promesse de gratification dans l'avenir – l'amie vous dit qu'elle veut vous emmener déjeuner. Cette activité neuronale produit dans votre esprit un désir motivant : vous voulez la rappeler. Une fois à ce déjeuner, une partie de votre cerveau appelé *cortex cingulaire* (gros comme votre doigt et situé au bord intérieur de chaque hémisphère) cherche à savoir si les récompenses que vous espériez – un bon moment avec votre amie, un bon repas – sont bien au rendez-vous[12]. Si c'est le cas, les taux de dopamine demeurent constants. Mais, si vous êtes déçu – peut-être votre amie est-elle de mauvaise humeur –, le cingulaire envoie un signal qui réduit la dopamine.

La chute de ce neuromodulateur se traduit dans l'expérience subjective par une tonalité affective désagréable – une insatisfaction et un mécontentement – qui stimule le besoin (au sens large) d'un élément susceptible de restaurer son niveau.

Le second système, basé sur plusieurs autres neuromodulateurs, est la source biochimique des tonalités affectives agréables que procurent les carottes réelles – et anticipées – de la vie. Lorsque ces « substances chimiques du plaisir » – opioïdes naturels (y compris endorphines), ocytocine et noradrénaline – déferlent dans vos synapses, elles renforcent les circuits neuronaux actifs, qui ont plus de chances de décharger ensemble à l'avenir. Imaginez un bambin qui essaie de glisser une cuillère de pudding dans sa bouche. Après plusieurs échecs, ses neurones perceptivo-moteurs y parviennent, provoquant des vagues de plaisir chimique qui contribuent à cimenter les connexions synaptiques à l'origine de son geste.

En substance, le système du plaisir valorise ce qui l'a déclenché, pousse à rechercher de nouveau ces gratifications et renforce les comportements qui permettent d'y parvenir. Il va de pair avec le système de la dopamine. Par exemple, étancher sa soif est agréable car le mécontentement – lié à la baisse de la dopamine – s'éclipse tandis qu'apparaît la joie – liée aux substances chimiques du plaisir – de se désaltérer par une chaude journée.

L'attrait entraîne la souffrance

Ces deux systèmes neuronaux sont nécessaires pour survivre. En outre, on peut les utiliser dans des buts positifs qui n'ont rien à voir avec la transmission des gènes. On peut augmenter sa motivation à pratiquer une activité saine (de l'exercice physique, par exemple) en étant pleinement attentif à ses récompenses, telles les sensations de vitalité et de force.

Mais chercher à se faire plaisir peut aussi entraîner des souffrances :

- Désirer peut être en soi une expérience désagréable : même l'aspiration discrète provoque un malaise subtil.
- Lorsqu'on ne peut avoir ce que l'on désire, il est normal de se sentir frustré, déçu et découragé – peut-être même désespéré.
- Souvent, lorsqu'on finit par assouvir un désir, la récompense n'a rien d'extraordinaire. Observons de près notre expérience : ce cookie est-il vraiment savoureux – en particulier après la troisième bouchée ? La satisfaction de voir son travail apprécié était-elle vraiment intense ou durable ?
- Quand les gratifications sont réellement importantes, elles se payent souvent très cher – les desserts copieux en sont un parfait exemple. Quant à gagner de la reconnaissance, sortir vainqueur d'une dispute ou parvenir à amener les gens là où l'on veut, quel est *réellement* le rapport gains/pertes ?
- Même si l'on obtient ce que l'on veut, que la récompense est véritablement extraordinaire et le coût peu important – le jackpot –, toutes les expériences agréables changent inévitablement et ont une fin. Y compris les meilleures d'entre elles. On est régulièrement séparé de ce que l'on apprécie. Et un jour cette séparation devient permanente. Les amis s'éloignent, les enfants quittent le foyer familial, les carrières prennent fin, et, en définitive, nous rendons tous notre dernier souffle. Tout

ce qui commence doit s'arrêter. Tout ce qui s'assemble doit se disperser. Les expériences ne peuvent donc être complètement satisfaisantes. Elles sont une base peu fiable du vrai bonheur.

Pour reprendre une comparaison du maître de méditation thaïlandais Ajahn Chah : si se laisser affecter par une expérience désagréable est comme la morsure d'un serpent, saisir une expérience agréable est comme attraper la queue d'un serpent : tôt ou tard, on est quand même mordu.

Le bâton est plus fort que la carotte

Jusqu'à présent, nous avons discuté de la carotte et du bâton comme s'ils étaient égaux. Mais, en réalité, le bâton est souvent plus puissant car le cerveau est conçu davantage pour éviter que pour rechercher. En effet, ce sont les expériences négatives, et non positives, qui déterminent en général la survie.

Par exemple, imaginez nos ancêtres mammifères qui tentaient d'échapper à des dinosaures dans un Jurassic Park mondial, il y a soixante-dix millions d'années. Un œil par-dessus l'épaule, attentifs au moindre craquement de brindilles, prêts à se figer, à détaler ou à attaquer selon la situation. Seuls les plus rapides s'en sortaient. S'ils manquaient une carotte – l'occasion de se nourrir ou de s'accoupler –, d'autres opportunités pouvaient se présenter plus tard. Mais s'ils ne parvenaient pas à éviter un bâton – un prédateur –, ils étaient probablement tués, sans autre perspective de récompense à l'avenir. Ceux qui vivaient suffisamment longtemps pour transmettre leurs gènes faisaient *très* attention aux expériences négatives.

Examinons six moyens à la disposition du cerveau pour éviter le bâton.

Vigilance et anxiété

Lorsque vous êtes éveillé et que vous ne faites rien de particulier, votre cerveau active un « réseau par défaut » dont l'une des fonctions semble être de scanner votre environnement et votre corps à la recherche de menaces potentielles[13]. Cette conscience de base s'accompagne souvent d'un sentiment sous-jacent d'anxiété qui vous maintient en état d'alerte. Essayez de déambuler pendant quelques minutes dans un magasin sans jamais vous sentir sur vos gardes, gêné ou tendu. C'est très difficile.

Cela n'a rien d'étonnant car nos ancêtres mammifères, primates et humains étaient à la fois des proies et des prédateurs. De plus, dans la plupart des groupes sociaux primates, les agressions (de la part d'hommes comme de femmes) étaient fréquentes[14]. Au cours des deux millions d'années écoulées, la violence a été une des causes principales de la mortalité masculine dans les bandes d'hominidés puis de chasseurs-cueilleurs humains[15]. Nous avions de bonnes raisons d'être anxieux : il y avait beaucoup à craindre.

La sensibilité aux informations négatives

En général, le cerveau détecte plus rapidement les informations négatives que les informations positives. Prenez l'exemple des expressions faciales. Pour l'animal social que nous sommes, elles sont un moyen essentiel de signaler un danger ou une opportunité : sur un visage, la crainte est perçue bien plus vite que le bonheur ou une expression neutre, probablement grâce à l'amygdale[16]. En fait, même lorsque les chercheurs font des grimaces apeurées imperceptibles pour l'attention consciente, l'amygdale s'active[17]. Le cerveau est *attiré* par les mauvaises nouvelles.

Stockage ultra-prioritaire

Lorsqu'un événement est signalé comme négatif, l'hippocampe veille à ce qu'il soit soigneusement stocké pour information. « Chat échaudé craint l'eau froide. » Votre cerveau agit comme du Velcro sur les expériences négatives et comme du Téflon sur les expériences positives – bien que la plupart de vos expériences soient probablement neutres ou positives.

Le négatif l'emporte sur le positif

En général, les événements négatifs ont plus d'impact que les événements positifs. Par exemple, il est facile d'acquérir un sentiment d'impuissance à partir de quelques échecs, mais difficile de s'en défaire, quel que soit le nombre de succès[18]. On se démène davantage pour éviter une perte que pour obtenir un gain comparable[19]. Les victimes d'accident mettent souvent plus de temps à retrouver leur état de bonheur originel que les gagnants de la loterie[20]. Les mauvaises informations qui circulent sur une personne ont plus de poids que les bonnes[21], et, dans le domaine relationnel, il faut en moyenne cinq interactions positives pour compenser les effets d'une seule interaction négative[22].

Traces durables

Les expériences négatives « désapprises » laissent malgré tout une trace indélébile dans le cerveau[23]. Ce résidu sommeille, prêt à se réactiver si vous vivez un événement déclenchant une peur similaire.

Cercles vicieux

Les expériences négatives créent des cercles vicieux en vous rendant pessimiste, surréactif et finalement négatif.

L'évitement entraîne la souffrance

Comme vous pouvez le constater, votre cerveau a un « penchant négatif[24] » naturel qui vous prédispose à l'évitement. Ce penchant vous fait souffrir de multiples façons. Pour commencer, il génère une anxiété sous-jacente désagréable, qui peut être très intense chez certaines personnes. L'anxiété est également un obstacle à la pratique contemplative et à la conscience de soi car le cerveau aux aguets veut s'assurer que tout est en ordre. Le penchant négatif favorise ou intensifie d'autres émotions désagréables, telles la colère, le peine, la dépression, la culpabilité et la honte. Il souligne les pertes et les échecs passés, minimise les capacités présentes et exagère les obstacles à venir. L'esprit tend ainsi à prononcer en permanence des verdicts injustes sur le caractère, sur la conduite et sur les possibilités d'un individu. Le poids de ces jugements peut être réellement minant.

DANS LE SIMULATEUR

Selon le bouddhisme, la souffrance est la conséquence du désir irrépressible exprimé à travers Trois Poisons : l'avidité, la haine et l'illusion. Ces termes forts couvrent un vaste éventail de pensées, de mots et d'actes, y compris les plus fugaces et les plus subtils. L'avidité est l'attrait pour la carotte et la haine, une aversion pour le bâton. Tous deux impliquent le désir de connaître plus de plaisir et moins de douleur. L'illusion est l'ignorance de la réalité des choses – par exemple ne pas voir qu'elles sont connectées et changeantes.

Réalité virtuelle

Parfois, ces poisons sont évidents. Toutefois, la plupart du temps, ils opèrent à l'arrière-plan de la conscience, déchargeant et se raccordant discrètement. Ils y parviennent en se servant de la capacité extraordinaire du cerveau à *représenter* aussi bien l'expérience intérieure que le monde extérieur. Par exemple, les angles morts de vos champs de vision gauche et droit ne ressemblent pas à des trous dans la réalité. C'est le cerveau qui les remplit, tout comme en photographie on retouche les yeux rouges des gens qui regardent vers le flash. En fait, une grande partie de ce que vous voyez « à l'extérieur » est en réalité fabriquée « à l'intérieur » par votre cerveau, comme des images de synthèse dans un film. Seule une petite fraction des données transmises au lobe occipital parvient directement du monde extérieur. Le reste provient des réserves de la mémoire interne et des modules de traitement perceptifs[25]. Votre cerveau *simule* le monde – chacun de nous vit dans une réalité virtuelle suffisamment proche du réel pour que nous ne nous cognions pas aux meubles.

Dans ce simulateur – dont le substrat neuronal semble centré dans la partie supéro-médiane (supérieure-médiane) de votre cortex préfrontal[26] –, des minifilms passent en permanence. Ces petits clips sont les éléments de base d'une grande partie de l'activité mentale consciente[27]. Pour nos ancêtres, ces simulations d'événements passés augmentaient les chances de survie car elles facilitaient l'apprentissage de comportements efficaces en reproduisant leurs schémas de décharge neuronale. Simuler des événements futurs favorisait également la survie en permettant à nos ancêtres de comparer de possibles conséquences – afin de choisir la meilleure approche – et de mobiliser des séquences sensori-motrices potentielles. Au cours des trois millions d'années écoulées, le cerveau a triplé de taille. Une grande partie de cette croissance a permis d'améliorer les capacités du simulateur, ce qui laisse entrevoir son importance pour la survie.

Les simulations sont la source de souffrances

Aujourd'hui, le cerveau continue à produire des simulations, y compris lorsqu'elles n'ont rien à voir avec la survie. Dès que vous rêvassez ou que vous repensez à un problème relationnel, ces clips se mettent en marche – de petits paquets d'expériences simulées, qui ne durent en général pas plus de quelques secondes. En les observant de près, plusieurs points troublants vous apparaîtront :

- De par sa nature même, le simulateur vous extrait du moment présent. Vous écoutez un exposé au bureau, vous faites une course ou vous méditez, et soudain votre esprit se retrouve à un millier de kilomètres de là, absorbé dans un minifilm. Pourtant, le bonheur, l'amour et la sagesse authentiques ne sont que dans l'instant présent.

- Dans le simulateur, les plaisirs semblent généralement extraordinaires, que vous songiez à une seconde part de gâteau ou imaginiez l'accueil qui sera fait à votre rapport au travail. Mais que ressentez-vous *réellement* quand vous jouez le minifilm dans la réalité ? Les promesses de l'écran sont-elles tenues ? Le plus souvent, non. En vérité, la plupart des gratifications quotidiennes sont moins intenses que celles produites dans le simulateur.

- Dans le simulateur, les clips débordent de convictions : *Bien sûr qu'il dira ceci si je dis cela... Ils m'ont laissé tomber, c'est évident.* Parfois, elles sont verbalisées de manière explicite, mais le plus souvent elles restent implicites, intégrées dans le scénario. En réalité, les convictions explicites et implicites de vos simulations sont-elles *vraies* ? Parfois oui, mais souvent non. Les minifilms vous bloquent en proposant une vision simpliste du passé et en niant de vraies possibilités d'avenir, comme de nouvelles façons de communiquer avec les autres ou de grands rêves. Leurs convictions sont les barreaux d'une cage invisible qui vous retiennent prisonnier d'une vie plus étroite que celle que vous pourriez avoir en réalité – comme un animal de zoo qui reste recroquevillé dans son vieil enclos bien qu'il ait été libéré dans un grand parc.

- Dans le simulateur, les événements contrariants du passé passent en boucle, renforçant les associations neuronales entre les faits et les sentiments douloureux qu'ils ont provoqués. Le simulateur vous met également en garde contre des situations à venir dangereuses. Mais, en réalité, la plupart de ses prédictions inquiétantes ne se réalisent jamais. Et, dans le cas contraire, la gêne que vous éprouvez est souvent moins forte et plus brève que prévu. Par exemple, imaginez que vous ayez envie de laisser parler votre cœur : un minifilm pourrait vous faire craindre d'être rejeté et de vous sentir mal. Alors qu'en réalité, lorsqu'on laisse parler son cœur, les choses ne se passent-elles pas correctement, et ne finit-on pas par se sentir bien ?

En résumé, le simulateur vous coupe du moment présent et vous pousse à poursuivre une carotte, qui est moins extraordinaire que vous ne le pensez, tout en vous dissimulant des récompenses plus importantes (comme la satisfaction et la paix intérieure). Ses minifilms débordent de croyances qui réduisent le réel. En plus de renforcer les émotions douloureuses, ils vous conduisent à esquiver des bâtons qui ne vous menacent pas réellement ou qui ne sont pas si dangereux que cela. Et le simulateur fonctionne jour après jour, heure après heure, y compris la nuit, dans vos rêves – et ne cesse de bâtir des structures neuronales qui, très souvent, ne font qu'augmenter votre souffrance.

Autocompassion

Nous souffrons tous un peu et parfois même énormément. La compassion est une réaction naturelle à la souffrance, y compris la nôtre. L'autocompassion ne consiste pas à s'apitoyer sur son sort, elle est simplement chaleur, préoccupation et bienveillance – comme la compassion pour autrui. Parce que l'autocompassion est plus émotionnelle que l'estime de soi, elle réduit en réalité plus efficacement l'impact de situations délicates, préserve l'amour-propre et renforce la résilience[28]. Elle ouvre également le cœur, car, lorsqu'on est fermé à sa propre souffrance, il est difficile d'être réceptif à celle des autres.

> « La racine de la compassion est la compassion pour soi-même. »
>
> Pema CHÖDRÖN

En plus des épreuves quotidiennes de la vie, la voie même de l'éveil réserve des expériences difficiles qui appellent la compassion. Pour devenir plus heureux, plus sage et plus aimant, il faut parfois nager à contre-courant de tendances profondément ancrées dans notre système nerveux. Par exemple, à certains égards, les trois piliers de la pratique sont contre nature : la vertu réprime des réactions émotionnelles efficaces dans la jungle, la pleine conscience diminue la vigilance extérieure, et la sagesse érode des croyances qui nous ont permis autrefois de survivre. Détruire l'origine de la souffrance, se sentir uni à toute chose, se laisser porter par le changement et être insensible aux expériences agréables ou désagréables est contraire au modèle évolutionniste. Bien entendu, cela ne signifie pas qu'il ne faille pas le faire ! Cela signifie simplement qu'il faut comprendre à quoi l'on se mesure et éprouver de la compassion pour soi-même.

Voici quelques techniques destinées à développer l'autocompassion et à renforcer ses circuits neuronaux :

- Imaginez-vous avec quelqu'un qui vous aime réellement – le sentiment de recevoir de l'affection active les circuits de l'attachement profond dans votre cerveau, le préparant à accorder de la compassion.
- Songez à quelqu'un qui vous inspire naturellement de la compassion, tel un enfant ou un être que vous aimez – ce flux aisé de compassion stimule ses bases neuronales (y compris l'ocytocine, l'insula [qui perçoit l'état interne de votre corps] et le cortex préfrontal), les « prédisposant » à l'autocompassion.
- Étendez cette compassion jusqu'à ce qu'elle vous englobe – soyez conscient de votre propre souffrance et étendez l'attention et la bienveillance jusqu'à ce qu'elles vous incluent. Sentez la compassion pénétrer lentement les zones inflammatoires en vous, tomber comme une douce pluie qui recouvre tout. Les gestes liés à un sentiment particulier le renforcent[29] : placez donc une paume de main sur votre joue ou sur votre cœur avec la chaleur et la tendresse que vous accorderiez à un enfant blessé. Prononcez des phrases telles que : Que la douleur de cet instant passe. Que je sois de nouveau heureux.
- Dans l'ensemble, ouvrez-vous à la sensation que procure la compassion – au plus profond de votre cerveau, la source réelle des sentiments bienveillants importe peu. Que la compassion vienne de vous ou de quelqu'un d'autre, laissez la sensation d'être apaisé et aimé pénétrer en vous.

Chapitre 2 : POINTS CLÉS

• Au cours de notre évolution, trois stratégies fondamentales nous ont aidés à transmettre nos gènes : créer des séparations, stabiliser les systèmes et saisir des opportunités tout en évitant les dangers.

• Bien que ces stratégies soient très efficaces pour la survie, elles nous font également souffrir.

• L'effort destiné à maintenir les séparations se heurte à nos innombrables connexions avec le monde, dont nous sommes dépendants. Par conséquent, nous pouvons nous sentir un peu isolés, exclus, submergés ou aux prises avec le monde.

• Lorsque les systèmes de notre corps, de notre esprit et de nos relations deviennent instables, notre cerveau produit des signaux d'alerte dérangeants. Comme tout change en permanence, ces signaux ne cessent de nous parvenir.

• Notre cerveau déforme nos expériences en leur appliquant une tonalité affective – agréable, désagréable ou neutre – de sorte que nous recherchions ce qui est agréable, évitions ce qui est désagréable et ignorions ce qui est neutre.

• Au cours de notre évolution, nous avons été amenés à nous focaliser en particulier sur les expériences désagréables. Ce penchant négatif néglige les bonnes nouvelles, souligne les mauvaises et génère de l'anxiété et du pessimisme.

• Le cerveau a la merveilleuse capacité de simuler des expériences, mais cela a un prix : le simulateur nous extrait de l'instant présent et nous incite à poursuivre des plaisirs qui n'ont rien d'extraordinaire et à résister à des douleurs exagérées ou irréelles.

• L'autocompassion contribue à réduire la souffrance.

3

Première et seconde flèche

Au final, le bonheur revient à choisir entre l'inconfort de prendre conscience de nos souffrances mentales et l'inconfort d'être gouverné par elles.

Yongey Mingyur RINPOCHE

Un certain inconfort physique est inévitable : c'est un appel crucial à prendre des mesures de protection, telle la douleur qui nous pousse à retirer notre main d'un poêle trop chaud. Un certain inconfort mental est tout aussi inévitable. Par exemple, au cours de l'évolution, le fait de s'investir de plus en plus auprès des enfants a motivé nos ancêtres à maintenir en vie ces porteurs de leurs gènes. Il est donc logique d'éprouver du désarroi lorsque nos êtres chers sont menacés et de la peine lorsqu'ils ont mal. Par ailleurs, en évoluant, notre place au sein du groupe et dans le cœur des autres a pris de plus en plus d'importance à nos yeux. Il est donc également normal de nous sentir blessés si nous avons la sensation d'être rejetés ou méprisés.

Pour reprendre une expression du Bouddha, cet

inconfort physique ou mental inévitable est la « première flèche » de l'existence. Aussi longtemps que l'on vit et que l'on aime, ces flèches nous parviennent.

LES FLÈCHES
QUE NOUS NOUS DÉCOCHONS
À NOUS-MÊMES

Bien que les premières flèches soient déjà désagréables, l'essentiel de notre souffrance provient en réalité des « secondes flèches », celles que nous nous décochons à nous-mêmes en réagissant à la douleur initiale.

Imaginez que vous traversiez une pièce plongée dans l'obscurité et que vous vous cogniez l'orteil contre une chaise : juste après la première flèche de la douleur apparaît la seconde flèche de la colère : « Qui a déplacé cette fichue chaise ? » Ou encore, lorsqu'un être cher vous traite avec froideur alors que vous espérez de l'affection, en plus d'avoir l'estomac noué (première flèche), vous pourrez vous sentir rejeté (seconde flèche) parce que vous n'avez pas reçu assez d'attention quand vous étiez enfant.

Les secondes flèches déclenchent souvent des réactions en chaîne par des réseaux neuronaux associatifs : la colère éprouvée contre la personne qui a déplacé la chaise peut entraîner de la culpabilité, et le fait de vous sentir une nouvelle fois blessé par un être cher, de la tristesse. Sur le plan relationnel, les secondes flèches créent des cercles vicieux : vos réactions provoquent d'autres réactions chez votre interlocuteur, auxquelles vous réagissez de nouveau, etc.

Étonnamment, la plupart de nos secondes flèches

surviennent alors qu'il n'y a pas la moindre première flèche en vue – les circonstances auxquelles nous réagissons n'impliquent pas de douleur inhérente. Nous leur *ajoutons* de la souffrance. Par exemple, il m'arrive de rentrer chez moi après le travail et de trouver la maison sens dessus dessous, les enfants ayant laissé traîner leurs affaires un peu partout (circonstances). Mais les manteaux et les chaussures sur le canapé ou le désordre sur le bar sont-ils une première flèche ? Non. Personne ne m'a laissé tomber une brique sur la tête ou n'a blessé mes enfants. Dois-je *nécessairement* être contrarié ? Pas vraiment. Je pourrais ignorer le désordre, ranger calmement ou en discuter avec les enfants. Parfois, je parviens à gérer la situation de cette manière. Mais parfois les secondes flèches se mettent à pleuvoir, la pointe enduite des Trois Poisons : l'avidité me rend rigide (les choses doivent absolument être comme je voudrais qu'elles soient), la haine attise l'agacement et la colère, et l'illusion m'incite à prendre la situation trop à cœur.

Le plus triste, c'est que, parfois, les secondes flèches sont des réactions à des circonstances *positives*. Par exemple, au lieu de trouver un compliment agréable, vous vous mettrez peut-être à penser avec nervosité, voire avec une certaine honte : *Oh, je ne suis pas si bien que ça. Peut-être qu'il découvrira que je suis un imposteur*. Et c'est le début de souffrances inutiles.

ÉCHAUFFEMENT

La souffrance n'est pas abstraite ou conceptuelle. Elle est *incarnée* : on la ressent dans son corps, et elle opère par des mécanismes corporels. Comprendre les rouages physiologiques de la souffrance vous aidera à la considérer de plus en plus comme une affection impersonnelle – très certainement désagréable, mais pas au point de vous laisser contrarier et de vous décocher d'autres flèches.

La souffrance se propage dans votre corps par le système nerveux sympathique (SNS) et *l'axe hypotalamo-hypophyso-surrénalien* (AHHS) du système endocrinien. Éclaircissons ces termes barbares et voyons comment tout cela fonctionne. Bien que le SNS et l'AHHS soient distincts sur le plan anatomique, ils sont tellement intimement liés qu'il est préférable de les décrire ensemble, tel un système intégré. Nous nous concentrerons sur les réactions dominées par l'aversion du bâton (la peur ou la colère, par exemple) plutôt que par la recherche de carottes puisque nous avons vu qu'en général nous étions plus sensibles aux éléments négatifs.

Déclenchement des alarmes

Il se passe quelque chose. Un véhicule vous brûle la priorité, un collègue vous critique ou, tout simplement, une pensée vous préoccupe. Ce qui vous arrive sur le plan social ou émotionnel peut vous faire autant de mal qu'un problème physique, dans la mesure où les douleurs psychologiques et les douleurs physiques dépendent en grande partie des mêmes réseaux neuronaux[1]. C'est la raison pour laquelle se sentir rejeté peut être aussi douloureux que se faire dévitaliser une dent. Le simple fait d'anticiper un défi – comme prendre la parole en public la semaine suivante – peut avoir autant d'impact que d'y être réellement confronté. Quelle que soit la source du danger, l'amygdale donne l'alerte, déclenchant plusieurs réactions :

- Le *thalamus* (le relais situé au milieu de votre tête) envoie un « signal d'éveil » à votre tronc cérébral, qui libère de la noradrénaline (un stimulant) dans votre cerveau.
- Le SNS envoie des signaux aux principaux organes et groupes musculaires de votre corps, les préparant à combattre ou à fuir.
- Sous l'effet de l'hypothalamus (le principal régulateur cérébral du système endocrinien), l'hypophyse stimule les glandes surrénales qui libèrent les « hormones du stress », l'*adrénaline* et le *cortisol*.

Prêt à l'action

Une seconde ou deux après la mise en garde initiale, votre cerveau est en alerte rouge, votre SNS s'illumine comme un arbre de Noël, et les hormones du stress déferlent dans votre sang. En d'autres termes, vous êtes au moins légèrement contrarié. Que se passe-t-il dans votre corps ?

L'adrénaline augmente votre rythme cardiaque (pour que le cœur accélère la circulation sanguine) et dilate vos pupilles (pour que la lumière pénètre davantage dans les yeux). La noradrénaline concentre le sang dans les groupes musculaires importants. Par ailleurs, les bronchioles de vos poumons se dilatent pour accroître l'échange de gaz – vous permettant ainsi de frapper plus fort ou de courir plus vite.

Le cortisol inhibe le système immunitaire afin de réduire les inflammations consécutives à des blessures. Il accélère aussi les réactions de stress par deux procédés circulaires : premièrement, il provoque une stimulation accrue de l'amygdale par le tronc cérébral, ce qui accentue l'activation du SNS/ AHHS – et augmente la production de cortisol. Deuxièmement, le cortisol freine l'activité de l'hippocampe (qui, en temps normal, inhibe l'amygdale). L'amygdale n'étant plus inhibée, davantage de cortisol est libéré.

La reproduction est mise entre parenthèses – la sexualité devient secondaire lorsqu'on court se mettre aux abris –, tout comme la digestion : la salivation diminue, et le péristaltisme ralentit, si bien que l'on a la bouche sèche et que l'on devient constipé.

Les émotions s'intensifient, organisant et mobilisant tout le cerveau autour de l'action. L'excitation du SNS/ AHHS stimule l'amygdale, focalisée en permanence sur les informations négatives auxquelles elle réagit intensément. Par conséquent, la sensation de stress amorce la peur et la colère.

Plus l'activation limbique et endocrinienne est importante, plus le cortex préfrontal perd son pouvoir de contrôle relatif, un peu comme une conductrice aux commandes d'un véhicule dont la pédale d'accélérateur serait bloquée. En outre, le cortex préfrontal est affecté par l'excitation du SNS/AHHS, qui colore de façon négative les évaluations, les intentions d'autrui et les priorités : la conductrice de la voiture folle se dit que les autres sont tous des idiots. Songez par exemple à la manière dont on interprète une situation lorsqu'on est contrarié et lorsqu'on y repense plus tard, une fois que l'on s'est calmé.

Dans des environnements sociaux et physiques hostiles, cette activation de multiples systèmes corporels a aidé nos ancêtres à survivre. Mais quel en est le prix aujourd'hui, compte tenu du stress chronique modéré qui caractérise la vie moderne ?

Votre cerveau en quelques éléments clés

Chacune de ces parties du cerveau a de nombreux rôles : les fonctions répertoriées ci-dessous ne sont que les plus pertinentes pour notre sujet.

• *Cortex préfrontal (CPF)* : fixe des objectifs, élabore des projets, dirige l'action ; façonne les émotions, notamment en guidant et parfois en inhibant le système limbique.

• *Cortex cingulaire antérieur (frontal) (CCA)* : stabilise l'attention et contrôle les projets ; contribue à intégrer la pensée et les sentiments[2] ; le terme « cingulaire » désigne un collier de fibres nerveuses.

• *Insula* : perçoit l'état interne du corps, y compris les sensations dans les intestins ; contribue à l'empathie ; localisé sur la partie interne des lobes temporaux de chaque côté de votre tête (les lobes temporaux et l'insula n'apparaissent pas sur le schéma 6).

• *Thalamus* : relais majeur des informations sensorielles.

• *Tronc cérébral* : envoie des neurotransmetteurs, telles la sérotonine et la dopamine, au reste du cerveau.

• *Corps calleux* : transmet les informations entre les deux hémisphères du cerveau.

• *Cervelet* : régule le mouvement.

• *Système limbique* : essentiel pour l'émotion et la motivation ; inclut les ganglions de la base, l'hippocampe, l'amygdale, l'hypothalamus et l'hypophyse ;

on considère parfois également qu'il comprend certaines parties du cortex (le cingulaire et l'insula, par exemple), mais, par simplicité, nous le définirons de manière anatomique en termes de structures subcorticales ; en dehors du système limbique, de nombreuses parties du cerveau interviennent dans les émotions.

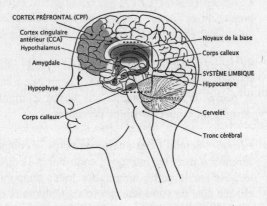

CORTEX PRÉFRONTAL (CPF)
Cortex cingulaire antérieur (CCA)
Hypothalamus
Amygdale
Hypophyse
Corps calleux

Noyaux de la base
Corps calleux
SYSTÈME LIMBIQUE
Hippocampe
Cervelet
Tronc cérébral

Schéma 6 : Éléments clés de votre cerveau

• *Ganglions de la base* : interviennent dans les récompenses, la recherche de stimulations et le mouvement ; les « ganglions » sont des amas cellulaires.

• *Hippocampe* : crée de nouveaux souvenirs ; détecte les dangers.

• *Amygdale* : sorte de « sonnette d'alarme » qui réagit en particulier aux stimuli à forte charge émotionnelle ou négatifs[3].

- *Hypothalamus* : régule les instincts primitifs, tels la faim et le sexe ; produit l'ocytocine ; active l'hypophyse.

- *Hypophyse* : produit l'endorphine ; déclenche les hormones du stress ; stocke et libère l'ocytocine.

LA VIE À PETIT FEU

S'enflammer pour de bonnes raisons – se prendre de passion ou d'enthousiasme, gérer des urgences ou soutenir résolument une cause – fait partie de la vie. Mais les secondes flèches sont de mauvaises raisons de déclencher le SNS/ AHHS, et, lorsqu'elles sont régulières, elles peuvent faire grimper l'aiguille du stressomètre personnel dans la zone rouge. En outre, nous vivons tous dans une société en accélération perpétuelle, basée sur l'activation continue du SNS/ AHHS. Malheureusement, c'est une situation parfaitement anormale si l'on tient compte de notre modèle d'évolution.

Pour toutes ces raisons, la plupart d'entre nous sont soumis à une stimulation permanente du SNS/AHHS. Or, même si notre casserole ne déborde pas, le simple fait de la laisser mijoter tranquillement sous l'effet des secondes flèches est très malsain. C'est une façon de mobiliser ses ressources pour la gestion de crises à court terme plutôt que de projets à long terme – par exemple bâtir un système immunitaire solide ou préserver sa bonne humeur. Et les répercussions sont durables.

Répercussions physiologiques

À l'époque où l'espérance de vie était d'environ quarante ans, les bénéfices à court terme de l'activation du SNS/AHHS l'emportaient sur son coût à long terme. Mais, aujourd'hui, pour les hommes et les femmes qui souhaitent vivre correctement au-delà de la quarantaine, les dégâts d'une vie en surchauffe sont une réelle préoccupation. En effet, la stimulation chronique du SNS/AHHS perturbe les systèmes et accroît les risques sanitaires suivants[4] :

- **Gastro-intestinaux** : ulcères, colites, syndrome de l'intestin irritable, diarrhées et constipation.
- **Immunitaires** : rhumes et grippes plus fréquents, cicatrisation plus longue des blessures, vulnérabilité plus importante aux infections graves.
- **Cardio-vasculaires** : durcissement des artères, crises cardiaques.
- **Endocriniens** : diabète de type II, syndrome prémenstruel, troubles de l'érection, baisse de la libido.

Répercussions mentales

Bien que l'effet des secondes flèches soit considérable sur le corps, le plus souvent, il l'est encore davantage sur le bien-être psychologique. Voyons comment ces flèches agissent sur votre cerveau pour aggraver l'anxiété et l'humeur.

Anxiété

L'activité répétée du SNS/AHHS rend l'amygdale plus réactive aux menaces apparentes, d'où une augmentation de l'activation du SNS/AHHS et de la sensibilisation de l'amygdale. Le corrélat mental de ce processus physiologique est l'apparition de plus en plus rapide de l'*anxiété situationnelle* (basée sur des situations spécifiques). En outre, l'amygdale contribue à créer des *souvenirs implicites* (des traces d'expériences passées présentes en deçà de l'attention consciente). Or plus elle devient sensible, plus ces résidus sont voilés par la peur, et plus l'*anxiété trait* (une anxiété continuelle, indépendante de la situation) est renforcée.

Par ailleurs, l'activation fréquente du SNS/AHHS épuise l'hippocampe, une structure essentielle pour la formation de *souvenirs explicites* (les enregistrements clairs de ce qui s'est vraiment passé). Le cortisol et les hormones glucocorticoïdiques associées affaiblissent les connexions synaptiques existantes dans l'hippocampe et inhibent la formation de nouvelles connexions. Par ailleurs, l'hippocampe est une des rares régions du cerveau humain capables de générer réellement de nouveaux neurones – en entravant ce phénomène, les glucocorticoïdes affectent la capacité à produire de nouveaux souvenirs.

La sursensibilisation de l'amygdale associée à l'affaiblissement de l'hippocampe est néfaste : les expériences douloureuses peuvent être enregistrées dans la mémoire implicite – et déformées par l'amygdale suractivée – sans donner lieu à des souvenirs explicites. On peut alors se faire la réflexion suivante : *Il s'est passé quelque chose, je ne sais pas quoi exactement, mais je suis vraiment contrariée.* Ce phénomène contribue à expliquer pourquoi les victimes de traumatismes se sentent parfois dissociées des événements affreux qu'elles ont vécus, tout en demeurant très réactives à tout ce qui leur rappelle inconsciemment ce qui s'est produit une fois. Dans des situations moins extrêmes, l'impact simultané d'une amygdale en surchauffe et d'un hippocampe affaibli peut prendre la forme d'un vague sentiment de contrariété omniprésent mais sans origine précise.

Déprime

L'activation régulière du SNS/AHHS sape de plusieurs manières les fondements biologiques de l'humeur stable (et, inutile de le préciser, de l'humeur joyeuse) :

- La noradrénaline, qui contribue à la sensation d'éveil et d'énergie mentale, est réduite par les hormones glucocorticoïdiques. Un taux de noradrénaline faible peut provoquer de la déprime – voire de l'apathie – et des difficultés à se concentrer. Ce sont les symptômes classiques de la dépression.
- Avec le temps, les glucocorticoïdes abaissent la production de dopamine. Il s'ensuit une perte du plaisir lié à des activités considérées jadis comme agréables : un autre critère classique de la dépression.
- Le stress réduit la sérotonine, le neurotransmetteur probablement le plus important du maintien de la bonne humeur. Quand la sérotonine baisse, la noradrénaline, déjà diminuée par les glucocorticoïdes, baisse également. En résumé, un taux de sérotonine bas entraîne plus de cafard et moins d'éveil au monde.

Un processus intime

Bien entendu, notre expérience de ces processus physiologiques est très intime. Lorsqu'il m'arrive d'être contrarié, je ne pense évidemment pas à tous ces détails biochimiques. Mais, en gardant une idée générale de ces mécanismes à l'esprit, je suis plus facilement conscient du caractère purement physiologique des cascades de secondes flèches, de leur nature impersonnelle, de leur dépendance vis-à-vis de causes préexistantes et de leur impermanence.

Cette prise de conscience est source d'espoir et de motivation. La souffrance a des origines clairement identifiées dans le cerveau et dans le corps. En les changeant, vous souffrirez beaucoup moins. Et vous *pouvez* les changer. À partir de maintenant, nous allons nous concentrer sur les moyens d'y parvenir.

LE SYSTÈME NERVEUX PARASYMPATHIQUE

Jusqu'à présent, nous avons vu comment les réactions alimentées par l'avidité, et surtout la haine, se propagent dans votre cerveau et votre corps, façonnées par le système nerveux sympathique. Mais le SNS n'est qu'un des trois volets du *système nerveux autonome* (SNA), qui opère essentiellement au-delà de la conscience pour réguler de nombreux systèmes corporels et leurs réactions à des circonstances changeantes. Les deux autres volets du SNA sont le *système nerveux parasympathique* (SNP) et le *système nerveux entérique* (qui régule le système gastro-intestinal). Concentrons-nous sur le SNP et sur le SNS, qui ont un rôle crucial dans votre souffrance – et dans sa cessation.

Le SNP conserve l'énergie du corps et gère l'équilibre de l'activité autonome. Il produit une sensation de détente, souvent accompagnée d'un sentiment de satisfaction – c'est la raison pour laquelle on l'appelle parfois le système « repos-et-digestion », par opposition au SNS, surnommé « combat-ou-fuite ». Ces deux branches du SNA sont connectées comme une balançoire à bascule : quand l'une monte, l'autre descend.

L'activation parasympathique représente l'état de repos normal du corps, du cerveau et de l'esprit. Si votre SNS était déconnecté lors d'une opération chirurgicale, vous seriez toujours vivant, mais peu utile en cas d'urgence. En revanche, si votre SNP était déconnecté, vous ne pourriez plus respirer et décéderiez rapidement. L'activation sympathique *altère* l'équilibre de base du SNP pour vous faire réagir à une menace ou à une opportunité. L'effet calmant, stabilisant du SNP vous aide à penser clairement et à éviter les actes inconsidérés susceptibles de nuire à autrui ou à vous-même. Le SNP apaise également l'esprit et favorise la tranquillité, qui contribue à la pénétration contemplative.

VUE D'ENSEMBLE

Le SNP et le SNS ont évolué de concert afin de permettre aux animaux – y compris les humains – de survivre dans des environnements potentiellement mortels. Tous les deux nous sont nécessaires.

Par exemple, respirez cinq fois, en inspirant et en expirant un peu plus profondément que d'habitude. C'est un moyen d'activer tour à tour, à un rythme doux, les systèmes sympathique et parasympathique. Lorsque vous aurez terminé, voyez comment vous vous sentez. Ce mélange d'énergie et de relaxation est l'essence même de la zone de performance optimale identifiée par les athlètes, les hommes d'affaires, les artistes, les amants et les méditants. C'est le résultat du travail harmonieux du SNS et du SNP, de l'accélérateur et du frein.

Le bonheur, l'amour et la sagesse ne sont pas renforcés par l'arrêt du SNS mais par le maintien de l'ensemble du système nerveux autonome dans un état d'équilibre optimal, c'est-à-dire :

- Une excitation de base du système parasympathique pour conférer un sentiment de bien-être et de sérénité global.
- L'activation douce du SNS pour l'enthousiasme, la vitalité et les passions saines.
- Des pics occasionnels de SNS pour les situations exigeantes : une belle opportunité au travail ou l'appel en pleine nuit d'un adolescent qu'il faut aller chercher à une fête qui a dégénéré.

Cette ordonnance est la plus apte à vous assurer une vie longue, productive et heureuse. Mais, bien entendu, elle nécessite de la pratique.

UN CHEMIN DE PRATIQUE

Comme le dit si bien le proverbe, la douleur est inévitable, mais la souffrance, facultative. Si vous parvenez à rester simplement présent à tout ce qui survient dans la conscience – qu'il s'agisse d'une première ou d'une seconde flèche –, sans réagir davantage, alors vous briserez sur-le-champ l'enchaînement de la souffrance. Au fil du temps, en exerçant et en façonnant votre esprit et votre cerveau, vous pourrez même changer ce qui survient, augmenter le positif et diminuer le négatif, et, par la même occasion, vous imprégner de la sensation croissante de paix et de sérénité de votre vraie nature.

Ces trois processus – *être présent à* tout ce qui survient, *œuvrer* à transformer les tendances de l'esprit et *se réfugier* dans le fondement de l'être – sont les pratiques essentielles du chemin de l'éveil. À de nombreux égards, ils correspondent, respectivement, à la pleine conscience, à la vertu et à la sagesse – et aux trois fonctions neuronales essentielles d'apprentissage, de régulation et de sélection.

Alors que vous gérerez différents problèmes sur votre chemin d'éveil, vous retrouverez très souvent ces étapes du développement :

- *Étape 1* – Vous êtes victime d'une seconde flèche et n'en êtes même pas conscient : votre amie a oublié d'acheter du lait, et vous vous plaignez amèrement sans vous rendre compte que votre réaction est excessive.
- *Étape 2* – Vous vous apercevez que vous vous êtes laissé happer par l'avidité ou la haine (au sens le plus large), mais vous n'y pouvez rien : au fond de vous, vous êtes très mal à l'aise, mais vous ne pouvez pas vous empêcher de grommeler à cause du lait.
- *Étape 3* – Certains aspects de la réaction surviennent, mais vous ne les extériorisez pas : vous êtes irrité, mais vous vous rappelez que votre amie en fait déjà beaucoup pour vous et qu'être grognon ne fera qu'empirer les choses.
- *Étape 4* – La réaction ne survient même pas, et, parfois, vous oubliez que le problème ne s'est jamais posé : vous comprenez qu'il n'y a pas de

lait et vous réfléchissez calmement à ce que vous allez faire maintenant avec votre amie.

Dans le monde de l'éducation, ces étapes sont appelées successivement « incompétence inconsciente », « incompétence consciente », « compétence consciente » et « compétence inconsciente ». Ce sont des étiquettes très utiles pour savoir où l'on en est sur un sujet donné. La deuxième étape, la plus difficile, est souvent celle à laquelle on est tenté d'abandonner. Il est donc important de continuer à viser les troisième et quatrième étapes – contentez-vous de persévérer, et je ne doute pas que vous y parveniez !

Il faut du temps et des efforts pour se débarrasser de vieilles structures et en bâtir de nouvelles. C'est ce que j'appelle *la loi des petits riens* : bien que des petits moments d'avidité, de haine et d'illusion aient laissé des résidus de souffrance dans votre esprit et dans votre cerveau, une multitude de petits moments de pratique remplaceront ces Trois Poisons et la souffrance qu'ils entraînent par du bonheur, de l'amour et de la sagesse.

Nous avons parcouru un vaste domaine et examiné longuement les origines évolutionnistes et neuronales de la souffrance. À présent, voyons comment y mettre fin.

Chapitre 3 : POINTS CLÉS

• Un certain inconfort physique et mental est inévitable. Ce sont les « premières flèches » de la vie.

• Lorsque nous réagissons à une première flèche par un, voire plusieurs des Trois Poisons que sont l'avidité, la haine et l'illusion [au sens large] – chacun caractérisé par le désir irrépressible –, nous décochons une seconde flèche aux autres ou à nous-mêmes. En fait, souvent, il n'y a même pas de première flèche en vue, mais des situations positives – tel un compliment.

• La souffrance est profondément incarnée. Des réactions physiologiques impliquant votre système nerveux sympathique [SNS] et l'axe hypothalamo-hypophyso-surrénalien [AHHS] provoquent un enchaînement de souffrances dans votre corps.

• La plupart des gens connaissent des cascades chroniques de secondes flèches, qui s'accompagnent de nombreux effets négatifs sur leur santé physique et mentale.

• Le système nerveux parasympathique « repos-et-digestion » (SNP) apaise l'activation du SNS/AHHS.

• La meilleure ordonnance pour espérer vivre long-temps et bien inclut une base de SNP, une activation douce du SNS pour la vitalité et des pics de SNS pour les opportunités ou les menaces importantes.

• Être présent à tout ce qui survient, œuvrer à trans-former les tendances de l'esprit et se réfugier dans le fondement de l'être sont les pratiques essentielles du chemin de l'éveil. À de nombreux égards, ces pratiques correspondent respectivement à la pleine conscience, à la vertu et à la sagesse.

• Sur le chemin de l'éveil, ne cessez jamais d'avancer ! Une multitude de petits moments de pratique renforceront progressivement mais réellement votre satisfaction, votre bienveillance et votre pénétration.

Deuxième partie

BONHEUR

4

S'imprégner de ce qui est bon

Je suis plus vaste, meilleur que je ne le pensais, J'ignorais qu'il y avait tant de bonnes choses en moi.

Walt WHITMAN,
« Chant de la grand-route »

Ce que nous vivons bâtit notre esprit comme ce que nous mangeons bâtit notre corps. En sculptant peu à peu le cerveau, le flux des expériences façonne l'esprit. Certains résultats prennent la forme de souvenirs explicites : *Voilà ce que j'ai fait l'été dernier ; voilà ce que j'ai ressenti quand j'étais amoureuse.* Mais l'essentiel de ce modelage demeure à jamais inconscient. C'est ce que l'on appelle la « mémoire implicite », qui englobe nos attentes, nos schémas de relation, nos tendances émotionnelles et notre vision générale du monde. La mémoire implicite dessine le paysage intérieur de notre esprit – la sensation d'être « nous » – à l'aide des résidus lentement accumulés de notre vécu.

En un sens, ces résidus peuvent être classés en deux

catégories : ceux qui sont bénéfiques (pour soi-même et les autres) et ceux qui sont nuisibles. Pour paraphraser la section de l'Effort Juste du Noble Octuple Sentier bouddhiste, il faut créer, préserver et accroître les souvenirs implicites bénéfiques, et limiter, éliminer ou décroître leurs pendants nuisibles.

LE PENCHANT NÉGATIF
DE LA MÉMOIRE

Mais il y a un problème : notre cerveau scanne, enregistre, stocke et se rappelle de préférence les expériences désagréables. Comme nous l'avons vu, il agit comme du Velcro sur les expériences négatives et comme du Téflon sur les expériences positives. Par conséquent, même lorsque ces dernières sont plus nombreuses, la pile de souvenirs implicites négatifs grossit naturellement plus vite et vous incline à tort à la morosité et au pessimisme.

Bien entendu, les expériences négatives ont leur intérêt : la perte ouvre le cœur, le remords tend une boussole morale, l'anxiété met en garde contre les dangers, et la colère souligne les torts qui doivent être redressés. Mais ne pensez-vous que vous avez déjà suffisamment d'expériences négatives ? La douleur émotionnelle qui ne profite ni aux autres ni à soi-même n'est que vaine souffrance. Et la douleur d'aujourd'hui engendre celle de demain. Par exemple, un seul épisode dépressif majeur peut remodeler les circuits cérébraux et faciliter de futures rechutes[1].

La solution n'est pas d'éliminer les expériences négatives : lorsqu'elles se produisent, elles se produisent, ni plus ni moins. Mais plutôt d'encourager les expériences positives – et, en particulier, de nous en imprégner afin qu'elles fassent partie intégrante de nous-mêmes.

INTÉRIORISER LE POSITIF

Suivez les trois étapes suivantes :

1. Transformez les faits positifs en *expériences* positives. Il y a plein de choses positives autour de nous, mais la plupart du temps nous ne les remarquons pas – ou nous les ressentons à peine. Quelqu'un se montre agréable envers nous, une fleur s'ouvre, nous venons à bout d'un projet difficile, nous percevons une qualité admirable en nous – tout passe sans vraiment nous atteindre. Cherchez activement les bonnes nouvelles, en particulier les petits riens de la vie quotidienne : le visage des enfants, l'odeur d'une orange, le souvenir de vacances heureuses, un modeste succès au travail, etc. Quels que soient les faits positifs qui vous viennent à l'esprit, portez-leur une attention consciente – ouvrez-vous et laissez-les vous toucher. Imaginez-vous face à un banquet : ne vous contentez pas de regarder – allez-y, piochez !

2. Savourez l'expérience. Elle est délicieuse ! Faites-la durer en l'appréciant pendant cinq, dix, voire vingt secondes. Ne laissez pas votre attention s'envoler vers autre chose. Plus vous maintiendrez cette expérience dans la conscience, plus elle sera stimulante sur le plan émotionnel, plus vos neurones déchargeront et se raccorderont ensemble,

et plus elle laissera une trace profonde dans votre mémoire[2].

Focalisez-vous sur vos émotions et sur vos sensations corporelles, puisqu'elles sont l'essence de la mémoire implicite. Laissez l'expérience emplir votre corps et s'intensifier autant que possible. Par exemple, si quelqu'un se montre bon envers vous, laissez cette sensation réchauffer toute votre poitrine.

Soyez en particulier attentif aux aspects gratifiants de l'expérience – par exemple l'effet d'une longue étreinte prodiguée par un être que vous aimez. En se focalisant sur ces gratifications, on augmente la libération de dopamine, qui facilite l'attention portée à l'expérience et renforce ses associations neuronales dans la mémoire implicite. Il ne s'agit pas de s'agripper aux récompenses – ce qui n'aurait pour effet que d'entraîner la souffrance – mais plutôt de les intérioriser afin de les porter en soi et de ne pas avoir à les rechercher dans le monde extérieur.

Vous pouvez aussi intensifier un événement en l'enrichissant délibérément. Par exemple, si vous savourez l'expérience d'une relation, vous pouvez invoquer d'autres sensations identiques, ce qui contribuera à stimuler l'ocytocine – l'« hormone de l'attachement » – et à approfondir votre sentiment de connexion. Ou, après avoir achevé un projet exigeant, vous pouvez renforcer votre sentiment de satisfaction en repensant aux défis que vous avez dû relever.

3. Imaginez ou sentez l'expérience pénétrer dans votre esprit et dans votre corps, comme la chaleur du soleil dans un T-shirt, de l'eau dans une

éponge ou un bijou dans un coffre au trésor logé dans votre cœur. Faites-le sans cesse de détendre votre corps et d'absorber les émotions, les sensations et les pensées liées à l'expérience.

SE GUÉRIR DE LA DOULEUR

On peut également se servir des expériences positives pour apaiser, équilibrer et même remplacer les expériences négatives. Lorsque deux éléments sont appréhendés en même temps par l'esprit, ils se connectent entre eux. C'est une des raisons pour lesquelles il peut être curatif d'évoquer des moments difficiles avec une personne qui vous soutient : les sentiments et les souvenirs douloureux s'imprègnent du bien-être, des encouragements et de l'intimité partagés.

Recourir aux mécanismes de la mémoire

Ces entrelacements mentaux dépendent de mécanismes neuronaux de la mémoire. Lorsqu'un souvenir – implicite ou explicite – est fabriqué, seules ses caractéristiques essentielles sont stockées. Autrement, votre cerveau déborderait tellement d'informations qu'il ne disposerait plus de place suffisante pour intégrer de nouvelles données. Par exemple, rappelez-vous une expérience, même récente, et notez combien le souvenir que vous en avez est schématique : les traits principaux sont présents, mais il manque de nombreux détails.

Lorsque votre cerveau retrouve un souvenir, il ne procède pas comme les ordinateurs, qui rappellent un dossier complet sur le disque dur (des documents, une photo ou encore une chanson). Votre cerveau reconstruit des souvenirs implicites et explicites à partir de leurs éléments clés et fait appel à ses capacités de simulation pour combler les détails manquants. Bien que ce procédé exige plus de travail, il permet également une gestion plus efficace de l'espace neuronal – puisqu'il est inutile de stocker des dossiers complets. De plus, votre cerveau est tellement rapide que la reconstruction de chaque souvenir passe inaperçue.

Ce processus vous donne la possibilité, au sein même des microcircuits du cerveau, de modifier petit à petit les teintes émotionnelles de votre paysage intérieur. Lorsqu'un souvenir est activé, un vaste assemblage neuronal et synaptique fait émerger un schéma. Si vous avez d'autres pensées à l'esprit au même moment – en particulier si elles sont profondément agréables ou désagréables –, l'amygdale et l'hippocampe les associeront automatiquement à ce schéma neuronal[3]. Puis, lorsque le souvenir quittera la conscience, il sera amalgamé *à ces autres associations* dans la mémoire.

Plus tard, lorsque le souvenir sera réactivé, ces associations tendront à l'accompagner. Ainsi, si vous invoquez de manière répétitive des pensées et des sentiments négatifs alors qu'un souvenir est actif, ce dernier sera de plus en plus teinté négativement. Par exemple, si vous vous rappelez un échec ancien tout en vous fustigeant, cette expérience vous paraîtra de plus en plus atroce. En revanche, si vous songez à des émotions et à des perspectives positives alors que des souvenirs implicites ou explicites sont actifs, ces influences bénéfiques se mêleront lentement à la trame de ces souvenirs.

Chaque fois que vous agissez ainsi – chaque fois que vous imprégnez des états mentaux douloureux et contraignants d'opinions et de sentiments positifs –, vous bâtissez une petite portion de structure neuronale. Avec le temps, l'impact cumulé de cette matière positive changera littéralement votre cerveau, synapse après synapse.

L'apprentissage de toute une vie

• La formation des circuits neuronaux a débuté avant votre naissance, et votre cerveau continuera à intégrer de nouvelles données et à changer jusqu'à votre dernier soupir.

• De tous les animaux de la planète, l'être humain est celui dont l'enfance est la plus longue. Les enfants étant très vulnérables dans le monde sauvage, ce prolongement du développement cérébral devait avoir un avantage important. Bien entendu, l'apprentissage se poursuit après l'enfance : nous acquérons en permanence de nouvelles compétences et connaissances, y compris à un âge avancé (à quatre-vingt-dix ans passés, mon père m'a stupéfié en publiant un article sur les chances de succès des différentes annonces au bridge. Ce genre d'exemples est très courant).

• La capacité d'apprentissage du cerveau – donc de changement – est appelée *neuroplasticité*. En général, il s'agit de modifications minuscules mais régulières de la structure neuronale, qui s'accumulent au fil des ans. Mais parfois les résultats sont spectaculaires – ainsi, chez les aveugles, certaines régions occipitales en charge de la vision peuvent être réaffectées à des fonctions auditives[4].

• L'activité mentale façonne la structure neuronale de plusieurs façons :
— Les neurones qui sont particulièrement actifs deviennent encore plus réactifs à la stimulation.

— Les réseaux neuronaux très actifs bénéficient d'un meilleur apport sanguin, donc de plus de glucose et d'oxygène.

— Quand les neurones déchargent ensemble – à quelques millisecondes près –, ils renforcent leurs synapses existantes et en créent de nouvelles : c'est ainsi qu'ils se « raccordent » ensemble[5].

— Les synapses inactives dépérissent et subissent un « élagage neuronal », selon le principe du *use it or lose it* (ce qui ne sert pas est éliminé). Un jeune enfant a environ trois fois plus de synapses qu'un adulte. En grandissant, les adolescents peuvent perdre jusqu'à dix mille synapses par seconde dans le cortex préfrontal (CPF)[6].

— De nouveaux neurones se développent dans l'hippocampe. Cette *neurogenèse* favorise l'ouverture des réseaux de la mémoire à de nouveaux apprentissages[7].

• La stimulation émotionnelle facilite l'apprentissage en augmentant l'excitation neuronale et en consolidant les changements synaptiques[8].

Vu les multiples façons dont le cerveau modifie sa structure, votre expérience *compte* au-delà de son impact subjectif et momentané. Elle change durablement la configuration cérébrale, qui affecte votre bien-être, votre fonctionnement et vos relations. Cet argument, fondé sur la science, est une raison essentielle de se montrer bienveillant envers soi-même, de cultiver les expériences saines et de s'en imprégner.

Arracher les mauvaises herbes
et planter des fleurs

Afin de remplacer progressivement des souvenirs implicites négatifs par des positifs, intensifiez légèrement et faites passer au premier plan de votre conscience les aspects positifs de votre expérience tout en reléguant le négatif à l'arrière-plan. Imaginez le contenu positif de votre conscience tel un baume qui pénètre les vieilles blessures, apaise les points irrités et contusionnés, emplit les creux, substitue lentement des croyances et des sentiments positifs à leurs pendants négatifs.

Le contenu mental négatif peut provenir de l'âge adulte, y compris d'expériences actuelles, mais souvent il importe de s'occuper des souvenirs implicites et explicites de l'enfance, qui sont généralement à l'origine de contrariétés récurrentes. Les gens s'en veulent parfois d'être encore affectés par le passé. Mais ne l'oubliez pas : le cerveau est fait pour changer au gré du vécu, en particulier négatif. Nous apprenons par nos expériences, en particulier celles de notre enfance, et il est normal que cet apprentissage nous colle à la peau.

Quand j'étais petit, j'arrachais les pissenlits dans notre jardin mais ils repoussaient toujours si je ne les déracinais pas complètement. Il en va de même des contrariétés. Explorez les couches les plus juvéniles, les plus vulnérables et les plus chargées en émotions de votre esprit, et cherchez à tâtons la pointe des racines de tout ce qui vous dérange. Avec un peu de pratique et de compréhension de soi, on finit par élaborer une courte liste de « suspects habituels » – l'origine profonde des contrariétés récurrentes – que l'on examine régulièrement si l'on se sent irrité, anxieux, blessé ou inadapté. Il peut s'agir notamment d'une sensation de rejet liée à une impopularité à l'école, d'un sentiment d'impuissance généré par une maladie chronique ou de la peur de s'engager suite à un mauvais divorce. Une fois la pointe des racines repérée, imprégnez-vous du positif, qui desserrera peu à peu son emprise sur vous. Vous arracherez les mauvaises herbes et planterez des fleurs dans votre jardin mental.

Souvent, le remède le plus efficace contre les expériences douloureuses est leur opposé positif – par exemple remplacer une impression de faiblesse issue de l'enfance par une impression de force à l'âge adulte. Si le fait d'avoir été injustement traité dans une relation ancienne continue de vous attrister, souvenez-vous d'avoir été aimé par d'autres personnes et laissez ces sentiments pénétrer en vous. Ajoutez le pouvoir des mots en prononçant ce genre de phrase : *J'ai franchi tous ces obstacles, je suis toujours là, et beaucoup de gens m'aiment.* Vous n'oublierez pas ce qui s'est passé, mais la charge émotionnelle diminuera peu à peu.

L'essentiel est de ne pas résister aux expériences douloureuses ni de s'accrocher à celles qui sont agréables : c'est une forme de désir irrépressible – et le désir irrépressible mène à la souffrance. Le plus délicat est de rester attentif, tolérant et curieux vis-à-vis des expériences douloureuses – tout en s'imprégnant de pensées et de sentiments réconfortants.

En résumé, insufflez du positif dans le négatif des deux manières suivantes :

• Faites pénétrer les expériences positives d'aujourd'hui dans les vieilles blessures.

- Quand apparaît du négatif, invoquez les émotions et les perspectives positives qui seront son antidote.

Chaque fois que vous utilisez une de ces méthodes, essayez de ressentir et d'absorber d'autres expériences positives similaires au moins deux fois de plus dans l'heure qui suit. Il est prouvé que la mémoire négative – explicite et implicite – est particulièrement ouverte au changement lorsqu'elle vient d'être sollicitée[9].

Si vous vous sentez d'attaque, allez un peu plus loin : prenez de petits risques et faites des choses admises par la raison mais écartées par l'inquiétude – comme être plus ouvert à vos vrais sentiments, réclamer directement de l'amour et franchir une étape dans votre carrière. Lorsque les résultats s'avéreront bons – comme ce sera très probablement le cas –, imprégnez-vous-en et, lentement mais sûrement, débarrassez-vous de ces vieilles peurs.

La plupart du temps, s'imprégner du positif prend moins d'une minute – et, souvent, à peine quelques secondes. C'est quelque chose d'intime. Personne n'a besoin d'en avoir connaissance. Mais, au fil du temps, on peut réellement bâtir de nouvelles structures positives dans son cerveau.

POURQUOI IL EST BON
DE S'IMPRÉGNER DE CE QUI EST BON

Compte tenu du penchant négatif du cerveau, intérioriser les expériences positives et se guérir de leurs pendants négatifs réclame un effort *actif*. En réalité, lorsque vous vous penchez vers ce qui est positif, vous rétablissez un déséquilibre neurologique. Et vous vous accordez aujourd'hui l'affection et les encouragements dont vous auriez dû bénéficier enfant, mais dont vous avez peut-être été en partie privé.

Se focaliser sur ce qui est sain puis s'en imprégner augmente naturellement les émotions positives qui traversent votre esprit chaque jour. Les émotions ont un effet global puisqu'elles organisent l'ensemble du cerveau. Par conséquent, les sentiments positifs ont des répercussions considérables, dont un système immunitaire renforcé[10] et un système cardio-vasculaire moins réactif au stress[11]. Ils améliorent l'humeur, favorisent l'optimisme, la résilience et l'ingéniosité, et contribuent à contrebalancer les effets des expériences douloureuses, y compris traumatiques[12]. C'est un cercle vertueux : les sentiments agréables d'aujourd'hui accroissent les perspectives de sentiments agréables de demain.

Ces bienfaits s'appliquent aussi aux enfants. S'imprégner du positif est particulièrement intéressant pour les plus actifs ou les plus anxieux d'entre eux. En général, les enfants qui débordent d'énergie passent à autre chose avant que les sentiments positifs n'aient le temps de se consolider dans leur cerveau, alors que les plus anxieux ont tendance à ignorer ou à minimiser les bonnes nouvelles. (Et certains sont à la fois anxieux et pleins d'énergie.) Quel que soit leur tempérament, si vous avez des enfants autour de vous, encouragez-les à faire une pause à la fin de la journée (ou à tout autre moment qui semble naturel, comme une minute avant que ne retentisse la sonnerie de l'école). C'est un moyen pour eux de se rappeler ce qui s'est bien passé et de penser à des choses ou à des êtres qui les rendent heureux (par exemple un animal domestique,

l'amour de leurs parents, un but marqué au football).
Puis laissez-les s'imprégner de ces pensées et de ces
sentiments positifs.

Dans la pratique spirituelle, absorber le positif permet
d'éclairer des états mentaux essentiels, telles la bienveillance et la paix intérieure, pour mieux retrouver leur
chemin. C'est une attitude gratifiante car elle contribue à vous maintenir sur la voie de l'éveil, qui s'apparente parfois à une pente raide. Elle développe la foi
et la conviction en vous montrant les résultats de vos
efforts. Elle entretient la plénitude du cœur en valori-
sant les émotions positives et sincères – et, lorsqu'on
a le cœur plein, on a davantage à offrir aux autres.

S'imprégner du positif ne consiste pas à afficher une
mine réjouie en toutes circonstances, ni à se détourner des moments difficiles de la vie. Il s'agit d'entretenir le bien-être, la satisfaction et la paix intérieure,
qui sont des refuges d'où l'on peut toujours partir et
où l'on peut toujours revenir.

• Les souvenirs explicites sont les rappels conscients d'événements ou d'informations spécifiques. Les souvenirs implicites sont des résidus d'expériences passées qui demeurent en grande partie en deçà de la conscience mais façonnent considérablement le paysage et l'atmosphère intérieurs de votre esprit.

• Malheureusement, le cerveau fait pencher les souvenirs implicites du côté négatif, y compris lorsque la plupart des expériences sont en réalité positives.

• Le premier remède consiste à rechercher consciemment les expériences positives et à s'en imprégner en trois étapes simples : transformer les faits positifs en expériences positives, savourer ces expériences et les sentir pénétrer en profondeur.

• Quand les expériences sont construites dans la mémoire, elles s'amalgament avec tout ce qui se trouve dans la conscience au même moment, en particulier ce qui est intense. On peut utiliser ce mécanisme pour insuffler du positif dans le négatif – c'est le second remède. Maintenez simplement l'expérience positive au premier plan de la conscience tandis que l'expérience douloureuse apparaît faiblement à l'arrière-plan. Servez-vous de cette méthode de deux manières : lorsque vous vivez une expérience positive, aidez-la à pénétrer, à apaiser et à remplacer de vieilles douleurs ; lorsque apparaît du contenu négatif, invoquez des émotions et des perspectives qui représentent son antidote.

• Prenez conscience des racines profondes de vos contrariétés récurrentes : leurs pointes sont le plus souvent logées dans l'enfance. Différentes contrariétés peuvent avoir différentes racines. Dirigez délibérément des expériences positives vers ces racines afin de les extirper et de les empêcher de repousser.

• Chaque fois que vous vous imprégnez du positif, vous bâtissez une petite portion de structure neuronale. En vous y mettant plusieurs fois par jour – pendant des mois, voire des années –, vous changerez, progressivement mais considérablement, votre cerveau, vos sensations et vos actes.

• Il est bon de s'imprégner du bon. C'est un moyen de développer les émotions positives, qui ont de nombreux bienfaits sur la santé physique et mentale ; d'aider les enfants, en particulier les plus actifs ou les plus anxieux d'entre eux ; et de renforcer la motivation, la conviction et la plénitude du cœur, donc la pratique spirituelle.

5

Apaiser le feu

Le sage dont la soif est pleinement étanchée
Demeure serein en toutes circonstances ;
Aucun désir des sens n'adhère
À celui dont le feu est apaisé, privé de
combustible.

Tout attachement est rompu,
Le cœur est éloigné de la douleur ;
Tranquille, il demeure dans la sérénité la
plus vaste.
L'esprit a trouvé la voie de la paix.

Le Bouddha (Cullavagga 6 : 4.4)

Comme nous l'avons constaté, le système nerveux sympathique (SNS) et les hormones du stress « s'en- flamment » pour nous aider à saisir les opportunités et à éviter les dangers. Bien que les passions saines et l'engagement aient leur place dans la vie, la plupart du temps nous sommes tout simplement en surchauffe – captivés par une carotte ou aux prises avec un bâton.

Et nous nous sentons emportés, énervés, stressés, irrités, anxieux ou déprimés. En aucun cas heureux. Il faut baisser la flamme. Ce chapitre examine de nombreuses façons d'y parvenir.

Si notre corps abritait une brigade de sapeurs-pompiers, ce serait le système nerveux parasympathique (SNP). C'est donc par là que nous commencerons.

ACTIVER LE SYSTÈME NERVEUX PARASYMPATHIQUE

Votre corps comprend de nombreux systèmes fondamentaux, notamment endocrinien, cardio-vasculaire, immunitaire, gastro-intestinal et nerveux. Si vous voulez réduire le stress, apaiser le feu et améliorer votre santé à long terme en vous servant de la connexion esprit-corps, quel est le point d'entrée optimal de tous ces systèmes ? Le système nerveux autonome (SNA).

Pourquoi ? Parce que le SNA est intimement lié à tous les autres systèmes et qu'il contribue à les réguler. Et parce que l'activité mentale a une influence directe très importante sur le SNA. Lorsqu'on stimule l'aile parasympathique du SNA, des vagues calmantes, apaisantes et curatives se propagent dans tout le corps, le cerveau et l'esprit.

Explorons différents moyens d'activer le SNP.

La relaxation

La relaxation active, donc renforce, les circuits du SNP. Elle apaise également la réaction de « combat-ou-fuite », car les muscles décontractés indiquent aux centres d'alerte du cerveau que tout va bien. Lorsqu'on est très détendu, il est difficile de se sentir stressé ou contrarié[1]. En fait, il est même possible que la réaction de détente modifie l'expression génétique, réduisant ainsi les dégâts cellulaires provoqués par le stress chronique[2].

On peut profiter des bienfaits de la relaxation en la pratiquant dans des situations de stress précises, mais aussi en entraînant son corps à se détendre automatiquement « hors ligne ». Les méthodes suivantes peuvent être utilisées dans les deux cas de figure. Commençons par quatre techniques rapides :

- Détendez votre langue, vos yeux et les muscles de votre mâchoire.
- Sentez la tension quitter votre corps et s'enfoncer dans la terre.
- Faites couler de l'eau tiède sur vos mains.
- Recherchez les zones tendues de votre corps et détendez-les.

La respiration diaphragmatique

Cette technique ne prend qu'une minute ou deux. Situé en dessous des poumons, le diaphragme est un muscle qui vous aide à respirer. On peut réduire considérablement l'anxiété en le faisant travailler.

Placez une main sur le ventre, juste en dessous du V inversé au centre du thorax. Baissez les yeux, respirez normalement et observez votre main. Vous ne la verrez probablement bouger que légèrement, de haut en bas.

Laissez votre main en place, mais inspirez à présent de sorte qu'elle monte et descende plus nettement, perpendiculaire à votre poitrine. Essayez de respirer énergiquement en allongeant le souffle jusqu'à la main, de sorte que celle-ci fasse un va-et-vient de plus de deux centimètres à chaque respiration.

Un peu de pratique vous sera sans doute nécessaire, mais persistez et vous y parviendrez. Ensuite, essayez sans la main pour pouvoir utiliser cette méthode, si vous le souhaitez, dans des lieux publics.

La relaxation progressive

Si vous disposez de trois à dix minutes, essayez la relaxation progressive, qui permet de se focaliser systématiquement sur des parties différentes du corps, en allant des pieds à la tête ou vice versa. En fonction du temps dont on dispose, on peut se concentrer sur des parties relativement importantes du corps, telle la jambe gauche ou droite, ou beaucoup plus petites, tels le pied gauche, le pied droit, la cheville gauche, la cheville droite, etc. La relaxation progressive se pratique les yeux ouverts ou fermés, mais la première option permet de se détendre plus profondément lorsqu'on est entouré de monde.

Pour détendre une partie de votre corps, accueillez-la simplement dans le champ de la conscience. Par exemple, sans attendre, notez les sensations dans votre plante de pied gauche. Ou dites-vous dans votre tête « détends-toi », tout en incluant dans le champ de la conscience une partie de votre corps, voire un point ou une zone de cette partie. Voyez ce qui fonctionne le mieux.

Pour beaucoup de gens, la relaxation progressive est aussi un moyen très efficace de s'endormir.

L'expiration longue

Inspirez aussi profondément que possible, maintenez l'inspiration pendant quelques secondes, puis expirez lentement tout en vous détendant. L'inspiration longue gonfle les poumons, et l'expiration les ramène à leur taille initiale. C'est une façon de stimuler le SNP, en charge de l'expiration.

Se toucher les lèvres

Les lèvres sont parcourues de fibres parasympathiques. Se toucher les lèvres stimule le SNP et peut également provoquer des associations apaisantes, comme au fait de manger ou d'avoir été allaité lorsque vous étiez bébé.

La pleine conscience du corps

Comme le SNP vise principalement à maintenir l'équilibre interne du corps, diriger l'attention en soi active des réseaux parasympathiques (à condition de ne pas être préoccupé par sa santé). Il est possible que vous ayez déjà pratiqué la pleine conscience du corps (à travers des cours de yoga ou de gestion du stress, etc.). La pleine conscience consiste simplement à focaliser son attention sur un objet, à demeurer dans l'instant présent avec lui et à ne pas le juger ni à lui résister. Soyez attentif aux sensations physiques, ni plus ni moins.

Par exemple, notez les sensations du souffle, l'air frais qui entre et l'air chaud qui sort, la poitrine et le ventre qui s'élèvent puis retombent. Ou les sensations liées au fait de marcher, de tendre la main ou d'avaler. Il suffit de suivre une seule respiration du début à la fin – ou un seul pas en se rendant au travail – pour se sentir remarquablement calme et centré.

La visualisation

Bien que l'activité mentale soit communément réduite à la pensée verbale, l'essentiel du cerveau est en réalité dédié aux activités non verbales, tel le traitement d'images mentales. La visualisation active l'hémisphère cérébral droit et apaise le bavardage intérieur, qui peut être stressant.

Comme pour la relaxation, on peut utiliser des images à l'improviste pour stimuler le SNP ou effectuer des visualisations plus longues lorsqu'on a le temps de développer une imagerie susceptible de nous ancrer solidement dans le bien-être. Par exemple, si vous vous sentez stressé au travail, vous pouvez visualiser pendant quelques secondes un lac de montagne paisible. Puis, lorsque vous disposez de plus de temps chez vous, vous pouvez vous imaginer marchant autour de ce lac et enrichir votre film mental d'odeurs d'aiguilles de pin ou de rires d'enfants.

La cohérence cardiaque

Un rythme cardiaque régulier présente des intervalles légèrement différents entre chaque battement. C'est ce que l'on appelle la *variabilité du rythme cardiaque* (VRC). Par exemple, si votre cœur bat soixante fois par minute, les battements devraient être en moyenne séparés d'une seconde. Mais votre cœur n'est pas un métronome, et le temps qui s'écoule entre chaque battement change en permanence : il peut être de l'ordre de 1 seconde/1,05/1,1/1,15/1,1/1,05/1/0,95/0,90/0,85/0,90/0,95/1, etc.

La VRC reflète l'activité du système nerveux autonome. Ainsi, votre cœur s'accélère un peu quand vous inspirez (activation du SNS) et ralentit quand vous expirez (excitation du SNP). Le stress, les émotions négatives et l'âge réduisent la VRC, et les victimes de crises cardiaques qui affichent une VRC, relativement basse ont moins de chances de se rétablir[3].

Il serait intéressant de savoir si la variabilité du rythme cardiaque est simplement un *effet* des conditions de stress et d'autres facteurs ou si les changements de la VRC peuvent avoir en soi un *impact* positif direct sur la santé mentale et physique. Nous ne disposons que de résultats préliminaires, mais des études ont démontré qu'une augmentation de la variabilité des battements du cœur et de leur cohérence est associée à une réduction du stress et à une amélioration de la santé cardio-vasculaire, de la fonction immunitaire et de l'humeur[4].

La VRC est un bon indicateur de l'excitation para-sympathique et du bien-être général, et peut être modifiée directement. Le HeartMath Institute a été le premier à l'étudier et à développer de nombreuses techniques, que nous avons adaptées pour cette approche simplifiée en trois parties :

1. Respirez de telle sorte qu'inspiration et expiration aient la même durée. Par exemple, comptez un, deux, trois, quatre dans votre tête en inspirant, puis un, deux, trois, quatre en expirant.
2. Par ailleurs, imaginez ou sentez que vous inspirez et expirez « par » la zone du cœur.
3. Tout en respirant régulièrement par le cœur, songez à une émotion agréable et sincère, tels la gratitude, la bienveillance ou l'amour – pensez par exemple à un événement heureux, à un moment passé avec vos enfants, à des éléments positifs de votre vie ou à un animal domestique.

Vous pouvez également imaginer ce sentiment traverser votre cœur avec la respiration.

Essayez cette méthode pendant une minute ou plus – vous serez probablement stupéfait du résultat.

La méditation

La méditation active le SNP par de multiples voies. Elle permet notamment de détourner l'attention de sujets stressants, de se détendre et d'appliquer la conscience au corps. En stimulant le SNP et d'autres parties du système nerveux, la pratique régulière de la méditation :

- Augmente la matière grise dans l'insula[5], dans l'hippocampe[6] et dans le cortex préfrontal[7] ; réduit l'amincissement cortical provoqué par le vieillissement dans certaines régions préfrontales[8] ; améliore les fonctions psychologiques associées à ces régions, y compris l'attention[9], la compassion[10] et l'empathie[11].
- Favorise l'activation des régions frontales gauches, ce qui contribue à améliorer l'humeur[12].
- Accroît la puissance et la portée d'ondes gamma chez les pratiquants tibétains expérimentés[13]. (Les ondes cérébrales sont les ondes électriques faibles mais mesurables produites lorsqu'un grand nombre de neurones déchargent en synchronie.)
- Diminue le cortisol (lié au stress)[14].
- Renforce le système immunitaire[15].
- Améliore diverses pathologies, y compris les maladies cardio-vasculaires, l'asthme, le diabète de type II, le syndrome prémenstruel et les douleurs chroniques[16].

- Améliore un grand nombre de pathologies psychologiques, dont l'insomnie, l'anxiété, la phobie et les troubles du comportement alimentaire[17].

Il existe autant de traditions méditatives que de façons de méditer. Il est même possible que vous ayez déjà votre méthode préférée. L'encadré suivant décrit une méditation en pleine conscience de base. Pour profiter des bienfaits de la méditation, l'essentiel est de développer une pratique régulière, quotidienne, si brève soit-elle. Et si nous nous engagions personnellement à ne jamais aller nous coucher sans avoir médité dans la journée, ne serait-ce qu'une seule minute ? Songez également à rejoindre un groupe de méditation dans votre région.

MÉDITATION EN PLEINE CONSCIENCE

Trouvez un endroit confortable où vous pourrez vous concentrer sans être dérangé. On peut très bien méditer debout, en marchant ou allongé, mais la plupart des gens préfèrent s'asseoir sur une chaise ou sur un coussin. Choisissez une posture à la fois détendue et vigilante, la colonne vertébrale raisonnablement droite. Comme le suggère le proverbe zen, maniez votre esprit tel un habile cavalier, en maintenant les rênes ni trop raides ni trop lâches.

Méditer aussi longtemps que vous le souhaitez. Vous pouvez commencer par de courtes séances, même de cinq minutes. En général, des sessions plus longues, de trente à soixante minutes, vous aideront à aller plus loin. Vous pouvez fixer dès le départ votre durée ou improviser en cours de route. Il n'est

---

pas interdit de jeter un coup d'œil à une horloge, ni même de programmer un minuteur. Certaines personnes allument de l'encens et mettent fin à la méditation une fois le bâtonnet consumé. Sentez-vous libres de modifier les suggestions suivantes :

Inspirez profondément et détendez-vous, les yeux ouverts ou fermés. Soyez conscient des bruits qui vont et viennent, et acceptez-les tels qu'ils sont. Sachez que ce moment est destiné à méditer. Vous pouvez vous délester de toute autre préoccupation, comme si vous déposiez un sac pesant avant de vous laisser tomber sur une chaise confortable. À la fin de la méditation, vous pourrez reprendre ces préoccupations – si vous le voulez !

Portez votre conscience sur les sensations du souffle. N'essayez pas de contrôler la respiration : acceptez-la telle qu'elle est. Sentez l'air frais pénétrer et l'air chaud ressortir. La poitrine et le ventre qui s'élèvent... puis retombent.

Essayez de rester présent aux sensations de chaque souffle dans son intégralité. Vous pouvez compter doucement vos respirations – comptez jusqu'à dix puis recommencez ; si votre esprit part ailleurs, revenez au point de départ. Vous pouvez même les nommer intérieurement : « inspiration » et « expiration ». Il est normal que l'esprit vagabonde, et, lorsque c'est le cas, revenez simplement au souffle. Soyez doux et bienveillant envers vous-même. Voyez si vous parvenez à rester attentif pendant dix respirations d'affilée (ce qui est généralement délicat au début). Une fois votre esprit stabilisé pendant les premières minutes de la méditation, tâchez de vous absorber de plus en plus dans la respiration et de relâcher tout le reste. Ouvrez-vous aux plaisirs simples de la respiration en vous livrant à elle. Au fil de la pratique, voyez si vous pouvez rester présent au souffle en enchaînant plusieurs dizaines de respirations d'affilée.

Servez-vous de la respiration comme d'une ancre et soyez conscient de tout ce qui circule dans l'esprit en dehors du souffle. Conscient des pensées et des sentiments, des souhaits et des projets, des images et des souvenirs – qui vont et viennent. Acceptez-les tels qu'ils sont ; ne vous laissez pas happer ; ne luttez pas et ne vous laissez pas fasciner non plus. Acceptez – y compris avec bienveillance – tout ce qui traverse l'espace ouvert de la conscience.

Réinstallez-vous sans cesse dans le souffle, en éprouvant par exemple un sentiment croissant de sérénité. Soyez conscient de la nature changeante de ce qui traverse l'esprit. Notez ce que l'on ressent lorsqu'on est happé par le contenu passager de la conscience – et lorsqu'on le laisse filer. Soyez conscient de la conscience paisible et spacieuse même.

Quand vous le souhaitez, mettez fin à la méditation. Notez comment vous vous sentez et imprégnez-vous des bienfaits de votre méditation.

SE SENTIR PLUS EN SÉCURITÉ

Comme nous l'avons vu au chapitre 2, le cerveau scanne en permanence vos mondes intérieur et extérieur à la recherche de dangers. Lorsqu'il en détecte, votre système de réponse au stress s'enflamme.

Parfois, cette vigilance est justifiée, mais en général elle est excessive, motivée par des réactions de l'amygdale-hippocampe à des événements passés qui ne sont plus vraiment d'actualité. L'anxiété qui en résulte est inutile et désagréable, et prépare le cerveau et l'esprit à surréagir à de petits riens.

En outre, la vigilance et l'anxiété éloignent l'attention de la pleine conscience et de l'absorption contemplative. Ce n'est pas un hasard si les instructions méditatives traditionnelles encouragent souvent les pratiquants à trouver un lieu isolé et protégé. C'est ainsi que le récit de la nuit d'éveil du Bouddha le décrit adossé à l'Arbre de la Bodhi. Le sentiment de sécurité pousse le cerveau à rapatrier les troupes postées aux tours de guet et à les mettre au travail en interne pour augmenter la concentration et la pénétration – ou à leur accorder simplement un peu de repos.

Mais, avant d'analyser les méthodes destinées à développer le sentiment de sécurité, notons deux éléments importants. Premièrement, dans la réalité ordinaire, il n'y a pas de sécurité absolue. La vie change en permanence, les voitures grillent des feux rouges, les gens tombent malades et des nations entrent en éruption et secouent la planète entière. Il n'y a pas de sol parfaitement stable, pas d'abri idéal. Accepter cette vérité relève de la sagesse. L'étreindre et prendre la vie à bras-le-corps peut même être exaltant. Deuxièmement, pour certains – en particulier les victimes d'expériences traumatisantes –, une anxiété réduite peut être synonyme de danger car elle entraîne un sentiment de vulnérabilité. D'où l'intitulé de cette section, « se sentir *plus* en sécurité » et non « en sécurité », et la nécessité d'adapter les méthodes suivantes aux besoins de chacun.

Détendez votre corps

La relaxation évacue l'anxiété comme la bonde évacue l'eau d'une baignoire. (Voir les méthodes décrites plus haut dans ce même chapitre.)

Recourez à la visualisation

L'imagerie de l'hémisphère droit est intimement liée au traitement des émotions. Pour se sentir plus en sécurité, visualisez-vous en compagnie de figures protectrices, tels une grand-mère bien-aimée ou un ange gardien. Ou imaginez-vous dans une bulle de lumière semblable à un champ de force. En ce qui me concerne, dans les situations délicates, il m'arrive d'entendre la voix du capitaine Kirk (Star Trek) dans ma tête : « Levez les boucliers, Scotty ! »

Rapprochez-vous des gens qui vous soutiennent

Identifiez les amis et les parents qui se soucient de vous et essayez de passer plus de temps avec eux. Lorsque vous êtes séparés, imaginez-vous en leur compagnie et imprégnez-vous de ces sentiments positifs. La cordialité, même imaginée, active les circuits cérébraux de l'attachement et de la sociabilité. Au cours

de notre évolution, la proximité physique et émotionnelle était une nécessité vitale. Par conséquent, activer une sensation d'intimité vous aidera probablement
à vous sentir plus en sécurité.

Appliquez la pleine conscience à la peur

L'anxiété, l'effroi, l'appréhension, l'inquiétude et
même la panique ne sont que des états mentaux comme
les autres. Reconnaissez la peur lorsqu'elle survient,
observez le sentiment qu'elle provoque dans votre
corps, ses efforts pour éveiller l'inquiétude, voyez-la
changer et poursuivre son chemin. Décrivez verbale-
ment ce que vous ressentez afin de renforcer la régulation du système limbique par le lobe frontal[18]. Notez
que la conscience qui contient la peur n'est elle-même
jamais effrayée. Séparez-vous sans cesse de la peur.
Reprenez place dans le vaste espace de la conscience,
que la peur traverse tel un nuage.

Invoquez des protecteurs intérieurs

Plusieurs sous-personnalités activées par le réseau
du système nerveux interagissent de manière dynamique afin de créer un moi en apparence monoli-
thique mais en réalité fragmenté. C'est ainsi que l'on
parle souvent du triangle enfant intérieur/parent cri-
tique/parent nourricier et d'un de ses avatars, victime/
persécuteur/protecteur. Votre sous-personnalité parent
nourricier/protecteur est rassurante, encourageante et
apaisante, et elle s'élève contre les voix intérieures et
extérieures qui vous jugent et vous rabaissent. Elle ne
vous flatte *pas* ni n'invente quoi que ce soit. Elle
est ancrée dans la réalité, tel un professeur ou un

coach robuste, attentionné et direct qui vous rappelle les bonnes choses en vous et dans le monde tout en demandant aux personnes malveillantes de reculer et de vous laisser tranquille.

Enfants, beaucoup d'entre nous nous sommes sentis abandonnés par des êtres qui auraient dû être de meilleurs protecteurs. Souvent, nous en voulons moins à ceux qui nous ont fait du mal qu'à ceux qui ne les en ont pas empêchés – des gens auxquels vous étiez probablement très liés et qui vous ont laissé un profond sentiment d'abandon. Il est donc normal que votre protecteur intérieur ne soit pas aussi fort qu'il le devrait. Vous pouvez y remédier aujourd'hui en portant une attention particulière aux moments passés avec des êtres forts qui se soucient de vous et vous défendent. Savourez cette expérience et imprégnez-vous-en. Imaginez, voire notez par écrit, une conversation entre une sous-personnalité critique ou très inquiétante et un protecteur intérieur, et assurez-vous que ce dernier présente de solides arguments en votre faveur.

Soyez réaliste

Faites appel aux compétences préfrontales pour évaluer un certain nombre de risques : quelles sont les éventualités que l'événement craint se produise ? Quelles en seraient les conséquences négatives ? Combien de temps dureraient-elles ? Que pourrais-je faire pour m'en sortir ? Qui pourrait m'aider ?

La plupart des peurs sont excessives. Au cours de notre vie, notre cerveau acquiert des attentes basées sur nos expériences, en particulier négatives. Lorsque surviennent des situations vaguement similaires, il leur applique automatiquement sa grille de lecture : s'il s'attend à de la douleur ou à une perte, ou même simplement à la menace d'une perte ou d'une douleur, il envoie des signaux de peur. Mais, compte tenu de son penchant négatif, un grand nombre de ces alertes sont exagérées ou complètement infondées.

Par exemple, j'étais un enfant timide et bien plus jeune que la plupart des élèves de ma classe, si bien que je me sentais souvent exclu et seul. Plus tard, une fois adulte, lorsque je me joignais à un nouveau groupe (une équipe de travail ou le conseil d'administration d'une association à but non lucratif), je craignais par avance d'être une nouvelle fois isolé et j'en éprouvais un certain malaise – alors même qu'on me réservait un accueil des plus cordiaux.

Les attentes qui viennent de l'enfance – souvent les plus fortes – sont particulièrement suspectes. Lorsqu'on est jeune, (A) on ne choisit pas vraiment sa famille, son école et ses pairs, (B) les parents et un grand nombre de gens ont bien plus de pouvoir que soi et (C) on dispose de ressources limitées. Mais aujourd'hui la vérité, c'est que (A) vous pouvez choisir beaucoup plus ce que vous faites dans la vie, (B) l'écart de pouvoir entre les autres et vous-même est en général minime, voire inexistant, et (C) vous ne manquez pas de ressources intérieures et extérieures (par exemple vos capacités d'adaptation, la bienveillance des autres à votre égard). Aussi, lorsqu'une peur apparaît, demandez-vous : « Quelles sont en réalité mes options ? Comment pourrais-je exercer habilement le pouvoir pour ne pas me laisser faire tout en prenant soin de moi ? Dans quelles ressources pourrais-je puiser ? »

Tâchez de voir le monde clairement, sans déformation, sans confusion ou sans attention sélective. Quels sont les faits ? La science, les affaires, la médecine, la psychologie et la pratique contemplative sont toutes fondées sur la vérité des choses, quelle qu'elle soit. C'est ainsi que le bouddhisme considère l'ignorance comme l'origine fondamentale de la souffrance. Sans surprise, les études ont démontré qu'évaluer une situation plus justement entraîne plus d'émotions positives et moins de négatives[19]. Et, s'il y a réellement matière à s'inquiéter, gérez-la du mieux possible (en payant une facture ou en consultant un médecin, par exemple). Le simple fait *d'agir* et d'avancer est en soi réconfortant et améliore généralement les situations préoccupantes[20].

Entretenez votre sentiment d'attachement sécurisant

Les relations que vous entreteniez dans votre enfance avec les personnes les plus importantes de votre entourage – notamment vos parents – ont en général une grande influence sur vos attentes, sur vos attitudes, sur vos émotions et sur vos actes à l'âge adulte. Dan Siegel[21], Allan Schore[22], Mary Main[23] et d'autres chercheurs ont contribué à clarifier la neurobiologie de l'attachement. Pour résumer un vaste corps de recherches, les expériences récurrentes que vit un jeune enfant avec ses parents – elles-mêmes affectées par le tempérament de l'enfant – le conduisent à se lier à eux par un des quatre modes *d'attachement : sécure, insécure-évitant, insécure-anxieux* et *désorganisé* (ce dernier est rare, et nous n'en reparlerons pas). Le type d'attachement n'est pas forcément le même avec les deux parents. Les modes d'attachement insécures semblent associés à des schémas d'activité neuronale spécifiques, tel un manque d'intégration entre le cortex préfrontal (CPF) et le système limbique[24].

Les modes d'attachement tendent à persister à l'âge adulte et à devenir le modèle par défaut de toutes les interactions importantes. Si, comme une grande partie de la population, vous avez grandi avec un attachement insécure-évitant ou insécure-anxieux, vous pouvez toujours changer ce modèle de manière à éprouver plus de sécurité dans vos relations. Voici quelques méthodes efficaces pour y parvenir :

- Cherchez à comprendre comment votre éducation a affecté vos relations avec vos parents, en particulier dans la petite enfance. Identifiez tout attachement insécure.
- Gérez tout sentiment d'insécurité en faisant preuve de compassion envers vous-même.
- Autant que possible, recherchez la compagnie de personnes nourricières et fiables, et imprégnez-vous de la sensation suscitée par leur présence. Faites également votre possible pour être bien traité dans vos relations existantes.
- Pratiquez la pleine conscience de votre état intérieur, y compris par la méditation. En effet, c'est un moyen de vous accorder aujourd'hui l'attention et l'harmonie dont vous auriez dû bénéficier dans votre enfance. La pleine conscience active les régions médianes de votre cerveau et contribue à favoriser la coordination entre le cortex préfrontal et le système limbique, qui sont des substrats neuronaux clés de l'attachement sécure[25].

TROUVER REFUGE

Dans cette vie, où trouvez-vous refuge ? Les refuges peuvent être des personnes, des lieux, des souvenirs, des idées et des idéaux – tout ce qui offre un sanctuaire et une protection fiables permet de baisser la garde et d'emmagasiner force et sagesse. Enfant, il s'agissait peut-être de vous asseoir sur les genoux de votre mère, de lire au lit ou de traîner avec des amis. Pour ma part, je passais beaucoup de temps dans les collines qui entouraient ma maison, où je vidais ma tête et me ressourçais au contact de la nature.

Aujourd'hui, votre refuge est peut-être une activité ou un lieu particuliers (une église ou un temple, une promenade tranquille avec votre chien ou un long bain), mais aussi la compagnie de vos camarades, de bons amis ou même d'un professeur. Certains refuges sont immatériels, quoique potentiellement plus profonds : la confiance dans le pouvoir de la raison, le sentiment de communion avec la nature ou l'intuition basique du bien-fondé de toute chose.

Songez à ces refuges adaptés du bouddhisme en un sens plus large :

- Professeur : la figure historique au centre d'une tradition religieuse (tels Jésus, Moïse, Siddhartha ou Mahomet), en laquelle on a confiance ; les qualités incarnées par cette personne également ment présentes en vous.
- Vérité : la réalité même et les descriptions justes qui en sont faites (telles l'origine de la souffrance et sa cessation).

140

- Compagnie : à la fois les êtres qui sont plus avancés sur la voie de l'éveil et ceux qui vous entourent au quotidien.

En trouvant refuge, on évite de réactiver certaines situations et inquiétudes, et l'on fait le plein d'influences positives. Plus vous serez habité par un sentiment général de sérénité, plus vos neurones vous tisseront discrètement un filet de sécurité. Sur le chemin de l'éveil, dès lors que les fondements de vieilles croyances s'effondrent, il est normal d'être confronté à de l'agitation, à des nuits obscures de l'âme ou à une précarité déroutante. Dans ces moments, vos refuges vous retiendront et vous aideront à surmonter la tempête.

Chaque jour, tâchez de vous réfugier dans une, voire plusieurs choses à la fois. Vous pouvez vous y prendre de manière formelle ou informelle, verbale ou non verbale – voyez ce qui est le plus efficace pour vous. Expérimentez différentes façons de trouver refuge : en ayant par exemple le sentiment que le refuge est l'endroit d'où vous venez ou qu'il s'écoule à travers vous.

Explorer ses refuges

Identifiez plusieurs de vos refuges. Puis explorez tous ceux que vous souhaitez. Vous pouvez le faire les yeux ouverts ou fermés, lentement ou rapidement et remplacer la phrase suggérée, *Je trouve refuge dans* ——————, par :

Je prends refuge dans ——————.
Je me réfugie dans ——————.
Je demeure tel ——————.

Je viens de —————————.

————————— est présent.

————————— s'écoule à travers moi.

Je suis uni à—————————.

Ou tout ce que vous voulez.

Songez à un refuge. Percevez dans votre corps la sensation ou l'idée qu'il vous évoque. Sentez combien il est sain de vous y réfugier. De bénéficier de son influence dans votre vie. De venir de cet endroit. De jouir de son abri et de sa protection.

Murmurez dans votre tête : Je trouve refuge dans

—————————

Ou entrez-y en silence.

Notez vos sensations dans ce refuge. Laissez-les pénétrer et faire partie de vous.

Lorsque vous le souhaitez, passez au refuge suivant. Puis à tous ceux que vous souhaitez.

Lorsque vous avez fini, observez l'effet de l'expérience globale. Sachez qu'au fil des jours vous porterez vos refuges en vous.

• Le moyen le plus efficace d'utiliser la connexion corps-esprit au profit de sa santé physique et mentale est de guider son système nerveux autonome (SNA). Chaque fois que l'on calme le SNA en stimulant le système nerveux parasympathique (SNP), on incline davantage son corps, son cerveau et son esprit vers la paix intérieure et le bien-être.

• Il est possible d'activer le SNP par différentes techniques, y compris la relaxation, la pleine conscience du corps, la visualisation, la méditation, mais également en expirant profondément, en se touchant les lèvres et en développant la cohérence cardiaque.

• La méditation augmente la matière grise dans les régions cérébrales qui gèrent l'attention, la compassion et l'empathie. Elle aide aussi à lutter contre diverses pathologies, renforce le système immunitaire et améliore le fonctionnement psychologique.

• Lorsqu'on se sent plus en sécurité, on contrôle davantage la tendance à rechercher et à exagérer les menaces. Développez votre sentiment de sécurité par les méthodes suivantes : détendez-vous, recourez à la visualisation, liez-vous aux autres, soyez pleinement conscient de la peur même, invoquez des protecteurs intérieurs, soyez réaliste et renforcez votre sentiment d'attachement sécure.

• Trouvez refuge dans tout ce qui incarne à vos yeux un sanctuaire et une possibilité de vous ressourcer. Les refuges peuvent être des gens, des activités, des lieux ou des choses plus impalpables, tels la raison, le tréfonds de l'âme ou la vérité.

6

Force et intentions

*Faites tout ce que vous pouvez, avec tout
ce que vous avez, dans le temps dont vous
disposez, à l'endroit où vous vous trouvez.*

Nkosi JOHNSON

L'objectif du chapitre précédent était de refroidir le
feu de l'avidité et de la haine afin de limiter les causes
de la souffrance. Il s'agit à présent de « réchauffer »
la force intérieure qui favorisera votre bonheur. Vous
saurez comment votre cerveau se motive – comment
il établit des intentions et les poursuit – et comment
utiliser ces réseaux neuronaux pour avancer d'un pas
dynamique dans les jours qui viennent. Être en vie,
c'est se projeter dans l'avenir[1], pour saisir le prochain
souffle ou le prochain repas. Mais également le bonheur, l'amour et la sagesse.

L'AXE NEURAL

Votre cerveau s'est développé de bas en haut et
de l'intérieur vers l'extérieur, le long de ce que l'on

appelle l'*axe neural*[2], qui est une manière de conceptualiser l'organisation cérébrale. En commençant par
la base, explorons chacun des quatre niveaux principaux de l'axe neural dont dépendent vos intentions.

TRONC CÉRÉBRAL

Le tronc cérébral fait parvenir des neurotransmetteurs, comme la noradrénaline et la dopamine, au cerveau afin de vous tenir prêt à l'action, de maintenir votre
niveau d'énergie quand vous poursuivez vos objectifs
et de vous récompenser quand vous les atteignez.

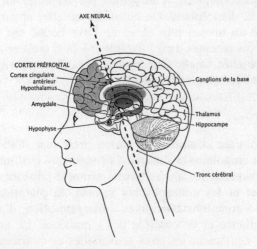

Schéma 7 : L'axe neural

Le diencéphale

Le *diencéphale* comprend le thalamus – le tableau
central du cerveau en matière d'informations senso-

rielles – et l'hypothalamus, qui gère le système nerveux autonome et influence le système endocrinien par l'hypophyse. L'hypothalamus régule les besoins (eau, nourriture, sexe, etc.) et les émotions primaires (terreur, fureur, etc.).

Le système limbique

Le système limbique s'est développé à partir du diencéphale et inclut l'amygdale, l'hippocampe et les ganglions de la base. C'est en gros la Gare Centrale des émotions.

Les structures limbiques se trouvent de chaque côté et, dans certains cas (l'amygdale, par exemple), en dessous du diencéphale. On considère qu'elles appartiennent à un niveau plus élevé de l'axe neural car elles sont plus récentes dans l'évolution – bien que certaines d'entre elles soient situées plus bas, ce qui peut générer une certaine confusion.

Le cortex

Le cortex comprend le cortex préfrontal (CPF), le cortex cingulaire et l'insula. Ces régions – qui ont une place essentielle dans ce livre – gèrent le raisonnement abstrait et les concepts, les valeurs, la planification et les « fonctions exécutives » d'organisation, d'auto-surveillance et de contrôle des impulsions. Le cortex inclut également les aires sensorielles et motrices qui s'étendent plus ou moins d'une oreille à l'autre (sensation et mouvement), les lobes pariétaux (perception), les lobes temporaux (langage et mémoire) et le lobe occipital (vision).

Ces quatre niveaux œuvrent ensemble pour que vous

soyez toujours motivé. Ils s'inscrivent le long de l'axe neural. En général, les niveaux inférieurs orientent et dynamisent les niveaux supérieurs et sont guidés et inhibés par ces derniers. Ils contrôlent plus directement votre corps mais sont moins aptes à modifier leurs propres réseaux neuronaux. A contrario, les niveaux supérieurs, bien qu'ils soient plus éloignés de l'action, ont une neuroplasticité bien plus importante – la capacité d'être modelé par l'activité neuronale/mentale, de tirer des leçons de l'expérience. À tous les niveaux de l'axe neural, les intentions à l'œuvre dans votre vie – les objectifs et les stratégies qui leur sont associées – opèrent principalement sans que vous en ayez conscience.

Plus on descend le long de l'axe neural, plus les réactions sont immédiates. Plus on monte, plus le temps s'étire. Par exemple, les influences corticales vous aident à sacrifier une récompense immédiate afin d'en obtenir une plus importante dans l'avenir[3]. En général, plus on a du recul, plus les intentions sont sages.

LE MACROSYSTÈME MOTIVATIONNEL

La plate-forme
du cortex cingulaire antérieur

Bien que toutes les parties de l'axe neural œuvrent de concert, deux régions particulières sont de véritables moyeux d'où partent des rayons neuronaux : le cortex cingulaire antérieur (CCA) et l'amygdale. Commençons par le CCA[4].

Le CCA est intimement lié aux régions *dorsale*

(postérieure) et *latérale* (extérieure) du cortex préfrontal, plus connues sous l'acronyme alléchant de CPFDL (cortex préfrontal dorso-latéral). Le CPFDL, récent à l'échelle de l'évolution, est un *substrat* neuronal clé (ou base neuronale) de la *mémoire en marche*, qui représente une sorte d'espace de travail où le cerveau rassemble des informations pour pouvoir résoudre des problèmes et prendre des décisions. Le CCA est en relation étroite avec l'aire motrice supplémentaire, où sont planifiées les actions nouvelles. À travers ces liens, le CCA guide nos actes pour mettre en œuvre nos intentions.

Lorsqu'une intention se cristallise, notre expérience intérieure des choses converge vers un objectif unifié et reflète une *cohérence neuronale*. Dans les « rayons » corticaux du CCA, de nombreuses régions lointaines (à l'échelle microscopique des cellules) se mettent à décharger ensemble, s'accordant aux phases – oscillations – de leurs rythmes d'activation, le plus souvent dans la fréquence gamma, entre trente et quatre-vingts fois par seconde[5].

Le CCA est le surveillant principal de votre attention. Il suit la progression vers vos objectifs et signale tout conflit entre eux. Ses couches supérieures gèrent le *contrôle efforcé*, la régulation délibérée et durable des pensées et du comportement. Ces aires ne se développent entièrement qu'entre trois et six ans[6], ce qui explique en grande partie pourquoi les jeunes enfants se maîtrisent moins que leurs aînés. Chaque fois que vous exercez consciemment votre volonté, votre CCA intervient.

Grâce à ses connexions denses et réciproques avec l'amygdale, l'hippocampe et l'hypothalamus, le CCA influe sur vos émotions, et inversement.

Par conséquent, c'est un site clé de l'intégration de la pensée et du ressenti[7]. Renforcer le CCA – par exemple en méditant – permet de garder la tête froide lorsqu'on est contrarié et d'insuffler de la chaleur et de l'intelligence émotionnelle dans le raisonnement logique.

En résumé, le CCA est au cœur de la motivation descendante délibérée, centralisée et raisonnée.

La plate-forme de l'amygdale

Grâce à ses propres connexions avec le CCA, avec le CPF, avec l'hippocampe, avec l'hypothalamus, avec les ganglions de la base et avec le tronc cérébral, l'amygdale est la seconde plate-forme fondamentale de l'activité motivationnelle.

Moment après moment, l'amygdale souligne ce qui est pertinent et important à vos yeux : ce qui est agréable ou désagréable, ce qui représente une opportunité ou un danger. Elle façonne et colore également vos perceptions, vos évaluations, vos attributions d'intention et vos jugements. Elle exerce le plus souvent cette influence sans que vous en ayez conscience, ce qui renforce son pouvoir.

Lorsqu'on se sent suffisamment motivé, les régions subcorticales connectées à l'amygdale sont synchronisées. Les réseaux neuronaux du système limbique, de l'hypothalamus et du tronc cérébral se mettent à décharger ensemble, généralement dans la bande de fréquence thêta, c'est-à-dire entre quatre et sept fois par seconde[8].

En résumé, l'amygdale est au cœur de la motivation montante réactive, distribuée et passionnée.

Tête et cœur

Ensemble, les plates-formes du CCA et de l'amygdale constituent un système joint impliqué dans les moindres aspects de l'activité motivée. Ces plates-formes se modulent entre elles. C'est ainsi que l'amygdale excite les parties inférieures du CCA, qui excite à son tour ses parties supérieures, qui inhibent l'amygdale[9]. Par conséquent, le réseau prétendument rationnel du CCA joue un rôle important dans vos émotions et dans vos instincts par ses projections descendantes dans les trois niveaux inférieurs de l'axe neural. Par ailleurs, le réseau supposé irrationnel de l'amygdale contribue à la formation de vos évaluations, de vos valeurs et de vos stratégies par ses projections ascendantes dans le cortex.

L'intégration peut survenir en une fraction de seconde. Il suffit que les populations neuronales situées le long de l'axe réagissent à des informations motivationnelles significatives en accordant leurs rythmes. De façon plus générale, ce type d'intégration peut se poursuivre pendant des années. Songez à la manière dont vos motivations « à froid » (basées sur le CCA) et « à chaud » (basées sur l'amygdale) œuvrent de concert dans les domaines importants de votre vie. Par exemple, le plaidoyer chaleureux en faveur d'un enfant en difficulté peut profiter d'une réflexion posée sur la façon de travailler avec les autorités scolaires afin que davantage de ressources lui soient consacrées.

En revanche, il arrive que ces deux plates-formes soient décalées ou qu'elles tirent dans des directions opposées. Par exemple, à l'adolescence, le réseau de l'amygdale domine souvent celui du CCA. Chez vous, ces réseaux sont-ils d'une force égale ? Et tirent-ils – la tête et le cœur, métaphoriquement parlant – dans la même direction ? Pour ma part, il y a quelques années, je me suis rendu compte que l'entraînement de ma tête avait pris le pas sur l'approfondissement de mon cœur, ce qui m'a permis de rectifier le tir.

Intentions et souffrance

On dit parfois que le désir mène à la souffrance, mais est-ce toujours le cas ? Le territoire du désir, très vaste, englobe les souhaits, les intentions, les espoirs et les besoins incontrôlables. Le lien entre désir et souffrance dépend de deux facteurs : est-ce qu'il s'agit d'un désir irrépressible – c'est-à-dire d'un besoin ? Et quel est le *but* du désir ? Pour répondre à la première question, ce n'est pas le désir en soi qui constitue la racine de la souffrance, mais le désir irrépressible. On peut souhaiter ou vouloir quelque chose sans s'accrocher désespérément à son résultat. Par exemple, on peut décider de prendre des œufs dans le réfrigérateur sans en avoir un besoin irrépressible – et sans être contrarié s'il n'y en a pas.

Pour ce qui est du second facteur, les intentions sont à double tranchant : elles peuvent aider ou blesser. Ainsi, les Trois Poisons – l'avidité, la haine et l'illusion – sont une forme d'intention – l'intention de saisir le plaisir et de s'y accrocher, de résister à la douleur et à tout ce qui vous déplaît, et d'ignorer ou de déformer les choses que vous préféreriez ne pas savoir.

Les intentions nuisibles opèrent à tous les niveaux du cerveau, de la fureur et de la peur, déclenchées par l'hypothalamus, à des projets subtils de vengeance élaborés par le cortex préfrontal. Mais il en va de même d'inclinations saines à la générosité, à la gentillesse et à la vision pénétrante : elles ricochent le long de l'axe neural, qu'il s'agisse de l'énergie viscérale du tronc cérébral pour les bonnes causes ou d'idéaux abstraits entretenus par le cortex préfrontal. En insufflant des inclinations positives dans les différents niveaux de votre cerveau, vous marginalisez peu à peu les Trois Poisons. Il est important de nourrir de bonnes intentions à *tous* les niveaux de l'axe neural – et de cultiver la force de les mettre à exécution.

SE SENTIR FORT

Un jour, j'ai accompagné une douzaine de jeunes en haute montagne, dans le parc national de Yosemite. Nous n'avons croisé personne de la matinée et nous nous sommes arrêtés pour déjeuner dans une zone rocailleuse au bord d'une rivière, où le sentier disparaissait. Nous l'avons retrouvé un peu plus loin, en pénétrant dans la forêt. Un ou deux kilomètres plus tard, un des gamins s'est rendu compte qu'il avait oublié sa veste près de la rivière. J'ai proposé de retourner la chercher puis de rejoindre le groupe à notre terrain de camping situé à plusieurs kilomètres de là. J'ai laissé mon sac à dos au bord du sentier, je suis revenu sur mes pas et j'ai fini par repérer la veste.

Mais je n'ai pas réussi à retrouver la piste. Après avoir cherché quelque temps parmi ce fatras rocheux, j'ai pris soudain conscience de ma situation : c'était la fin de l'après-midi, les personnes les plus proches étaient à des kilomètres de là, il commençait déjà à faire froid et j'allais peut-être passer la nuit à 1 800 mètres d'altitude en T-shirt et en jean. Puis une sensation inouïe s'est emparée de moi. Je suis devenu un animal sauvage, un faucon qui mettait tout en œuvre pour survivre. J'étais farouchement déterminé à surmonter les épreuves que m'imposeraient le jour et, si nécessaire, la nuit. Mon énergie retrouvée, j'ai avancé péniblement en décrivant des cercles de plus en plus grands jusqu'à retrouver le sentier. J'ai pu rallier notre camp plus tard dans la nuit. Je n'ai jamais oublié les sensations intenses que j'ai éprouvées ce jour-là. Par la suite, elles m'ont inspiré toutes les fois où la force m'a manqué.

Et vous, quand vous êtes-vous senti réellement fort ? Comment avez-vous vécu cette expérience – dans votre corps, dans vos émotions et dans vos pensées ? Souvent, la force relève davantage de la détermination silencieuse et réceptive que de l'obstination agressive. Ma mère, qui a veillé sur sa famille en toutes circonstances, est une des personnes les plus fortes que j'aie connues.

Se sentir plus fort

La force a deux caractéristiques fondamentales : l'énergie et la détermination. Il est possible d'intensifier ces deux éléments en accélérant légèrement sa respiration ou en raidissant un peu les épaules, comme si on s'arc-boutait pour porter une charge. Familiarisez-vous avec les mouvements musculaires – souvent subtils – associés à la force. Comme on peut renforcer une émotion en exécutant l'expression faciale qui lui correspond[10], on peut intensifier son expérience de la force en effectuant certains mouvements.

Prenez l'habitude de susciter délibérément une sensation de force en vous – non pas pour dominer qui que ce soit ou quoi que ce soit, mais pour consolider vos intentions (voir ci-dessous l'exercice « Mille et une façons de se sentir fort »). Impliquez tout l'axe neural afin d'optimiser votre expérience de la force. Par exemple, invoquez la volonté viscérale, musculaire, de stimuler votre tronc cérébral afin de propulser de la noradrénaline et de la dopamine, tels les jets d'une fontaine, jusqu'au reste de votre cerveau, qui s'en trouvera stimulé et dynamisé. Impliquez le système limbique en vous focalisant sur la sensation agréable d'être fort afin de vous sentir de plus en plus attiré par la force à l'avenir. Ajoutez la puissance du langage cortical en commentant l'expérience dans un coin de votre tête : *Je me sens fort. Cela fait du bien d'être fort.* Notez l'apparition d'idées dénigrant la force et contrez-les par des pensées telles que : *La force m'aide à faire des choses positives. J'ai le droit d'être fort.* Assurez-vous qu'à tous les niveaux de l'axe neural les intentions vont dans la même direction.

Lorsque vous faites l'expérience de la force – que vous l'ayez invoquée de manière volontaire ou qu'elle vous soit venue d'elle-même à l'esprit –, imprégnez-vous-en consciemment afin qu'elle approfondisse son sillon dans votre mémoire implicite et finisse par faire partie de vous.

MILLE ET UNE FAÇONS DE SE SENTIR FORT

Il existe de nombreuses manières de découvrir et d'intensifier la sensation d'être fort. Cet exercice en explore certaines : sentez-vous libre de l'adapter comme vous le souhaitez. Il est préférable de ne pas fermer les yeux, puisque en général on cherche à se sentir fort dans des situations quotidiennes où les yeux sont ouverts.

Respirez et entrez en vous. Soyez conscient des pensées qui traversent votre esprit sans avoir besoin de les prendre en compte. Sentez la force de la conscience, toujours claire et éternelle, peu importe ce qui la traverse.

Puis sentez la vitalité dans votre corps. Notez comme votre respiration a sa propre force. Sentez vos muscles, votre capacité à bouger dans n'importe quelle direction. Sentez la force animale dans votre corps (même s'il est également faible à certains égards).

Rappelez-vous un moment où vous vous êtes senti vraiment fort. Imaginez cette situation aussi intensément que possible. Invoquez le sentiment de force que vous avez connu. La force dans votre souffle, l'énergie dans vos bras et dans vos jambes. Cette même force bat aujourd'hui dans votre cœur puissant. Tout ce que vous sentez est bien. Et continuez à vous ouvrir au sentiment d'être fort, clair et déterminé. Notez comme il est bon de se sentir fort. Laissez la force pénétrer votre être.

(Si vous le souhaitez, rappelez-vous d'autres moments où vous vous êtes senti fort.)

À présent, tout en continuant à vous sentir fort, songez à une personne (ou à plusieurs personnes) qui vous soutient. Songez-y réellement : imaginez le visage de cette personne, le son de sa voix. Sentez-la qui vous soutient, vous valorise, croit en vous. Sentez cette sensation de soutien augmenter votre sensation de force. Notez comme il est bon de se sentir fort. Laissez la force pénétrer votre être. (Vous pouvez procéder de la même manière avec d'autres personnes qui vous soutiennent.)

Notez aussi l'apparition de tout autre sentiment – y compris contraire, comme la faiblesse. Tout ce qui surgit est bien. Contentez-vous de noter sa présence, de l'accepter tel qu'il est puis de le relâcher. Redirigez votre attention sur le sentiment d'être fort.

Finalement, tout en demeurant dans cette sensation de force, appliquez la conscience à une situation délicate. Ancré fermement dans votre force, sentez l'espace autour de cette difficulté. Acceptez-la telle qu'elle est tout en continuant à vous sentir fort et centré. Soyez fort, sans éprouver le moindre besoin de saisir ou de lutter. Tous les problèmes traversent la conscience tels des nuages dans le ciel. Soyez spacieux, détendu et décontracté. Sentez la force, dans votre souffle, dans votre conscience, dans la clarté de votre esprit, dans la complétude de votre corps, dans vos bonnes intentions.

Au fil de votre journée, soyez attentif au sentiment d'être fort. Notez comme il est bon de se sentir fort. Laissez la force pénétrer votre être.

Chapitre 6 : POINTS CLÉS

• Il est important de « refroidir » les causes de la souffrance et de « réchauffer » celles du bonheur – comme vos intentions. Les intentions consistent notamment à appliquer de la force à des objectifs clairs et appropriés, maintenus au fil du temps. La plupart des intentions opèrent en dehors de la conscience dans le cerveau.

• Pour simplifier, le cerveau s'est développé sur quatre niveaux, le long d'une sorte d'axe neural. Ces niveaux œuvrent ensemble pour maintenir la motivation. En remontant le long de cet axe, on trouve le tronc cérébral, le diencéphale, le système limbique et le cortex.

• En général, plus une réaction a lieu au niveau inférieur de l'axe neural, plus elle est rapide, intense et automatique. Plus on monte, plus les réactions sont retardées, diffuses et réfléchies. En particulier, le cortex – le niveau le plus récent à l'échelle de l'évolution – accroît réellement la capacité à prendre en compte l'avenir. En général, plus on a du recul, plus les intentions sont sages.

• L'axe neural a deux plates-formes : le cortex cingulaire antérieur (CCA) et l'amygdale. Le réseau du CCA gère la motivation descendante, délibérée, centralisée et raisonnée, et le réseau de l'amygdale, la motivation ascendante, réactive, distribuée et passionnée.

• Ces deux réseaux sont intimement liés. Par exemple, le réseau rationnel du CCA guide le flux des sentiments, et le réseau « émotionnel » de l'amygdale façonne les valeurs et la vision du monde.

• Les deux réseaux – métaphoriquement, la tête et le cœur – peuvent se soutenir mutuellement, être décalés ou en conflit ouvert. Idéalement, les intentions devraient être alignées à tous les niveaux de l'axe neural : c'est dans cette configuration qu'elles sont le plus puissantes.

• Les intentions sont une forme de désir. La racine de la souffrance n'est pas le désir en soi mais le désir irrépressible. L'essentiel est d'avoir des intentions saines sans s'attacher au résultat.

• La force intérieure revêt de nombreuses formes, y compris une douce persévérance. Familiarisez-vous avec le sentiment d'être fort dans votre corps afin de pouvoir l'invoquer à d'autres occasions. Stimulez délibérément les sentiments de force afin d'approfondir leurs voies neuronales.

7

Équanimité

*L'équanimité est un équilibre parfait,
inébranlable de l'esprit.*

Nyanaponika THERA[1]

Imaginez votre esprit telle une maison dotée d'un
vestibule où les gens laissent leurs bottes sales et leurs
manteaux mouillés avant d'entrer dans la maison. Grâce
à l'*équanimité*, vos réactions initiales – saisir cette
carotte, éloigner ce bâton – sont reléguées dans un
vestibule mental, afin que l'intérieur de votre esprit
demeure clair, propre et paisible.

Les racines latines du mot « équanimité » signifient
« égal » et « âme » (ou « esprit »). Lorsqu'on est équanime, l'esprit est ouvert à ce qui le traverse et permet
d'être stable et en équilibre. Si les circuits ancestraux du
cerveau nous poussent en permanence à réagir, l'équanimité joue le rôle de disjoncteur. Elle brise l'enchaînement de la souffrance en neutralisant nos réactions
à la tonalité affective des expériences, qu'elle distin-
gue des mécanismes du désir irrépressible.

Je me souviens qu'un jour, de retour d'une retraite
méditative, je me suis installé à la table du dîner

familial ; nos enfants ont repris leurs chamailleries habituelles. Normalement, cela m'aurait dérangé, mais, grâce à l'équanimité que j'avais acquise pendant la retraite, l'irritation que je ressentais dans mon esprit me faisait l'effet d'un supporter enquiquinant qui hurle depuis les gradins élevés d'un stade, bien au-dessus de moi, et je ne me suis pas laissé « kidnapper ». Les psychologues ont un terme : *caractéristiques de la demande*, pour désigner les aspects d'une situation qui vous poussent à réagir, telle une sonnette qui retentit ou quelqu'un qui vous tend la main pour vous saluer. Avec l'équanimité, les situations n'ont que des caractéristiques, pas de demandes.

L'équanimité n'est ni de l'apathie ni de l'indifférence : elle vous permet de participer chaleureusement au monde sans qu'il vous trouble. Sa non-réactivité offre un vaste espace à la compassion, à l'amour bienveillant et à la joie suscitée par le bonheur d'autrui. L'enseignante bouddhiste Kamala Masters a pris un jour un bateau pour descendre le Gange à l'aube. À sa gauche, le soleil parait d'une exquise lueur rosée des tours et des temples antiques. À sa droite, des bûchers funéraires se consumaient, et des lamentations s'élevaient avec les volutes de fumée. La beauté à gauche, la mort à droite, et l'équanimité qui lui ouvrait suffisamment le cœur pour les inclure toutes les deux. C'est la même équanimité qui nous permet de demeurer centrés et ouverts lorsque nous sommes confrontés à des situations personnelles difficiles, telle la perte d'un être cher.

UN AVANT-GOÛT D'ÉQUANIMITÉ

À présent, si vous le souhaitez, prenez le temps de goûter à l'équanimité. L'exercice suivant ne vous permettra pas d'accéder à la sensation universelle expérimentée dans les méditations les plus profondes, mais il vous donnera une idée de l'égalité, de la clarté et de la sérénité de cet état d'esprit.

Détendez-vous. Prenez quelques minutes pour stabiliser votre esprit en vous focalisant sur les sensations du souffle dans votre ventre, dans votre poitrine ou autour de votre lèvre supérieure.

Soyez de plus en plus attentif aux différentes tonalités affectives de votre expérience – agréables, désagréables ou neutres.

Ressentez une impartialité croissante envers tout ce qui apparaît, un bien-être, une présence détendue et paisible. Acceptez et soyez en paix avec tout ce qui apparaît. Laissez votre esprit devenir de plus en plus stable, silencieux et centré.

Soyez conscient des sons. Entendez sans vous laisser happer par ce qui est entendu. Soyez conscient des sensations. Sentez sans vous laisser happer par les sensations. Soyez conscient des pensées. Pensez sans vous laisser happer par les pensées.

Soyez conscient des pensées et des sentiments passagers sans vous identifier à eux. Vous n'avez aucune raison de vous les approprier.

Soyez conscient des pensées et des sentiments passagers sans réagir. Notez un désengagement croissant. Vous êtes moins incliné au plaisir, moins rebuté par la douleur.

Dans l'agréable, il n'y a que l'agréable, sans réactions supplémentaires. Dans le désagréable, il n'y a que le désagréable, sans réactions supplémentaires. Dans le neutre, il n'y a que le neutre, sans réactions supplémentaires. Il y a l'esprit sans préférence. Reposez-vous dans la conscience, libre de toute réaction.

Demeurez telle l'équanimité. Souffle après souffle. À l'aise. Enfoncez-vous de plus en plus dans l'équanimité. Autant que possible, sentez une liberté, une satisfaction et une paix sublimes.

Si vos yeux sont encore fermés, ouvrez-les. Accueillez les sensations visuelles dans l'équanimité. Accueillez tout ce qui traverse votre regard, que ce soit agréable, désagréable ou neutre, avec l'esprit sans préférence. Remuez légèrement le corps en mettant fin à la méditation. Accueillez les sensations corporelles, qu'elles soient agréables, désagréables ou neutres, avec l'esprit sans préférence.

Au fil de votre journée, notez ce que vous éprouvez quand vous considérez les gens et les situations avec plus d'équanimité.

LE CERVEAU ÉQUANIME

Lorsqu'on est équanime, on ne s'accroche pas aux situations plaisantes et on ne repousse pas celles qui sont déplaisantes. On crée en quelque sorte un espace autour de l'expérience – une zone tampon entre les tonalités affectives et soi-même. Il ne s'agit pas du contrôle préfrontal habituel des émotions, caractérisé par l'inhibition et la régulation de l'activité limbique. Avec l'équanimité, le système limbique peut décharger comme il le « veut ». L'objectif fondamental n'est pas de réduire ou de canaliser cette activation, mais *simplement de ne pas y répondre*. C'est un comportement très inhabituel pour le cerveau, conçu pour réagir aux signaux limbiques, en particulier liés aux tonalités agréables ou désagréables. Quel mécanisme neurologique pourrait expliquer ce phénomène ? Examinons les différentes caractéristiques de l'équanimité et les zones cérébrales sur lesquelles elle influe probablement.

Compréhension et intention

Lorsqu'on est équanime, on perçoit la nature transitoire et imparfaite de l'expérience, et l'on cherche à rester *désillusionné* – c'est-à-dire préservé des sorts que nous jettent le plaisir et la douleur. Dans cette acception – plutôt bouddhiste – du terme, on n'est ni déçu ni satisfait : les charmes et les mises en garde de la vie ne nous trompent et ne nous décentrent pas.

La compréhension et l'intention sont toutes deux ancrées dans le cortex préfrontal. Sur l'axe neural, l'intention de demeurer équanime dépend en particulier de la plate-forme du cortex cingulaire antérieur (CCA).

Une grande stabilité de l'esprit

L'équanimité consiste également à rester conscient du flux passager sans jamais se laisser happer. Cette caractéristique relève du cingulaire antérieur, qui exerce sa fonction de contrôle, en particulier dans les premiers stades de l'équanimité. Lorsque celle-ci s'approfondit, les méditants font état d'un flux de pleine conscience ininterrompu et sans effort, probablement corrélé à une activité réduite du CCA et à une stabilité autoadaptative des substrats neuronaux de la conscience.

Un espace de travail global de la conscience

L'équanimité se caractérise aussi par un *espace de travail global de la conscience* exceptionnellement expansible[2], le complément neuronal de la sensation d'espace entourant les objets de la conscience. Ce phénomène pourrait être la conséquence de la synchronisation continue et étendue d'ondes gamma dans de vastes aires cérébrales, où des milliards de neurones déchargent ensemble entre trente et quatre-vingts fois par seconde. Fait intéressant, ce schéma d'ondes cérébrales atypique se retrouve chez les moines tibétains qui ont une longue pratique de la méditation – et de l'équanimité[3].

Refroidir le système de réponse au stress

Les systèmes limbique, AHHS et sympathique réagissent de manière circulaire entre eux. Ainsi, lorsqu'un événement effrayant survient, votre corps tend à s'activer (par un rythme cardiaque accéléré, des paumes moites, etc.). Le système limbique, qui interprète ces changements corporels comme l'indication d'une menace, déclenche à son tour d'autres réactions de peur, créant un cercle vicieux. En activant le SNP, vous empêchez le système de réponse au stress de réagir à ses propres réactions. C'est une des raisons pour lesquelles l'entraînement à l'équanimité dans le cadre contemplatif est lié à une relaxation et à une tranquillité considérables.

Les fruits de l'équanimité

Avec le temps, l'équanimité se mue en une profonde tranquillité intérieure, qui définit en partie l'absorption contemplative[4]. En outre, elle se mêle de plus en plus intimement à la vie quotidienne, apportant d'importants bienfaits. Si vous parvenez à briser le lien entre tonalités affectives et désir irrépressible – c'est-à-dire à demeurer avec l'expérience agréable sans la rechercher, avec l'expérience désagréable sans lui résister et avec l'expérience neutre sans l'ignorer –, vous aurez brisé l'enchaînement de la souffrance, du moins momentanément. Et c'est une chance et une liberté incroyables.

> « L'équanimité permet de gérer les situations avec calme et raison tout en préservant le bonheur intérieur. »
>
> Le dalaï-lama

DÉVELOPPER LES FACTEURS DE L'ÉQUANIMITÉ

Bien que l'équanimité parfaite soit un état mental et cérébral peu commun, il est possible de l'entrevoir au quotidien et de la développer par la pratique. Les facteurs neuronaux que nous avons examinés offrent un certain nombre de pistes pour favoriser ce processus.

Compréhension

Reconnaissez que les récompenses sont par nature fugaces et en général moins extraordinaires qu'on ne le pense. Convenez également que les expériences douloureuses sont transitoires et en général moins atroces qu'on le pense. Ni le plaisir ni la douleur ne méritent qu'on se les approprie ou qu'on s'identifie à eux. En outre, songez que chaque événement est prédéterminé par d'innombrables facteurs de sorte que les choses ne peuvent être différentes. Ce n'est ni du fatalisme ni du désespoir : on peut agir pour changer le *futur*. À condition de ne pas oublier que la plupart des éléments qui façonnent l'avenir ne sont pas entre nos mains. On peut tout faire correctement sans éviter que le verre se brise, que le projet échoue, que vous attrapiez la grippe ou qu'un ami persiste à vous en vouloir.

> « Je m'enrichis en réduisant mes besoins. »
> Henry David THOREAU

Intention

Rappelez-vous sans cesse les objectifs importants de l'équanimité : vous affranchir un peu plus du désir irrépressible et de la souffrance qu'il entraîne. Réactivez régulièrement l'intention d'être conscient de la tonalité affective, de créer un espace autour d'elle et de l'accepter telle qu'elle est, sans réagir. Si cela vous semble plus facile, collez un petit Post-it sur lequel vous aurez noté « équanimité » près de votre ordinateur ou du téléphone, ou utilisez l'image d'un beau paysage paisible.

Stabilité de l'esprit

Dans les chapitres 11 et 12 nous verrons comment cultiver une présence d'esprit de plus en plus stable. À mesure que votre esprit se stabilise, accordez une attention particulière à la tonalité affective neutre. Les tonalités agréables ou désagréables entraînent une activité cérébrale plus importante que les tonalités neutres, car elles comportent davantage de choses auxquelles penser et réagir. Votre cerveau ayant naturellement tendance à négliger les stimuli neutres, vous devez faire un effort conscient pour leur accorder durablement votre attention. Si vous sensibilisez votre esprit aux aspects neutres de l'expérience, il acceptera plus volontiers leur compagnie et sera moins enclin à poursuivre des récompenses ou à guetter des dangers. Avec le temps, la tonalité neutre peut devenir, comme le dit si bien Christina Feldman, mon professeur, une « porte d'entrée du non-événement » – un moyen d'accéder à la tranquillité du fondement de l'être, qui ne change jamais et est toujours le même.

Conscience spacieuse

Imaginez le contenu de votre esprit telles des étoiles filantes qui traversent l'immensité de la conscience. Les tonalités affectives de l'expérience ne sont qu'un contenu de plus parmi ceux qui vont et viennent dans cet espace. Elles semblent minuscules dans l'étendue illimitée où elles évoluent, qui n'est ni troublée ni affectée par leur passage. L'espace de la conscience permet à chaque contenu mental d'être ou de ne pas être, d'aller et de venir. Les pensées ne sont que des pensées, les sons, des sons, les situations, des situations et les gens, des gens. Comme l'a déclaré Ajahn Sumedho au cours d'une intervention au monastère de Chithurst : « Faites confiance à la conscience, à l'éveil, plutôt qu'à des états transitoires et instables[5]. »

Tranquillité

La tranquillité implique de ne pas agir en fonction de la tonalité affective. Par exemple, ne pas s'approcher automatiquement de quelque chose d'agréable. Pour reprendre les termes du Troisième Patriarche zen : « La Grande Voie ne pose pas de difficultés à celui qui n'a pas de préférences[6]. » Réservez un instant de votre journée – voire une seule minute – pour vous libérer consciemment de vos préférences. Puis étendez cette pratique à des moments de plus en plus importants. Vos actes seront peu à peu guidés par vos valeurs et vos vertus, plutôt que par les désirs, qui ne sont que des réactions à des tonalités positives ou négatives.

La tranquillité implique l'activation parasympathique, que vous avez appris à stimuler au chapitre 5. Dressez une liste des situations qui suscitent une avidité ou une haine intenses chez vous (au sens large), en commençant par les déclencheurs les plus doux et en concluant par les feux les plus ravageurs. Puis remontez petit à petit la liste et appliquez-vous à considérer chaque cas de figure avec une plus grande tranquillité en vous aidant de certaines approches du chapitre 5, comme inspirer profondément, être conscient de la peur ou prendre refuge.

Il est possible de préserver la paix intérieure dans des circonstances difficiles. Voici deux exemples très différents qui illustrent tous deux des aspects de l'équanimité :

Je me souviens du joueur de football américain Joe Montana. Des défenseurs de 135 kilos se précipitaient pour l'écraser au sol, mais il parvenait malgré tout à entraîner son équipe jusqu'à la zone des buts adverses. Ses coéquipiers disaient que plus le jeu était serré et tendu, plus Joe était calme. Ma femme et moi nous disions pour plaisanter : *Plus que trois minutes dans le dernier quart-temps du Super Bowl, il ne reste que 80 mètres à parcourir pour marquer l'essai de la victoire – Joe les conduit exactement où il le veut !*

Songez également à Ramana Maharshi, le grand saint indien décédé en 1950. Vers la fin de sa vie, il était atteint d'un cancer au bras. Ce devait être très douloureux mais il ne se départit jamais de sa sérénité et de sa bienveillance. Un jour, il baissa les yeux avec un beau sourire et dit simplement : « Pauvre bras. »

Les bouddhistes ont une métaphore pour exprimer les différents maux de la vie. Ils les appellent les Huit Vents Terrestres : plaisir et souffrance, louange et reproche, gain et perte, gloire et honte. Plus vous développerez l'équanimité en vous, moins ces vents auront d'effet sur votre esprit. Votre bonheur, qui ne se résumera plus à vouloir saisir une bonne plutôt qu'une mauvaise brise, deviendra alors de plus en plus inconditionnel.

• L'équanimité consiste à ne pas réagir aux réactions, quelles qu'elles soient.

• Elle crée un espace autour de la tonalité affective des expériences, limitant l'apparition de désirs irrépressibles. Elle est comme un disjoncteur qui bloque la séquence normale de l'esprit, qui va de la tonalité affective à la souffrance en passant par la convoitise et l'attachement.

• L'équanimité n'est ni froideur, ni indifférence, ni apathie. Elle permet d'être présent au monde sans être contrarié. L'immensité de l'équanimité est une aide précieuse à la compassion, à la bienveillance et à la joie suscitée par le bonheur d'autrui.

• Dans votre vie quotidienne et dans la méditation, approfondissez l'équanimité en étant de plus en plus attentif aux tonalités affectives de l'expérience et de plus en plus désillusionné. Les tonalités vont et viennent, et ne méritent pas qu'on les poursuive ni qu'on leur résiste.

• L'équanimité est un état cérébral inhabituel. Elle n'est pas fondée sur l'inhibition du système limbique par le cortex préfrontal. Elle consiste plutôt à ne pas réagir au système limbique. Ce phénomène dépend probablement de quatre états neuronaux : l'activation du cortex préfrontal et du cingulaire antérieur pour la compréhension et l'intention ; la stabilité de l'esprit, initiée par le contrôle du CCA mais ensuite autoadaptative ; la synchronisation d'ondes gamma dans de vastes aires cérébrales, peut-être à l'origine de l'expérience mentale de l'immensité ; et l'activation parasympathique, qui permet de limiter les réactions en boucle des systèmes limbique/ SNS/AHHS.

• Vous pouvez renforcer les facteurs neuronaux de l'équanimité en recourant aux méthodes résumées dans ce chapitre ou décrites plus en détail tout au long de ce livre. Plus vous vous y emploierez, plus votre bonheur deviendra inconditionnel et inébranlable.

Troisième partie

AMOUR

8

Deux loups dans le cœur

Tous les êtres sensibles se sont dévelop-
pés par la sélection naturelle, de sorte
que les sensations agréables leur servent
de guide, en particulier le plaisir dérivé
de la sociabilité et de l'amour porté à
la famille.

Charles DARWIN

Un jour, une vieille Amérindienne à qui l'on deman-
dait comment elle était devenue aussi sage, aussi heureuse et aussi respectée répondit : « Dans mon cœur, il
y a deux loups : un loup d'amour et un loup de haine.
Tout dépend de celui que je nourris chaque jour. »
Cette histoire me fait toujours un peu frissonner.
C'est une leçon à la fois d'humilité et d'espoir. Certes,
le loup de l'amour est très populaire, mais qui parmi
nous n'abrite pas également un loup de haine ? On
peut l'entendre grogner dans les guerres lointaines
mais aussi plus près de chez nous, dans notre colère
et dans notre agressivité, y compris envers ceux que
l'on aime. Par ailleurs, cette histoire suggère que nous
avons tous la capacité – ancrée dans nos actes quo-

tidiens – d'encourager et de renforcer l'empathie, la compassion et la bienveillance tout en contenant et en réduisant la malveillance, le mépris et l'agressivité.

Que sont ces loups et d'où viennent-ils ? Comment pouvons-nous nourrir le loup de l'amour et affamer le loup de la haine ? Ce chapitre et les deux suivants examinent ces deux questions.

L'ÉVOLUTION DES RELATIONS

Bien que le loup de la haine fasse davantage la une des journaux, le loup de l'amour a été soigneusement entretenu par l'évolution pour gagner en puissance – et prendre une place plus centrale dans notre nature profonde. Au cours de la longue marche qui sépare les minuscules éponges des mers anciennes de l'humanité actuelle, les relations entre congénères ont été une aide précieuse à la survie. Depuis cent cinquante millions d'années, les avantages liés aux compétences sociales sont probablement le facteur le plus influent du développement cérébral chez l'animal. Trois avancées principales (dont vous bénéficiez chaque jour) sont à noter.

Vertébrés

Les premiers protomammifères ont sans doute vécu il y a cent quatre-vingts millions d'années, suivis des premiers oiseaux trente millions d'années plus tard (ces dates sont approximatives compte tenu des incertitudes du registre fossile). Mammifères et oiseaux sont confrontés aux mêmes défis que reptiles et poissons – des environnements hostiles et des prédateurs affamés –, pourtant, proportionnellement au poids de leur corps, les premiers ont un cerveau plus gros. Pourquoi ?

En général, les reptiles et les poissons ne s'occupent pas de leur progéniture – ils peuvent même la dévorer ! – et, la plupart du temps, ils n'ont pas de partenaire attitré. À l'opposé, les mammifères et les oiseaux élèvent leurs petits et, dans de nombreux cas, forment des couples, parfois pour la vie.

Pour reprendre une expression barbare des neurosciences évolutionnistes, les « exigences computationnelles » de la sélection d'un partenaire, du partage de la nourriture et de la survie des petits entraînaient une activité neuronale accrue chez les mammifères et les oiseaux[1]. Un écureuil ou un moineau doit être plus malin qu'un lézard ou qu'un requin : plus apte à planifier, à communiquer, à coopérer et à négocier. Ce sont les compétences mêmes que les couples humains trouvent cruciales lorsqu'ils deviennent parents, en particulier s'ils veulent rester ensemble.

Primates

L'étape suivante fondamentale de l'évolution cérébrale est survenue avec les primates, apparus il y a environ quatre-vingts millions d'années. Leur principale caractéristique était – et demeure – une grande sociabilité. Par exemple, les singes passent jusqu'à un sixième de leur temps à s'épouiller les uns les autres. Point intéressant, chez l'une des espèces étudiées – les macaques de Barbarie –, les toiletteurs étaient moins stressés que les toilettés[2]. (J'en ai parlé à ma femme pour qu'elle me gratte plus souvent le dos, mais, pour l'instant, ça n'a pas marché.) En termes d'évolution, on constate que la réussite sociale – qui reflète les compétences relationnelles – est associée à une hausse du nombre de petits chez les primates – mâles ou femelles[3].

En fait, plus une espèce primate est sociable – ce que révèlent des critères tels que la taille du groupe de reproduction, le nombre de partenaires toiletteurs et la complexité des hiérarchies –, plus son cortex est important à l'échelle du cerveau[4]. Les relations plus complexes requièrent des cerveaux plus complexes.

En outre, seuls les grands singes – la famille de primates la plus moderne, qui englobe les chimpanzés, les gorilles, les orangs-outangs et les humains – ont développé des *cellules fusiformes*, un type de neurones remarquables qui participent aux compétences sociales avancées[5]. Par exemple, les grands singes consolent régulièrement leurs congénères contrariés, bien que ce type de comportement soit rare chez d'autres primates[6]. Comme nous, les chimpanzés rient et pleurent[7].

Les cellules fusiformes ne sont présentes que dans le cortex cingulaire et l'insula, ce qui indique que ces régions – et leurs fonctions d'empathie et de conscience de soi – ont subi une intense pression évolutionniste au cours des millions d'années écoulées[8]. En d'autres termes, les bénéfices procurés par les relations ont contribué à influencer l'évolution récente du cerveau humain.

Humains

Il y a environ 2,6 millions d'années, nos ancêtres hominidés se sont mis à fabriquer des outils[9]. Depuis, le cerveau a triplé de taille, bien qu'il utilise à peu près dix fois plus de ressources métaboliques qu'une masse musculaire équivalente[10]. Ce développement a contraint également le corps féminin à évoluer afin de permettre aux bébés de sortir par la voie pelvigénitale malgré une tête plus grosse[11]. Compte tenu de son coût biologique, cette croissance rapide doit avoir conféré de grands bénéfices en matière de survie – et l'essentiel de l'espace cérébral créé est dédié au traitement social, émotionnel, linguistique et conceptuel[12]. Ainsi, les humains possèdent beaucoup plus de neurones fusiformes que les autres grands singes. Ces neurones forment une sorte de superautoroute de l'information qui relie le cortex cingulaire et l'insula – deux régions cruciales pour l'intelligence sociale et émotionnelle – à d'autres parties du cerveau[13]. Bien qu'un chimpanzé adulte comprenne mieux le monde physique qu'un enfant de deux ans, ce jeune humain est déjà beaucoup plus malin sur le plan relationnel[14].

Ce processus d'évolution neuronale peut sembler aride et lointain, mais il est intervenu de maintes façons dans la bataille pour la vie que livraient quotidiennement des êtres comme nous. Pendant des millions d'années, jusqu'à l'apparition de l'agriculture il y a environ dix mille ans, nos ancêtres vivaient dans des groupes de chasseurs-cueilleurs composés en général de moins de cent cinquante membres[15]. Ils se reproduisaient principalement à l'intérieur du groupe et, par ailleurs, cherchaient de la nourriture, évitaient les prédateurs et disputaient les maigres ressources disponibles à leurs rivaux. Dans cet environnement hostile, les individus qui coopéraient vivaient en général plus longtemps et avaient une progéniture plus importante[16]. En outre, les groupes qui mettaient l'accent sur le travail d'équipe parvenaient plus facilement à se procurer des ressources, à survivre et à transmettre leurs gènes[17].

Les avantages reproductifs ont beau être modestes sur une seule génération, ils s'accumulent considérablement avec le temps[18]. Au fil des cent mille générations qui se sont succédé depuis l'invention des outils, les gènes favorables aux compétences relationnelles et aux tendances coopératives ont pris une place prédominante dans le patrimoine génétique humain. Aujourd'hui, dans les fondements neuronaux, les résultats d'un grand nombre de caractéristiques essentielles de la nature humaine sont visibles, y compris l'altruisme[19], la générosité[20], le souci de la réputation[21], l'équité[22], le langage[23], le pardon[24], ainsi que la moralité et la religion[25].

CIRCUITS DE L'EMPATHIE

De puissants processus de l'évolution ont modelé notre système nerveux afin de produire les compétences et les penchants favorables à la coopération. Ils ont nourri un grand loup sympathique dans notre cœur. Cette sociabilité générale a permis à des réseaux neuronaux associés d'encourager l'*empathie*, cette capacité à percevoir l'état intérieur d'autrui, nécessaire à toute véritable relation proche. Sans empathie, nous tracerions notre chemin dans la vie telles des fourmis ou des abeilles, en nous frottant aux autres, mais en demeurant fondamentalement seuls.

Les humains sont de loin l'espèce la plus empathique de la planète. Nos remarquables capacités dépendent de trois systèmes neuronaux qui simulent les actes, les émotions et les pensées d'autrui.

Actes

Les réseaux des systèmes moteur et perceptif de votre cerveau s'activent lorsque vous agissez et que vous voyez quelqu'un agir de la même manière, vous permettant ainsi de ressentir ce qu'il vit dans son corps[26]. En effet, ces réseaux reflètent le comportement des autres, d'où l'appellation de *neurone miroir*.

Émotions

L'insula et des circuits associés s'activent lorsque vous éprouvez des émotions fortes telles que la peur ou la colère, mais également lorsque vous voyez d'autres personnes en proie aux mêmes sentiments, en particulier si elles vous sont proches. Plus vous êtes conscient de vos propres états émotionnels et corporels, plus votre insula et votre cortex cingulaire antérieur s'activent – et plus il vous est facile de comprendre ce que vivent les autres[27]. En effet, les réseaux limbiques qui produisent vos sentiments parviennent aussi à décrypter ceux d'autrui. C'est la raison pour laquelle les troubles liés à l'expression des émotions – qui peuvent survenir par exemple après un accident vasculaire cérébral – rendent souvent plus difficile l'identification des émotions des autres[28].

Pensées

Les psychologues appellent *théorie de l'esprit* la capacité à réfléchir au fonctionnement interne d'autrui. La théorie de l'esprit relève de structures des lobes préfrontaux et temporaux assez récentes à l'échelle de l'évolution[29]. Chez l'homme, ces aptitudes apparaissent pour la première fois au cours de la troisième ou de la quatrième année et ne se développent qu'en partie, jusqu'à ce que la *myélinisation* – l'isolation des axones qui accélère la transmission des signaux neuronaux – du cortex préfrontal soit complète, c'est-à-dire à la fin de l'adolescence ou au début de la vingtaine[30].

Ces trois systèmes – qui guettent les actes, les émotions et les pensées d'autrui – s'entraident. Par exemple, lorsque vos circuits perceptivo-moteur et limbique réagissent aux actes et aux émotions des autres, un grand nombre de données sont soumises à la théorie de l'esprit. Puis, une fois l'état mental ou corporel raisonnablement identifié – ce qui prend souvent quelques secondes à peine –, vous pouvez le tester sur votre corps et sur vos propres sentiments. En œuvrant ensemble, ces systèmes vous aident à vous mettre – réellement – à la place de l'autre. Dans le chapitre suivant, nous verrons plusieurs façons de les renforcer.

AMOUR ET ATTACHEMENT

Plus le cerveau humain a grossi et évolué, plus la durée de l'enfance s'est allongée[31]. Les groupes d'hominidés ont donc cherché à pérenniser les liens entre leurs membres afin de préserver – pour reprendre le proverbe africain – « le village [qu'il faut] pour élever un enfant » – et transmettre leurs gènes[32]. Pour y parvenir, le cerveau a produit des substances neurochimiques et des circuits suffisamment puissants pour générer et pour maintenir l'amour et l'attachement.

C'est le fondement physiologique de vos expériences sentimentales, de vos peines de cœur et de votre affection profonde, mais également des liens que vous entretenez avec les membres de votre famille. Bien entendu, l'amour est loin de se résumer à un processus cérébral : la culture, le sexe et la psychologie personnelle jouent aussi un rôle majeur. Pourtant, de nombreuses études en neuropsychologie du développement ont montré pourquoi il pouvait tourner si mal – et comment redresser le cap.

L'amour fait du bien

Comme l'amour romantique est présent dans la plupart des cultures humaines, on peut penser qu'il est ancré dans notre nature biologique – voire biochimique[33]. Bien que les endorphines et la vasopressine interviennent dans la neurochimie de l'attachement et de l'amour, l'élément le plus important est probablement l'ocytocine[34]. Ce neurotransmettteur (qui est aussi une hormone) crée des sentiments d'affection et de tendresse. Les femmes en possèdent davantage, bien qu'il soit aussi présent chez les hommes. L'ocytocine favorise les contacts visuels[35], augmente la confiance[36], atténue l'excitation de l'amygdale, favorise les comportements d'approche[37] et incite les femmes à un comportement de « soin et alliance[*] » lorsqu'elles sont stressées[38].

L'engouement passager et l'attachement à long terme sont gérés par des réseaux neuronaux distincts[39]. Au début, il est normal qu'une relation romantique soit dominée par des gratifications intenses et souvent instables liées en grande partie aux réseaux neuronaux de la dopamine[40]. Plus tard, des satisfactions plus diffuses et plus stables liées à l'ocytocine et à des systèmes associés prennent peu à peu le relais. Pourtant, chez les couples qui durent et se sentent profondément amoureux,

---

[*] Face au stress, la réaction « tend-and-befriend », que nous avons traduit par « soin et alliance », s'oppose à la réaction « fight-or-flight » observée chez les hommes. (*N.d.T.*)

les centres du plaisir de chaque partenaire sont toujours stimulés par des frémissements continus de dopamine[41].

Perdre l'amour fait mal

En plus de rechercher le plaisir de l'amour, nous essayons d'éviter de souffrir lorsqu'il prend fin. Lorsqu'on subit une rupture amoureuse, une partie de notre système limbique s'active – la même qui se manifeste lorsqu'on fait des investissements à hauts risques susceptibles de très mal tourner[42]. La douleur physique et sociale est basée sur des systèmes neuronaux qui se chevauchent[43] : être rejeté fait mal, à proprement parler.

Enfants et attachement

Associés à d'autres influences – par exemple psychologiques, culturelles et situationnelles –, ces facteurs neurobiologiques incitent, sans surprise, à concevoir des bébés. Là encore, l'ocytocine favorise l'attachement, particulièrement chez la mère.

Au cours de l'évolution, les enfants sont devenus attachants et les parents, aimants car la solidité de leurs liens favorise la survie dans le monde sauvage. Grâce à de multiples réseaux neuronaux – qui gèrent l'empathie, la conscience de soi, l'attention, la régulation des émotions et la motivation –, le système de l'attachement permet de lier l'enfant à ses parents[44]. Les relations entre un jeune enfant et son entourage façonnent ces réseaux, donc la façon dont il se lie aux autres et se conçoit. Idéalement, tout se passe bien – mais ces expériences se produisent à un âge où les enfants sont particulièrement vulnérables, et les parents, généralement stressés et épuisés[45], d'où un certain nombre de difficultés inhérentes. La relation parent-enfant qu'entretiennent les humains est unique dans le règne animal et elle a le pouvoir singulier de modeler notre manière de rechercher et d'exprimer l'amour à l'âge adulte. Dans le chapitre suivant, nous verrons comment faire évoluer ces modes d'attachement.

LE LOUP DE LA HAINE

Les conditions uniques de notre évolution nous ont rendus merveilleusement coopératifs, empathiques et aimants. Alors, pourquoi l'histoire de l'humanité est-elle à ce point marquée par l'égoïsme, par la cruauté et par la violence ?

L'économie et la culture y sont certainement pour quelque chose. Pourtant, le plus souvent, quel que soit le type de société – de chasseurs-cueilleurs, agraire ou industrielle ; communiste ou capitaliste ; occidentale ou orientale –, c'est toujours plus ou moins la même histoire : loyauté et protection envers « nous », peur et agression envers « eux ». Nous avons déjà constaté combien ce « nous » est profondément ancré dans notre nature. Examinons à présent comment la peur et l'agressivité se sont développées envers « eux ».

Méchants et bestiaux

Pendant des millions d'années, nos ancêtres ont été exposés à la faim, aux prédateurs et aux maladies. En outre, les aléas climatiques (sécheresses et glaciations) intensifiaient la concurrence pour les rares ressources disponibles. Dans l'ensemble, ces conditions difficiles ont maintenu les populations d'hominidés et d'humains à des taux essentiellement bas en dépit d'une croissance potentielle d'environ 2 % par an[46].

Dans ces environnements hostiles, s'ils voulaient transmettre leurs gènes, nos ancêtres avaient intérêt à se montrer coopératifs au sein de leur propre bande mais agressifs vis-à-vis de l'extérieur[47]. Coopération et agressivité ont évolué de manière synergique : les bandes où régnait un haut niveau de coopération étaient plus efficaces en termes d'agression, et l'agressivité envers l'extérieur exigeait la coopération au sein des bandes[48].

Comme la coopération et l'amour, l'agressivité et la haine relèvent de multiples systèmes neurologiques :

• L'agressivité est en grande partie, voire le plus souvent, une réaction à un sentiment de menace – y compris un malaise ou une anxiété subtils. Comme l'amygdale est *prédisposée* à enregistrer les menaces et qu'elle devient de plus en plus sensible à mesure qu'elle s'active, un grand nombre de personnes se sentent de plus en plus menacées au fil du temps. Donc de plus en plus agressives.

• Une fois le système SNS/AHHS activé, si vous décidez de vous battre plutôt que de fuir, le sang afflue dans les muscles de vos bras pour vous permettre de frapper, vos poils se dressent (*piloréaction* ou chair de poule) pour vous rendre plus intimidant face à un agresseur ou à un prédateur potentiel, et l'hypothalamus peut – dans les cas extrêmes – déclencher une réaction de fureur.

• L'agressivité est corrélée à un taux de testostérone élevé – chez les hommes comme chez les femmes – et à un taux de sérotonine bas.

- Les systèmes du langage des lobes frontal et temporal gauches œuvrent avec les compétences visuospatiales de l'hémisphère droit pour distinguer les amis des ennemis, les personnes des non-personnes.
- L'agressivité « brûlante » – correspondant à une grande activation du SNS/AHHS – échappe souvent à la régulation préfrontale des émotions. L'agressivité « froide » implique peu d'activation du SNS/AHHS et relève d'une activité préfrontale soutenue. Songez au proverbe « la vengeance est un plat qui se mange froid ».

Le résultat de ces dynamiques neuronales est bien connu : prendre soin de « nous » mais craindre, mépriser et s'attaquer à « eux ». Par exemple, les études suggèrent que la plupart des bandes de chasseurs-cueilleurs modernes – qui offrent une idée précise des environnements sociaux dans lesquels évoluaient nos ancêtres – sont engagées dans des conflits permanents avec d'autres groupes. Bien que ces escarmouches ne fussent pas aussi terribles que les guerres contemporaines, elles étaient en réalité bien plus mortelles : environ un chasseur-cueilleur masculin sur huit y perdait la vie, comparé à un sur cent au cours des conflits du XXe siècle[49].

Notre cerveau possède toujours ces aptitudes et ces inclinations. Elles sont à l'œuvre dans les cours de récréation, dans les intrigues de bureau et dans la violence domestique. (La compétition saine, l'affirmation de soi et la défense farouche de personnes et de causes auxquelles nous tenons n'ont rien à voir avec l'agressivité hostile.) À une plus grande échelle, nos tendances agressives alimentent les préjugés, l'oppression, l'épuration ethnique et la guerre. Souvent, elles permettent des manipulations, comme la diabolisation de l'« étranger » pour justifier les régimes autoritaires. Mais ces manipulations n'auraient pas le même succès si notre évolution n'avait pas été marquée par l'agression intergroupe.

Qu'est-ce qui est exclu ?

Le loup de l'amour contemple un vaste horizon, où tous les êtres sont inclus dans le cercle du « nous ». Ce cercle se rétrécit pour le loup de la haine, de sorte que seuls la nation, la tribu, les amis ou la famille – ou, à l'extrême, le moi individuel – sont considérés comme un « nous » cerné d'« eux » menaçants. En fait, parfois le cercle devient si petit qu'une partie de l'esprit en vient à vouer de la haine à une autre. Il m'arrive par exemple de voir des patients qui ne peuvent pas se regarder dans une glace parce qu'ils se trouvent extrêmement laids.

Selon un proverbe zen, *rien n'est exclu*. Rien n'est exclu de votre conscience, rien n'est exclu de votre pratique, rien n'est exclu de votre cœur. Lorsque le cercle se rétrécit, une question vient naturellement à l'esprit : qu'est-ce qui est exclu ? Ce peut être un peuple éloigné qui a une religion différente ou des voisins dont on ne partage pas les idées politiques. Ou encore des parents difficiles, de vieux amis qui vous ont blessé. Ce peuvent être tous ceux que l'on considère comme inférieurs à soi ou de simples moyens d'atteindre ses fins.

Dès que l'on place quelqu'un en dehors du cercle du « nous », l'esprit/cerveau se met automatiquement à le dévaluer et à justifier les mauvais traitements qui lui sont infligés[50]. Le loup de la haine se dresse alors sur ses pattes et s'avance, prêt à l'agression active. Soyez attentif à toutes les fois où vous jugez qu'une personne n'est « pas comme vous », en particulier de manière subtile : pas de mon milieu social, pas mon style, etc. C'est étonnamment fréquent. Voyez ce qui se passe dans votre esprit lorsque vous émettez consciemment cette distinction et focalisez-vous plutôt sur ce que vous avez en commun, sur ce qui fait de vous un « nous ».

Ironiquement, une des réponses à la question « Qu'est-ce qui est exclu ? » est le loup de la haine même, souvent nié ou minimisé. Par exemple, quand je me sens gêné d'admettre que je suis heureux de voir le héros tuer le méchant dans un film. Que cela nous plaise ou non, le loup de la haine est bel et bien vivant en chacun de nous. Il est facile d'entendre parler d'un meurtre épouvantable commis dans le pays, de terrorisme et de torture dans le monde – ou même de mauvais traitements quotidiens infligés à des gens plus proches de soi – et de secouer la tête en se disant : « Qu'est-ce qui ne va chez eux ? » Mais « eux » est en réalité *nous*. Nous avons tous le même ADN de base. Nier l'agressivité que recèle notre patrimoine génétique est une forme d'ignorance – la racine de la souffrance. En réalité, comme nous l'avons constaté, les conflits intenses intergroupes ont permis de développer l'altruisme intragroupe : le loup de la haine a contribué à donner naissance au loup de l'amour.

Le loup de la haine est profondément ancré dans l'évolution humaine et dans notre cerveau, prêt à hurler à la moindre menace. En se montrant réaliste et honnête vis-à-vis de lui – et de ses origines impersonnelles et évolutionnistes –, on favorise l'autocompassion. Votre propre loup de haine doit être dressé, c'est certain, mais vous n'y êtes pour rien s'il rôde dans les replis de votre cerveau, et il vous afflige probablement plus que quiconque. Par ailleurs, reconnaître cette bête en soi incite à une prudence très utile lorsqu'on est confronté à des situations – un problème de voisinage, un enfant indiscipliné ou une critique professionnelle – où l'on se sent injustement traité et remonté, et que le loup se met à s'agiter.

Le soir, quand on regarde le journal télévisé – ou que l'on entend simplement les enfants se quereller –, on peut avoir parfois l'impression que le loup de la haine domine l'existence humaine. Tout comme les pics d'excitation du SNS/ AHHS sont plus perceptibles que l'activation parasympathique à l'état de repos, les nuages noirs de l'agressivité et du conflit attirent davantage l'attention que le « ciel » plus vaste de connexions et d'amour qu'ils traversent. Mais, en réalité, la plupart des interactions ont une dimension coopérative. Les humains et d'autres espèces de primates retiennent régulièrement le loup de la haine et réparent ses dégâts, retrouvant des relations raisonnablement positives[51]. La plupart du temps, chez la plupart des gens, le loup de l'amour est plus grand et plus fort que celui de la haine.

Amour et haine : ils vivent et se chamaillent dans tous les cœurs, comme des louveteaux qui s'affrontent dans une grotte. On ne peut tuer le loup de la haine : l'aversion que suppose une telle tentative produirait en réalité l'effet inverse de ce que l'on recherche. Mais vous pouvez observer attentivement ce loup, le tenir en laisse et limiter ses inquiétudes, sa suffisance, ses griefs, ses ressentiments, son mépris et ses préjugés. Par ailleurs, continuez à nourrir et à encourager le loup de l'amour. Nous verrons comment nous y prendre dans les deux chapitres suivants.

• Chacun de nous a deux loups dans le cœur, un loup d'amour et un loup de haine. Tout dépend de celui que nous nourrissons chaque jour.

• Bien que le loup de la haine ait une place de choix dans les médias, le loup de l'amour est en réalité plus grand et plus fort, et son développement au cours de millions d'années a été un facteur essentiel de l'évolution cérébrale. Par exemple, les mammifères et les oiseaux ont un cerveau plus volumineux que les reptiles et les poissons, notamment pour pouvoir gérer les relations avec leurs partenaires sexuels et leur progéniture. Plus les espèces primates sont sociables, plus leur cerveau est gros.

• La taille du cerveau humain a triplé au cours des trois millions d'années écoulées. Une grande partie de cette croissance est dévolue aux aptitudes interpersonnelles, telles l'empathie et la planification coopérative. Compte tenu des conditions hostiles auxquelles étaient confrontés nos ancêtres, la coopération contribuait à la survie. Ainsi, les éléments favorables à la coopération se sont inscrits dans votre cerveau. Il s'agit notamment de l'altruisme, de la générosité, du souci de la réputation, de l'équité, du langage, du pardon, de la moralité et de la religion.

• L'empathie repose sur trois systèmes neuronaux qui simulent les actes, les émotions et les pensées d'autrui.

• L'évolution cérébrale chez les premiers humains a entraîné un allongement de l'enfance pour permettre de développer et d'exercer le cerveau. Cet allongement a contraint nos ancêtres à trouver de nouveaux moyens de lier parents, enfants et membres de la bande afin de préserver « le village [qu'il faut] pour élever un enfant ». De multiples réseaux neuronaux accomplissent cette tâche, tels les systèmes de récompense liés à la dopamine et à l'ocytocine, et les systèmes de punition activés de manière similaire par le rejet social et la douleur physique.

• De son côté, le loup de la haine a également évolué. Les bandes de chasseurs-cueilleurs s'affrontaient fréquemment dans des combats extrêmement mortels. La coopération intragroupe rendait l'agressivité intergroupe plus efficace, et les récompenses de cette agressivité – nourriture, partenaires sexuels, survie – encourageaient la coopération intragroupe. La coopération et l'agression – amour et haine – ont évolué de manière synergique. Leurs aptitudes et inclinations sont toujours présentes en nous aujourd'hui.

• Le loup de la haine rétrécit le cercle du « nous », parfois au point que seul le moi demeure en lui. Le cerveau fait régulièrement la distinction entre « nous » et « eux », puis préfère automatiquement « nous » et dévalorise « eux ».

• Ironiquement, parfois même le loup de la haine se retrouve en dehors du cercle du « nous ». Mais on ne peut le tuer, et le nier ne revient qu'à l'engraisser dans l'ombre. Il faut reconnaître le loup de la haine et apprécier le pouvoir du loup d'amour – puis retenir le premier tout en nourrissant le second.

9

Compassion et affirmation

*Si nous pouvions lire l'histoire secrète
de nos ennemis, nous trouverions dans
la vie de chacun [d'eux] suffisamment de
peines et de souffrances pour désarmer
toute hostilité.*

Henry Wadsworth LONGFELLOW

Pendant neuf ans, j'ai siégé au conseil d'administration d'un centre de méditation et j'ai souvent été frappé par la manière dont les enseignants exprimaient leurs points de vue. Tout en étant attentifs aux préoccupations des autres, ils s'exprimaient clairement et souvent avec force, mais sans agressivité. Puis ils lâchaient prise, sans se mettre sur la défensive ni chicaner. Ce mélange de sincérité et de franchise était particulièrement puissant. Il nous permettait d'accomplir notre travail tout en entretenant l'amour dans la salle.

C'était l'union de la compassion et de l'affirmation – les deux ailes qui permettent d'élever une relation et de la faire planer. Elles se soutiennent mutuellement : la compassion apporte de la prévenance à l'affirmation, et l'affirmation aide à prodiguer sereinement la compassion car elle nous assure que nos besoins seront pourvus. La compassion élargit le cercle du « nous » tandis que l'affirmation protège et soutient tout ce qu'il contient. Toutes deux nourrissent le loup de l'amour. Dans ce chapitre, nous verrons comment utiliser et renforcer vos aptitudes innées à la compassion et à l'affirmation.

Pour être vraiment compatissant, il faut déjà avoir une idée de ce que vivent les autres. Il faut avoir de l'empathie, qui permet de dépasser les tendances automatiques du cerveau à créer un « nous » et un « eux ». Nous commencerons donc par là.

EMPATHIE

L'empathie est à la base de toute relation importante. Quand quelqu'un vous témoigne de l'empathie, il vous donne l'impression que votre être profond existe réellement à ses yeux – que vous êtes un « vous » à son « je », avec des sentiments et des besoins fondés. L'empathie rassure car elle indique que votre fonctionnement intérieur, en particulier vos intentions et vos émotions, est au moins en partie compris. Nous sommes des animaux sociaux qui, comme le dit si bien Dan Siegel[1], ont besoin de se sentir *sentis*.

Et pour celui ou celle qui se montre empathique ? L'empathie est respectueuse et apaisante, et elle suscite généralement la bienveillance en retour. Souvent, elle est tout ce que l'on attend de vous : si la personne doit parler d'autre chose, la conversation se fera dans une atmosphère plus positive. En outre, être empathique permet de récolter un grand nombre d'informations utiles sur votre interlocuteur, y compris ce qu'il a réellement en tête et ce à quoi il attache de l'importance. Par exemple, s'il se montre critique envers vous, détectez ses besoins profonds. Vous aurez alors un tableau plus complet, qui vous permettra probablement d'apaiser toute colère ou toute frustration envers lui. Il ressentira sans doute ce changement en vous et deviendra lui-même plus compréhensif.

Pour être clair : l'empathie ne consiste ni à acquiescer ni à approuver. Vous pouvez témoigner de l'empathie à quelqu'un même si vous auriez préféré le voir agir autrement. Elle *ne* revient *pas* non plus à renoncer à ses droits. Il n'y a donc aucune raison de la craindre.

Dans la pratique spirituelle, l'empathie permet de voir que nous sommes tous liés les uns aux autres. Elle est attentive et curieuse, et sa dimension « non connaissante » nous empêche de nous accrocher à nos opinions. Elle est la vertu en action, le contrôle de schémas réactifs, qui nous permet de demeurer présents à l'autre. Elle incarne la non-violence, puisqu'un manque d'empathie est souvent contrariant pour l'autre et entraîne le risque de le blesser involontairement. L'empathie recèle une générosité inhérente : vous accordez à quelqu'un la possibilité de vous émouvoir.

Pannes d'empathie

Malgré ses nombreux bienfaits, l'empathie disparaît rapidement dans la plupart des conflits et dépérit lentement dans de nombreuses relations. Malheureusement, le manque d'empathie érode la confiance et entrave la résolution de problèmes interpersonnels. Il suffit de se rappeler les fois où l'on s'est senti mal compris – ou, pire, où l'autre n'a même pas voulu nous comprendre – pour en être convaincu. Une histoire personnelle jalonnée de pannes d'empathie n'est pas sans conséquence : plus une personne est vulnérable et plus les enjeux sont importants, plus l'impact est grand. Par exemple, les jeunes enfants qui n'ont pas reçu suffisamment d'empathie de leur entourage souffrent souvent d'un attachement insécure. Dans le monde, les pannes d'empathie entraînent l'exploitation, les préjugés et de terribles atrocités. Il n'y a pas d'empathie chez le loup de la haine.

Comment être empathique

Votre aptitude innée à l'empathie peut être délibérément mise en relief, utilisée habilement et renforcée. Voici comment manier ses circuits cérébraux.

Plantez le décor

Ayez l'intention consciente d'être empathique. Par exemple, quand je comprends que ma femme veut avoir une de ses *fameuses* conversations – parce qu'elle est mécontente et que je suis probablement en cause –, j'essaie de prendre quelques secondes pour me rappeler que je dois être empathique et adapté, et que l'empathie fait du bien. Cette modeste démarche active le cortex préfrontal (PFC), qui m'aide à évaluer la situation, à focaliser mes intentions et à amorcer les réseaux neuronaux de l'empathie. Elle réchauffe également le système limbique, qui oriente mon cerveau vers les récompenses de l'empathie.

Ensuite, détendez votre corps et votre esprit, et

ouvrez-vous autant que nécessaire à l'autre. Utilisez les méthodes de la section suivante afin de vous sentir suffisamment fort et en sécurité pour recevoir pleinement l'autre. Souvenez-vous que tout ce qu'il a en tête est *là*-bas, et que vous êtes ici, présent mais distinct du flux de ses pensées et de ses sentiments.

Continuez à prêter attention à l'autre : soyez *avec* lui. Ce type d'attention soutenue est rare et très apprécié. Nommez un petit gardien dans votre esprit pour veiller à la continuité de votre attention. Vous stimulerez ainsi le cortex cingulaire antérieur (CCA), qui fait attention à l'attention. (Nous évoquerons plus en détail ce gardien au chapitre 12.) En un sens, l'empathie est une sorte de méditation en pleine conscience focalisée sur le monde intérieur d'autrui.

Soyez attentif aux gestes de l'autre
Notez les mouvements, positions, gestes et actes de l'autre. (L'objectif n'est pas d'analyser son langage corporel, mais de dynamiser les fonctions miroirs perceptivo-motrices de votre cerveau.) Imaginez que vous fassiez ces mêmes mouvements. Que ressentiriez-vous dans votre corps ? Si c'est adapté, imitez-les discrètement et notez l'effet produit.

Sentez ce que ressent l'autre
Mettez-vous à l'écoute de vous-même. Sentez votre respiration, votre corps et vos émotions. Comme nous l'avons vu, c'est un moyen de stimuler l'insula et de la préparer à percevoir les sentiments intérieurs d'autrui.

Observez de près le visage et les yeux de l'autre. Nos émotions fondamentales s'expriment à travers des expressions faciales universelles[2]. Elles sont souvent éphémères, mais, si vous êtes attentif, vous pourrez les repérer. C'est la base biologique du vieux proverbe qui prétend que les yeux sont les fenêtres de l'âme.

Détendez-vous. Ouvrez votre corps et laissez les émotions de l'autre résonner en vous.

Pistez les pensées de l'autre

Imaginez activement les pensées et les désirs de l'autre. Imaginez ce qui peut se passer sous la surface et tirer dans des directions opposées. Songez à ce que vous savez ou pouvez raisonnablement deviner de lui, tels son histoire personnelle, son enfance, son tempérament, sa personnalité, ses points sensibles, les événements récents de sa vie et la nature de sa relation avec vous : qu'impliquent ces éléments ? Prenez également en compte ce que vous avez déjà appris en vous mettant à l'écoute de ses gestes et de ses émotions. Posez-vous le genre de questions suivantes : *Que peut-il ressentir au fond de lui ? Qu'est-ce qui compte avant tout à ses yeux ? Que peut-il attendre de moi ?* Soyez respectueux et ne tirez pas de conclusions hâtives : demeurez dans l'« esprit-sait-pas ».

Contrôlez

Assurez-vous de manière appropriée que vous êtes sur la bonne voie. Par exemple, vous pourriez dire : « J'ai l'impression que tu te sens —————, je me trompe ? », ou : « Je ne suis pas sûr, mais j'ai le sentiment que —————. » Ou encore : « Apparemment, ce qui t'a dérangé, c'est que —————. Tu voulais plutôt ————— ? »

Veillez à ne pas exprimer votre point de vue par des questions accusatrices ou agressives. Et ne mêlez pas l'empathie à des désaccords qu'il pourrait y avoir entre vous. Maintenez une frontière entre l'empathie et l'affirmation, et, lorsque vous la franchissez, tâchez de lever toute ambiguïté. Vous pourriez par exemple tenir le genre de propos suivant : « J'ai l'impression que tu t'es sentie mal quand nous étions chez ma famille parce que tu aurais voulu plus d'attention de ma part. Ça me paraît normal et je suis désolé. Je ferai plus attention à l'avenir. [Pause]. Mais, tu sais, tu avais l'air heureuse de bavarder avec tante Sue et tu ne m'as pas dit que tu voulais plus d'attention. Si tu me disais directement ce que tu souhaites sur le moment, je pourrais te l'accorder plus facilement – car c'est précisément ce que je veux. »

Acceptez de recevoir de l'empathie

Si vous voulez recevoir de l'empathie, souvenez-vous que l'on doit pouvoir vous « sentir ». Soyez ouvert, présent et honnête. Vous pouvez aussi réclamer directement de l'empathie. Rappelez-vous que certaines personnes ne sont peut-être pas conscientes de l'importance de l'empathie à vos yeux (et à ceux d'un grand nombre de gens). Soyez prêt à dire explicitement ce que vous aimeriez recevoir. Il est souvent utile de faire savoir clairement que vous êtes en quête d'empathie et non nécessairement d'acquiescement ou d'approbation.

Lorsque vous sentez que l'autre vous comprend, au moins en partie, laissez l'expérience de l'empathie pénétrer dans votre mémoire implicite et émotionnelle.

NE PAS AVOIR PEUR
D'ÊTRE PROCHE DES AUTRES

En vous ouvrant aux autres, l'empathie vous rapproche naturellement. Aussi, pour être aussi empathique que possible, il ne faut pas être gêné par la proximité. Ce n'est pas toujours facile. Au cours de notre évolution, les rencontres comportaient de nombreux risques. En outre, l'essentiel de la douleur psychologique survient dans les relations proches – en particulier celles de la petite enfance, au moment où les réseaux de la mémoire se façonnent très facilement et où les réactions émotionnelles sont peu régulées par le cortex préfrontal. Dans l'ensemble, il est normal de se méfier d'une trop grande proximité. Les techniques ci-dessous peuvent vous aider à vous sentir mieux protégé quand vous vous liez profondément aux autres.

Focalisez-vous
sur votre expérience intérieure

Les régions intermédiaire et inférieure du cerveau semblent abriter un réseau central qui, au cours de notre évolution, a intégré de multiples compétences socio-émotionnelles[3]. Celui-ci est stimulé par les relations importantes, notamment leur dimension émotionnelle. Selon votre tempérament (certains d'entre nous sont plus affectés par les relations que d'autres), vous pouvez vous sentir submergé par toutes les informations qui traversent ce réseau. Pour y remédier, focalisez-vous moins sur l'autre que sur votre propre expérience (par exemple, respirez plusieurs fois et suivez votre souffle, remuez les orteils et soyez attentif à vos sensations). Constatez que tout va bien même si vous êtes émotionnellement proches. Cette technique permet de réduire le sentiment de danger provoqué par la proximité, donc le désir de reculer.

Soyez attentif à la conscience même

Soyez attentif à la conscience même, plutôt qu'au sentiment de l'autre (potentiellement intense) contenu dans la conscience. Notez simplement que vous êtes conscient et examinez ce que vous ressentez. Techniquement, les aspects de la conscience liés à la mémoire de travail semblent en grande partie basés sur des substrats neuronaux situés dans les régions *dorso-latérales* (postérieures-extérieures) du cortex préfrontal, contrairement aux circuits *ventro-médians* (antérieurs-médians) en charge du contenu socio-émotionnel. En appliquant l'attention à la conscience, vous dynamiserez sans doute davantage les circuits dorso-latéraux que leurs voisins ventro-médians.

Recourez à la visualisation

Utilisez la visualisation, qui stimule l'hémisphère droit du cerveau. Par exemple, si je suis avec quelqu'un qui devient trop véhément, je peux m'imaginer tel un arbre profondément enraciné, et les attitudes et les émotions de l'autre, tel un vent qui souffle à travers mes branches et les secoue – le vent finit toujours par cesser, et mon arbre reste droit. Ou encore, je visualise une palissade entre nous – ou, si nécessaire, un mur de verre épais de 30 centimètres. En plus des bienfaits procurés par les images mêmes, l'activation de l'hémisphère droit favorise le sentiment d'un tout plus vaste que ses parties – y compris cette partie de votre expérience qui peut être gênée par la proximité.

Soyez conscient de votre monde intérieur

Que vous soyez accompagné ou seul, être conscient de votre monde intérieur peut vous aider à surmonter les importantes pénuries d'empathie que vous avez pu connaître dans votre jeunesse[4]. Par essence, l'attention consciente que l'on porte à sa propre expérience active les nombreux circuits stimulés par l'attention harmonieuse et affectueuse dans l'enfance. C'est une façon de vous accorder ici et maintenant ce que vous auriez dû recevoir quand vous étiez petit. Avec le temps, cet intérêt et ces égards pénétreront en vous peu à peu et vous aideront à vous sentir plus en sécurité quand vous êtes proche des autres.

PUISSIEZ-VOUS NE PAS SOUFFRIR

On peut cultiver délibérément la compassion, ce qui permet de stimuler et de renforcer son substrat neuronal sous-jacent, y compris le cortex cingulaire antérieur et l'insula[5]. Pour amorcer les circuits neuronaux de la compassion, imaginez-vous en compagnie de quelqu'un qui vous aime, tout en invoquant des émotions chaleureuses telles la gratitude ou l'affection. Puis considérez les difficultés de l'autre avec empathie. En vous ouvrant à sa souffrance (même subtile), laissez la compassion et la bienveillance s'élever d'elles-mêmes. (En pratique, ces étapes s'enchaînent naturellement.)

Ensuite, dans votre tête, formulez des vœux explicites, tels *Que tu ne souffres pas. Que tu trouves le repos. Que ta visite chez le médecin se passe bien.* Ou expérimentez en silence la compassion, sous forme de sentiments et de vœux. Vous pouvez également vous focaliser sur une compassion universelle, sans référence – une compassion sans cible particulière – de telle sorte que, comme le dit le moine tibétain Matthieu Ricard, « la bienveillance et la compassion imprègnent l'esprit comme une façon d'être[6] ».

Vous pouvez aussi intégrer des pratiques de compassion à la méditation. Commencez par faire de vos formules compatissantes l'objet de l'attention. Lorsque la méditation s'approfondit, ressentez de plus en plus la compassion au-delà des mots, laissez-la emplir votre cœur, votre poitrine et votre corps, et devenir de plus en plus prenante et de plus en plus intense. Vous la sentirez peut-être jaillir de vous et rayonner dans tous les sens : en avant et en arrière, à gauche et à droite, en haut et en bas.

Peu importe le moment ou la manière dont vous vivez la compassion, soyez pleinement conscient de cette expérience et imprégnez-vous-en réellement. Si vous gardez cet état d'esprit délicieux en mémoire, il vous sera plus facile de le retrouver par la suite.

Chaque jour, essayez d'éprouver de la compassion pour quatre types de personnes différents : quelqu'un qui vous inspire de la reconnaissance (un « bienfaiteur »), un ami ou un être cher, une personne neutre, quelqu'un qui vous pose problème – et vous-même. Pour ma part, il m'arrive de regarder un étranger dans la rue (une personne neutre), de me faire une idée rapide de lui, puis d'accéder à un sentiment de compassion. Vous pouvez également appliquer la compassion à des animaux et à des plantes, ou encore à des groupes de gens (des enfants, des malades, les républicains, les démocrates, etc.). La compassion s'adresse à tout le monde.

Bien qu'il puisse être difficile de considérer avec compassion une personne qui vous pose problème, c'est un moyen de renforcer une importante leçon : nous sommes tous unis dans notre souffrance. Lorsqu'on voit que tout est connecté et que nous sommes tous soumis à de nombreux facteurs « en amont », la compassion émerge naturellement. Les bouddhistes expriment cette idée par l'image du bijou de la compassion reposant dans le lotus de la sagesse – l'union de la bienveillance et de la pénétration.

S'AFFIRMER

S'affirmer consiste à dire ce que l'on pense sincèrement et à poursuivre ses objectifs dans le cadre délicat des relations. D'après mon expérience, l'affirmation habile repose sur la *vertu unilatérale* et sur la *communication efficace*. Voyons ce que ces notions impliquent réellement, qu'il s'agisse d'interagir avec un ami, un collègue, un partenaire amoureux ou un parent.

Vertu unilatérale

La vertu peut sembler élevée alors qu'elle est en réalité terre à terre. Elle consiste simplement à vivre en se laissant guider par sa bonté innée et par un certain nombre de principes. Lorsqu'on est vertueux indépendamment du comportement des autres, ils ne nous contrôlent pas. En tant que thérapeute, j'ai vu de nombreux couples qui disaient essentiellement la même chose : *Je me conduirai bien envers toi quand tu te conduiras bien envers moi.* Lorsque chacun laisse l'autre déterminer son comportement, c'est l'impasse assurée – ce qu'aucun des deux ne souhaite vraiment.

En revanche, lorsqu'on pratique la vertu unilatérale, on vise directement son intérêt éclairé, que l'autre coopère ou non. Il est bon d'être bon, d'apprécier « la félicité de l'irréprochabilité », l'esprit exempt de tout regret ou de toute culpabilité. Se tenir à des principes permet de réduire les conflits susceptibles de peser sur l'esprit et favorise la paix intérieure.

C'est également un moyen d'augmenter les chances d'être traité de la même manière en retour. Si nécessaire, cela vous érige en modèle de vertu.

Le comportement vertueux relève à la fois de la tête et du cœur. Votre cortex préfrontal (« la tête ») élabore des valeurs, établit des projets et régule le reste du cerveau. Votre système limbique (« le cœur ») alimente la force intérieure qui vous permet d'agir de façon vertueuse dans les moments difficiles et soutient les vertus du cœur tels le courage, la générosité et le pardon. Même les raisonnements moraux en apparence « cérébraux » dépendent en grande partie des émotions. C'est pourquoi les gens dont le système limbique est atteint ont beaucoup de mal à prendre certaines décisions éthiques[7].

La vertu de l'esprit repose en partie sur la régulation du cerveau. Toutes deux impliquent un équilibre centré sur des objectifs fondamentaux sains, le respect d'un certain nombre de limites et des changements doux plutôt qu'abrupts ou chaotiques. Pour trouver ce point de stabilité en vous, commencez par appliquer un équilibre sain à la vertu. Puis vous développerez votre propre « code ». Tout au long de cette exploration, écoutez ce que votre tête et votre cœur ont à dire sur la manière de s'affirmer dans la vertu.

> « Pour atteindre la pénétration profonde, il faut avoir un esprit calme et malléable. Parvenir à un tel état d'esprit exige de développer d'abord la capacité à réguler son corps et sa parole afin de ne provoquer aucun conflit. »
>
> Vénérable Tenzin PALMO

Un équilibre de vertu

Dans un premier temps, identifiez vos objectifs fondamentaux. Quels sont vos buts et vos principes en matière de relations ? Par exemple, une des valeurs morales essentielles est de ne causer aucun tort à personne, y compris à soi-même. Une relation où vos besoins ne sont pas satisfaits vous cause du tort. Si vous êtes malveillant ou maltraitant, vous causez du tort à autrui. Vous pourriez aussi vous fixer comme objectif de continuer à chercher votre vérité et celle de l'autre.

Dans un second temps, respectez certaines limites. Dans le bouddhisme, la section intitulée Parole Juste du Noble Octuple Sentier offre de bons conseils pour communiquer sans sortir des limites : *Ne dire que ce qui est bien intentionné, vrai, bénéfique, opportun, exprimé sans dureté ni méchanceté et – idéalement – ce qui est voulu.* Il y a plusieurs années, j'ai adopté le principe de ne jamais parler ni agir avec colère. Le premier jour, j'ai dû le violer de mille et une manières : en exprimant de l'exaspération, des sarcasmes, en roulant les yeux, en faisant la moue, etc. Mais au fil du temps il s'est de plus en plus ancré en moi et s'est transformé en une pratique puissante. C'est un moyen de s'obliger à ralentir dans les interactions, à ne pas déverser l'essence de la fureur sur un feu qui couve déjà et à rechercher le vrai enjeu sous la colère (la peine, l'inquiétude, la culpabilité). Ensuite, on se sent bien : on a gardé le contrôle sans ajouter sa propre réactivité à une situation déjà tendue. Bien entendu, le principe des limites s'applique également aux autres. Si quelqu'un enfreint vos limites – par exemple, en vous traitant avec irrespect ou en continuant à vous hurler dessus alors que vous lui avez clairement demandé d'arrêter –, la relation est déséquilibrée, et votre code peut être violé. (Nous verrons comment se défendre dans le paragraphe consacré à la communication efficace, un peu plus bas.)

Troisièmement, changez avec douceur. Dans une série d'études[8], le psychologue John Gottman a démontré l'importance du temps lorsqu'on discute de sujets potentiellement contrariants avec quelqu'un. Comme je l'ai constaté moi-même, franchir sa porte et reprocher immédiatement à sa compagne d'avoir laissé toutes les lumières allumées n'est guère efficace. Les gestes rapides ou brusques déclenchent les alarmes du système SNS/AHHS de l'interlocuteur et ont autant d'effet qu'un bâton pointu planté dans le flanc d'un chat endormi. En optant pour de petits pas habiles, on évite ces changements imprévisibles – par exemple, en se demandant si c'est bien le moment d'avoir cette discussion avant de foncer tête baissée ou en évitant d'interrompre brutalement une conversation parce qu'elle devient trop sensible.

Code personnel
À présent, rédigez votre code personnel de vertus unilatérales dans le cadre des relations. Il peut s'agir de quelques mots jetés sur le papier. Ou d'une liste plus

élaborée de choses à « faire » ou à « ne pas faire ». Quelle que soit sa forme, recherchez une langue puissante et motivante, qui ait un sens pour votre tête tout en touchant votre cœur. Votre code ne doit pas être nécessairement parfait pour être utile et vous pourrez toujours le réviser plus tard. Par exemple, il peut inclure le genre de phrases suivantes :

Écouter plus, parler moins.
Ne pas hurler ni menacer les gens, et ne pas les laisser hurler ni me menacer.
Chaque jour, poser à ma femme trois questions d'affilée pour savoir comment elle va.
Rentrer suffisamment tôt à la maison tous les soirs pour dîner en famille.
Exprimer mes besoins.
Être aimant.
Tenir mes promesses.

Lorsque vous aurez terminé, visualisez-vous en train d'agir conformément à votre code, peu importent les circonstances.

Imaginez les sentiments positifs et les autres récompenses que vous en retirerez. Imprégnez-vous-en pour vous motiver à vivre réellement selon votre code. Puis, lorsque vous suivrez ces préceptes et que tout se passera bien, imprégnez-vous également de cette expérience.

Communication efficace

On pourrait s'étendre longuement sur la communication efficace. Après plus de trente années passées auprès des gens comme thérapeute ou comme consultant en management – et quelques leçons douloureuses comme époux et comme père de famille –, les points suivants me paraissent essentiels :

- Maintenez le contact avec vos sentiments et vos désirs les plus profonds. L'esprit est comme un dessert géant, composé de couches tendres, infantiles et essentielles sous un nappage plus dur, adulte et superficiel. En vous basant sur cette attention intérieure, clarifiez sans cesse vos objectifs en matière d'interaction. Par exemple, voulez-vous uniquement être écouté ? Y a-t-il quelque chose en particulier que vous voudriez ne plus jamais voir arriver ?

- Assurez-vous que vos besoins sont satisfaits dans la relation. Restez focalisé sur la récompense, quelle qu'elle soit pour vous, et revenez-y sans arrêt. Si l'autre a aussi des choses importantes à dire, il est souvent plus efficace de procéder à tour de rôle, en se focalisant sur un sujet à la fois, plutôt que de tout mélanger.

- Communiquez en priorité pour vous-même, sans chercher à produire une réaction quelconque chez l'autre. Bien sûr, il est raisonnable d'espérer de bons résultats. Mais, si vous communiquez dans le but d'influencer, de changer ou de convaincre quelqu'un, votre succès dépendra davantage de la façon dont il réagira que de vous-même. En outre, l'autre sera sans doute plus ouvert s'il ne sent pas qu'on l'oblige à changer.

- Laissez-vous guider par votre code personnel. Au bout du compte, ce que votre interlocuteur et vous-même retiendrez, c'est moins ce que vous avez dit que la *manière* dont vous l'avez dit.

Faites attention à votre ton et évitez les phrases critiques, exagérées ou incendiaires.

- Lorsque vous parlez, revenez sans cesse à votre expérience – notamment à vos émotions, à vos sensations corporelles, à vos espoirs et à vos souhaits sous-jacents – plutôt que d'évoquer des événements, comme ce qu'a fait l'autre et ce que vous en pensez. Personne ne peut contester votre expérience : elle est ce qu'elle est, et vous en êtes l'expert international. Quand vous partagez votre expérience, assumez-en la responsabilité et ne la reprochez pas à l'autre. Si nécessaire, révélez ses couches profondes, comme l'aspiration à l'amour dissimulée derrière la jalousie. Bien que cette ouverture soit souvent effrayante, les couches profondes sont vitales pour vous-même et pour l'autre. L'universalité de ces couches et leur nature relativement inoffensive augmentent également les chances de voir l'autre baisser la garde et entendre ce que vous avez à dire. Je recommande vivement l'approche détaillée par Marshall Rosenberg dans son ouvrage *Les mots sont des fenêtres (Nonviolent Communication)*[9]. Elle compte essentiellement trois parties : *Quand il se passe X* (décrit de manière factuelle, sans jugement), *je ressens Y* (en particulier les émotions les plus tendres et les plus profondes), *parce que j'ai besoin de Z* (besoins et désirs fondamentaux).

- Essayez de faire l'expérience de votre vérité en l'exprimant. Votre pleine conscience intérieure en sera approfondie, et vous susciterez sans doute plus facilement de l'empathie chez votre interlocuteur. Notez toute raideur dans les yeux, la gorge, la poitrine, le ventre ou le périnée et voyez si vous pouvez vous détendre pour laisser votre expérience circuler plus librement.

- Utilisez le pouvoir de l'émotion incarnée : en adoptant une posture – peut-être inhabituelle pour vous – qui reflète un sentiment ou une attitude, vous renforcez votre message[10]. Par exemple, si vous vous tenez souvent en arrière, tâchez de parler en vous penchant légèrement en avant. Si vous avez tendance à repousser la tristesse, adoucissez votre regard. Si vous avez du mal à vous affirmer, bougez les épaules pour ouvrir votre poitrine.

- Si vous pensez que vous risquez de vous emporter et de vous égarer, aidez votre cortex préfrontal à vous aider – une circularité intéressante ! – en définissant par avance vos points essentiels, voire en les notant par écrit. Pour ne pas déraper, imaginez que votre interaction soit filmée : agissez de telle sorte que vous n'ayez pas à grimacer en vous voyant.

- Si vous devez résoudre un problème avec quelqu'un, établissez les faits (si possible). C'est un moyen de réduire le désaccord et d'introduire des informations utiles. Mais focalisez-vous principalement sur l'avenir, non sur le passé. La plupart des querelles sont liées au passé : ce qui s'est passé, à quel point c'était terrible, qui a dit quoi, comment cela a été dit, les circonstances atténuantes, etc. Essayez plutôt de vous mettre d'accord sur la manière dont les choses devront se passer *à partir de maintenant*. Soyez aussi clair que possible. Si nécessaire, mettez-le par écrit. Qu'ils soient tacites ou explicites, les accords que vous passez entre vous sont aussi importants que des responsabilités professionnelles.

- Assumez raisonnablement mais pleinement votre responsabilité dans le problème qui vous lie à l'autre.

Identifiez ce qui doit être corrigé de votre côté et faites-le unilatéralement – même si l'autre continue à tout gâcher. Une par une, rayez ses plaintes légitimes. Vous pouvez très bien tenter d'influencer son comportement, mais faites surtout en sorte de vous montrer honorable, bienveillant et de plus en plus habile. Bien qu'il s'agisse sans doute de l'option la moins évidente, elle n'en demeure pas moins la plus bienveillante et la plus intelligente. Vous ne pouvez pas contrôler la façon dont il se conduit envers vous, mais vous *pouvez* contrôler la façon dont vous vous conduisez envers lui : ce sont les causes qui sont de votre ressort. Et faire ce qu'il faut indépendamment de son comportement est une bonne manière de l'encourager à se montrer correct avec vous.

- Laissez faire le temps. Au fil des semaines et des mois – non des années –, la vérité sur l'autre apparaîtra plus clairement. Par exemple : respecte-t-il vos limites ? Les accords ? Est-il capable de résoudre des malentendus ? Quelle est sa courbe d'apprentissage en termes d'autocompréhension et de compétences interpersonnelles (appropriées au type de relation) ? Quelles sont ses intentions réelles (révélées au fil du temps par ses actes) ?

- Lorsqu'on comprend à qui l'on a affaire, on se rend parfois compte que la relation doit changer pour être plus conforme à ce que l'on peut en attendre. C'est valable dans les deux sens : une relation plus vaste que ses fondations réelles est une promesse de déception et de peine, tandis qu'une relation plus étroite que ses fondations est une opportunité manquée. Dans les deux cas, focalisez-vous sur votre propre initiative, en particulier après avoir fait des efforts raisonnables pour encourager les changements chez l'autre.

Par exemple, il est en général impossible d'empêcher un collègue de nous vouer du dédain, mais on peut toujours « rétrécir » la relation que l'on entretient avec lui – afin qu'elle soit plus conforme à ses fondations – en réduisant au maximum les contacts, en effectuant un excellent travail tout seul, en nouant des alliances avec d'autres personnes et en veillant à ce que la qualité de notre travail soit largement reconnue. À l'inverse, si votre mariage est fondé sur un amour solide mais que votre partenaire ne partage pas suffisamment ses émotions avec vous, vous pouvez essayer d'« agrandir » la relation en prêtant une attention particulière aux moments où il exprime de l'affection et en vous en imprégnant, mais également en recherchant les situations par nature chaleureuses (par exemple un dîner avec des amis, certains types de concerts, un groupe de méditation) et peut-être en partageant vous-même plus volontiers vos émotions.

• Chaque fois, gardez à l'esprit la vue d'ensemble, le panorama. Voyez l'impermanence de tous les problèmes et les nombreuses circonstances dont ils dépendent. Lorsque vous vous accrochez à des désirs et à des opinions, ou que vous prenez les choses « pour vous », voyez les dommages collatéraux – la souffrance – que vous provoquez.

À long terme, l'essentiel des sujets de dispute a moins d'importance qu'on ne le croit.

- Surtout, essayez de préserver votre inclination fondamentale à la compassion et à la bienveillance. Vous pouvez être en profond désaccord avec des gens tout en les gardant dans votre cœur. Malgré tout ce qui s'est passé au Tibet depuis son invasion en 1950, songez à la manière dont le dalaï-lama parle du gouvernement chinois : *mon ami l'ennemi*[11]. Ou à Nelson Mandela, emprisonné pendant vingt-sept ans – et condamné à presque autant de travaux forcés –, qui ne recevait souvent du courrier que tous les six mois. On dit qu'il était tellement désespéré de ne pas avoir de contacts avec ses êtres chers qu'il décida de vouer de l'amour à ses gardiens sans renoncer pour autant à s'opposer à l'apartheid. Ces derniers avaient tellement de mal à répondre à cet amour par des sévices que les autorités devaient les remplacer régulièrement, mais Mandela aimait toujours autant leurs remplaçants. D'ailleurs, à son investiture, l'un d'eux était assis au premier rang.

• La compassion consiste à se préoccuper de la souffrance des êtres (y compris la sienne) et l'affirmation, à dire ce que l'on pense sincèrement et à poursuivre ses objectifs au sein des relations. Les deux sont liées. La compassion imprègne l'affirmation de chaleur et d'affection. L'affirmation nous aide à nous défendre et à défendre les autres, et nous assure que nos besoins peuvent être satisfaits même quand nous faisons preuve de compassion.

• L'empathie est à la base de la vraie compassion puisqu'elle permet de prendre conscience des difficultés et des souffrances auxquelles sont confrontés les autres. L'empathie contribue également aux relations par d'autres biais, notamment en nous aidant à comprendre le fonctionnement intérieur d'autrui. Les pannes d'empathie sont contrariantes. Lorsqu'elles touchent fréquemment des êtres vulnérables, comme les enfants, elles peuvent être très nuisibles.

• L'empathie implique de simuler les gestes, les sentiments et les pensées de l'autre. Simulez ses gestes en imaginant les sensations produites dans votre corps. Simulez ses sentiments en vous mettant à l'écoute de vos propres sentiments et en observant de très près son visage et ses yeux. Simulez ses pensées en tenant compte de ce que vous savez de lui et en émettant des hypothèses vraisemblables sur son monde intérieur.

• Ne pas avoir peur d'être proche des autres encourage l'empathie et la compassion. Toutefois, l'évolution humaine (où les plus grands dangers venaient généralement d'autrui) associée aux expériences personnelles (en particulier de l'enfance) peut rendre la proximité gênante chez certaines personnes. Pour y remédier, on peut notamment se focaliser sur son expérience interne plutôt que sur son interlocuteur, en faisant attention à la conscience même, en recourant à la visualisation et en étant pleinement conscient de son monde intérieur.

• La compassion relève du cortex cingulaire antérieur (CCA) et de l'insula. En cultivant la compassion, on peut renforcer les circuits de ces régions.

• Vous pouvez encourager la compassion en vous rappelant ce que vous avez ressenti en compagnie d'une personne qui vous aime, en invoquant des émotions sincères (comme la gratitude), en faisant preuve d'empathie, en vous ouvrant aux souffrances des autres êtres et en leur souhaitant du bien. Témoignez de la compassion à cinq catégories d'êtres : des bienfaiteurs, des amis, des personnes neutres, des gens qui vous posent problème et vous-même.

• L'affirmation habile implique la vertu unilatérale et la communication efficace. La vertu consiste à vivre selon sa bonté innée, guidé par des principes. La vertu de l'esprit repose sur la régulation du cerveau : toutes deux exigent le maintien d'un équilibre centré autour d'objectifs sains, le respect de limites et des changements doux.

• Après avoir réfléchi à vos objectifs, à ce que l'on entend par ne pas sortir des limites et à la façon d'interagir harmonieusement avec autrui, établissez votre propre code de vertus relationnelles. Se conformer de manière unilatérale à ce code – peu importe le comportement des autres – accroît votre indépendance et votre autocontrôle, fait du bien en soi, vous érige en modèle de vertu et est le meilleur moyen de susciter un comportement respectueux chez les autres.

• Pour communiquer efficacement, il faut entre autres : dire ce que l'on pense sincèrement plutôt que vouloir changer les autres ; maintenir le contact avec son expérience, en particulier avec ses couches les plus profondes ; établir les faits ; assumer pleinement sa responsabilité dans les problèmes de l'autre et traiter ses plaintes légitimes ; faire son possible pour que la relation corresponde à ses vraies fondations ; garder à l'esprit la vue d'ensemble ; et maintenir la compassion et la bienveillance.

10

Infinie bienveillance

> *L'origine de toute joie en ce monde est*
> *la quête du bonheur d'autrui, et l'origine*
> *de toute souffrance, la quête de notre seul*
> *bonheur.*

Shantideva

Si la compassion nous rend sensibles à la souffrance des êtres, la bienveillance nous permet de souhaiter leur bonheur. La compassion est avant tout une réaction à la souffrance alors que la bienveillance intervient en permanence, y compris quand les gens vont bien. Elle s'exprime principalement dans de petits gestes quotidiens, comme laisser un gros pourboire, accepter de lire une histoire de plus à un enfant bien que l'on soit fatigué ou laisser passer un véhicule devant soi sur la route.

La bienveillance a une dimension aimante, d'où l'expression *amour bienveillant*. L'amour bienveillant inclut aussi bien l'aide ponctuelle accordée à un étranger que l'amour profond éprouvé pour un enfant ou pour un partenaire. Elle intègre les autres dans le cercle du « nous » et nourrit le loup de l'amour.

La bienveillance dépend d'intentions et de principes

(cortex préfrontal), d'émotions et de récompenses (système limbique), de substances neurochimiques (telles l'ocytocine et les endorphines) et de l'excitation du tronc cérébral. Elle peut donc s'entretenir de plusieurs façons, que nous allons examiner dans ce chapitre.

SOUHAITER DU BIEN AUX AUTRES

Je travaille souvent avec les enfants et je passe beaucoup de temps dans les écoles. Un jour, j'ai vu une affiche qui m'a vraiment plu : *Soyez gentils. Partagez vos jouets*. C'est un parfait exemple d'intention bienveillante – et il n'en faut pas beaucoup plus pour vous guider dans la vie !

Tous les matins, établissez l'intention d'être bons et aimant au cours de la journée. Imaginez les sentiments agréables que vous éprouverez en traitant les gens avec bonté et imprégnez-vous de ces récompenses qui disposeront naturellement votre esprit et votre cerveau à la bienveillance. Les résultats pourraient avoir de très vastes répercussions.

Un des moyens de focaliser et d'exprimer des intentions bienveillantes est de prononcer en silence, de noter ou même de chanter ces vœux traditionnels :

> *Que vous soyez en sécurité.*
> *Que vous soyez en bonne santé.*
> *Que vous soyez heureux.*
> *Que vous ayez une vie facile.*

Si vous le souhaitez, vous pouvez les modifier en utilisant des termes qui vous évoquent de forts sentiments de bienveillance et d'amour. Par exemple :

Que vous soyez préservé de tout mal intérieur ou extérieur.
Que votre corps soit fort et plein de vitalité.
Que vous soyez réellement en paix.
Que vous, et tous ceux que vous aimez, puissiez prospérer.
Que vous soyez en sécurité, en bonne santé, heureux et à l'aise.

On peut également être plus précis :

Que tu obtiennes le travail que tu veux.
Susan, que ta mère te traite bien.
Que tu marques un but à ton match de football, Carlo.
Que tu sois en paix avec ma fille.

À bien des égards, la pratique de l'amour bienveillant est comparable à celle de la compassion. Elle fait intervenir à la fois des souhaits et des sentiments. Dans votre cerveau, elle mobilise des réseaux préfrontaux du langage et de l'intention, mais également des réseaux limbiques de l'émotion et de la récompense. Elle fait appel à l'équanimité pour maintenir l'ouverture du cœur, en particulier face à des douleurs ou à des provocations importantes. La bienveillance vise tout le monde – « elle n'omet personne », selon la phrase convenue –, tous les êtres étant inclus dans le « nous » du cœur. Vous pouvez en accorder à cinq types de personnes : les bienfaiteurs, les amis, les personnes neutres, celles qui vous posent problème et vous-même. Lorsque vous vous montrez bienveillant envers quelqu'un, vous en bénéficiez vous-même : c'est un moyen de faire du bien et d'encourager les autres à vous faire du bien.

Il est même possible d'être bienveillant envers certaines parties de soi-même. Par exemple, il est touchant et particulièrement efficace de considérer avec bienveillance l'enfant en soi, ou encore des aspects que l'on aurait préférés différents, tels un besoin irrépressible d'attention, des difficultés d'apprentissage ou la peur de certaines situations.

Méditation de l'amour bienveillant

Vous pouvez méditer sur l'amour bienveillant même : sa dimension chaleureuse est plus « savoureuse » que le souffle et permet à beaucoup de personnes de focaliser plus facilement leur attention. Une des pratiques consiste à exprimer ses vœux sous forme de phrases spécifiques – comme celles de la section précédente –, puis à les prononcer l'une après l'autre dans sa tête, en se calant éventuellement sur le rythme de sa respiration (par exemple une phrase par respiration). Ou alors, on peut se servir davantage de ces phrases comme de repères souples, en y retournant si l'attention vagabonde. Réinstallez-vous sans cesse dans l'amour bienveillant, où la bonne volonté, la générosité et l'affection sont illimitées. Vous pouvez utiliser l'amour bienveillant pour approfondir votre concentration : au lieu de vous absorber dans le souffle, enfoncez-vous dans l'amour bienveillant et laissez-le pénétrer en vous. Absorbez-le dans votre mémoire implicite, en tissant ses merveilleux fils dans l'étoffe de votre être.

Quand vous tentez d'accorder de la bienveillance aux « personnes qui vous posent problème », il est normal d'éprouver des difficultés. Commencez par ancrer votre esprit dans le calme, dans la stabilité et dans l'espace. Puis, frayez-vous un passage, en choisissant d'abord une personne relativement facile, tel un collègue un peu casse-pieds doté de nombreuses qualités.

La bienveillance au quotidien

Au fil de votre journée, imprégnez, de manière délibérée et active, vos actes, vos paroles et surtout vos pensées de bienveillance. Essayez d'encourager votre cerveau-simulateur à programmer davantage de mini-films liés à ce sentiment dans un coin de votre esprit. Plus les réseaux neuronaux du simulateur « déchargeront » des messages de bienveillance, plus ce sentiment et cette disposition envers autrui seront « raccordés » dans votre cerveau.

Essayez de témoigner de l'amour bienveillant à une personne précise pendant une période donnée – par exemple un membre de votre famille le temps d'une soirée, ou un collègue le temps d'une réunion – et voyez ce qui se passe. Montrez-vous également bienveillant envers vous-même – et voyez l'effet produit ! Mon professeur, Jack Kornfield, encourage parfois les gens à pratiquer l'amour bienveillant envers eux-mêmes pendant un an : c'est très efficace.

Un appel à l'amour

Quelles que soient les religions et les traditions, tous les grands enseignants nous ont appelés à être aimants et bienveillants. L'amour bienveillant n'a rien à voir avec une gentillesse sentimentale ou superficielle : c'est un amour intrépide, passionné de tous et de tout, sans exception. L'amour est le joyau dans le lotus, et il importe autant que la sagesse. L'amour est en soi un chemin de pratique profond, comme l'explique le Bouddha, qui évoque « la libération de l'esprit par l'amour bienveillant ».

TRANSFORMER LA MALVEILLANCE
EN BIENVEILLANCE

La bienveillance est relativement aisée à mobiliser quand les autres se conduisent correctement envers vous ou, du moins, quand ils ne vous causent pas de tort. Il est plus délicat d'y parvenir lorsqu'on a été traité injustement. Les Contes de Jataka décrivent les incarnations passées (supposées) du Bouddha sous différentes formes animales, à l'époque où les animaux avaient le don de parole. Pour illustrer l'amour bienveillant inconditionnel, j'ai adapté l'histoire où il apparaît en gorille :

Un jour, un chasseur pénétra dans la forêt, s'égara et tomba dans un trou profond d'où il ne put ressortir. Il appela des jours entiers, de plus en plus faible et de plus en plus affamé. Finalement, le Bouddha-gorille l'entendit et s'approcha. En voyant les parois abruptes et glissantes, il dit à l'homme : « Pour être sûr de te sortir de là sans te blesser, je vais d'abord m'entraîner avec des pierres. »

Le gorille fit rouler des pierres de plus en plus grosses dans le trou puis les remonta l'une après l'autre. Il fut enfin prêt pour l'homme. Après avoir grimpé péniblement en s'agrippant à des rochers et à des lianes, il poussa l'homme à l'extérieur et se servit de ses dernières forces pour s'extirper.

L'homme regarda autour de lui, très heureux de retrouver la liberté. Le gorille gisait à côté de lui, haletant. L'homme dit alors : « Merci, gorille. Peux-tu m'aider à quitter cette forêt ?

— Oui, répondit le gorille, mais je dois d'abord dormir un peu pour retrouver mes forces. »

L'homme observa le gorille dormir et se mit à réfléchir : « J'ai très faim. Je peux très bien sortir de cette forêt tout seul. Ce n'est qu'un animal. Je pourrais lui écraser la tête avec une de ces pierres, le tuer et le manger. Pourquoi ne pas le faire ? »

L'homme souleva une des pierres le plus haut possible et la projeta violemment contre la tête du gorille. L'animal hurla de douleur et se redressa rapidement, stupéfait et la face ensanglantée. Il regarda l'homme et lorsqu'il comprit ce qui s'était passé, des larmes lui montèrent aux yeux. Il secoua tristement la tête et dit : « Pauvre homme. Maintenant, tu ne pourras plus jamais être heureux. »

« La haine ne vainc jamais la haine. La haine se vainc par l'amour. C'est une loi éternelle. »

Le Dhammapada[1]

Réflexions sur la bienveillance et sur la malveillance

Cette histoire m'a toujours profondément touché. Elle donne beaucoup à réfléchir :

- Bienveillance et malveillance sont affaires d'intention : le gorille avait l'intention d'aider, et le chasseur, l'intention de tuer.
- Ces intentions s'expriment par l'action et l'inaction, les mots et les gestes, et – par-dessus tout – les pensées. Comment vous sentez-vous quand vous avez l'impression que quelqu'un se moque de vous en silence ? Que ressentez-vous

quand vous vous moquez de quelqu'un ? La malveillance diffuse un grand nombre de mini-films dans le simulateur – toutes vos récriminations contre les autres. Ne l'oubliez pas : pendant que la bobine défile, vos neurones se raccordent ensemble.

- La malveillance tente de se justifier : *Ce n'est qu'un animal*. Sur le moment, les arguments semblent plausibles, comme les murmures de Langue de Serpent dans *Le Seigneur des Anneaux*. Ce n'est que plus tard que nous nous rendons compte que nous nous sommes nous-mêmes dupés.

- L'amour bienveillant du gorille est sa propre récompense. Il n'est pas accablé de colère ou de haine. La première flèche a pris la forme d'un bloc rocheux : il était inutile d'ajouter une seconde flèche de malveillance.

- Il était tout aussi inutile que le gorille cherche à se venger. Il savait que l'homme ne serait jamais heureux à cause de son geste. Pour Stephen Gaskin[2], le karma consiste à frapper des balles de golf dans une cabine de douche. Souvent, nos tentatives de vengeance entravent les balles qui ricochent déjà vers la personne qui les a envoyées.

- Ne pas réagir à la malveillance ne signifie pas être passif, silencieux ou se laisser faire. Le gorille n'était pas intimidé par l'homme et a dit ce qu'il y avait à dire. On peut très souvent s'exprimer sincèrement face aux détenteurs du pouvoir et agir efficacement sans succomber à la malveillance. Songez au Mahatma Ghandi ou à Martin Luther King. En réalité, lorsque vous avez l'esprit clair et le cœur en paix, vos actes ont plus de chances d'être efficaces.

Dompter le loup de la haine

Voici un certain nombre de méthodes destinées à cultiver la bienveillance et à renoncer à la malveillance. Il est normal que certaines d'entre elles vous paraissent plus attrayantes que d'autres. L'objectif n'est pas de toutes les appliquer, mais de savoir qu'il y a de nombreux moyens de dompter le loup de la haine.

Cultivez les émotions positives

De manière générale, nourrissez et développez les émotions positives comme le bonheur, la satisfaction et la sérénité. Par exemple, recherchez tout ce qui vous rend heureux et imprégnez-vous aussi souvent que possible de la sensation provoquée. Les sentiments positifs calment le corps, apaisent l'esprit, créent une barrière de protection contre le stress et encouragent les relations de soutien – autant d'éléments qui réduisent la malveillance.

Soyez conscient des facteurs de risque

Soyez attentif aux éléments qui stimulent votre système nerveux sympathique – tels le stress, la douleur, l'inquiétude ou la faim – et vous disposent à la malveillance. Essayez de les désamorcer le plus tôt possible : dînez avant de prendre la parole, prenez une douche, lisez un ouvrage exaltant ou parlez à un ami.

Pratiquez la non-rivalité

Évitez les conflits à moins que ce ne soit nécessaire. Essayez de ne pas vous laisser emporter par le flux mental des autres. Réfléchissez aux turbulences neurologiques qui sous-tendent leurs pensées : le brassage incroyablement compliqué, dynamique et en grande partie arbitraire d'assemblages neuronaux momentanés, qui se forment puis retournent au chaos. Les pensées d'autrui n'ont pas plus de raisons de vous contrarier que les embruns d'une chute d'eau. Essayez de dissocier vos pensées de celles de l'autre. Dites-vous : *Il est là-bas et je suis ici. Son esprit est distinct de mon esprit.*

Soyez prudent quand vous attribuez des intentions aux gens

Les réseaux préfrontaux de la théorie de l'esprit attribuent régulièrement des intentions, mais elles sont souvent fausses. La plupart du temps vous n'avez qu'un rôle mineur dans le drame des autres : ils ne vous visent pas en particulier. Songez à cette parabole du professeur taoïste Tchouang-tseu (que j'ai modernisée) :

Imaginez que vous vous détendiez dans un canoë porté par une rivière. Soudain, vous ressentez un grand coup dans le flanc de l'embarcation et vous êtes propulsé dans l'eau. Vous remontez à la surface en hoquetant et voyez que deux adolescents équipés de tubas sont remontés furtivement à la surface et vous ont fait chavirer. Que ressentez-vous ?

Puis imaginez la même scène – le canoë, la chute soudaine dans l'eau – à ceci près que, cette fois, quand vous remontez à la surface en hoquetant, vous constatez qu'un énorme rondin de bois a dérivé en aval et a percuté votre canoë. À présent, que ressentez-vous ?

Pour la plupart des gens, le second scénario est moins contrariant : la première flèche vous a bien touché (vous êtes tombé à l'eau), mais il est inutile d'ajouter une seconde flèche en laissant la peine ou la colère vous submerger parce que vous vous sentez personnellement visé. Pour être franc, beaucoup de gens sont comme des rondins : il est sage de vous écarter de leur chemin si vous le pouvez – ou de réduire leur impact –, mais ils ne vous *visent* pas. Songez également aux nombreux facteurs en amont qui les ont conduits à faire ce qu'ils ont fait (référez-vous à l'exercice des Dix Mille Choses).

Les Dix Mille Choses

Pratiquez cet exercice au rythme qui vous convient, les yeux ouverts ou fermés.

Détendez-vous et stabilisez votre esprit en vous concentrant sur la respiration.

Prenez l'exemple d'une situation où vous estimez avoir été traité injustement. Soyez conscient de vos réactions, en particulier les plus profondes, envers la personne mise en cause. Recherchez toute mauvaise intention en vous.

À présent, réfléchissez à certaines causes – les dix mille choses – qui ont conduit cette personne à agir comme elle a agi.

Songez aux facteurs biologiques qui l'affectent, comme la douleur, l'âge, le caractère inné ou l'intelligence.

Songez aux réalités de sa vie : race, sexe, classe sociale, métier, responsabilités, stress quotidien.

Songez à ce que vous savez de son enfance. Songez aux événements marquants de sa vie adulte.

Songez à ses processus mentaux, sa personnalité, ses valeurs, ses peurs, ses sujets sensibles, ses espoirs et ses rêves.

Songez à ses parents à partir de ce que vous savez ou que vous pouvez raisonnablement deviner. Songez également aux facteurs susceptibles d'avoir façonné sa vie.

Réfléchissez aux événements historiques et aux autres forces en amont qui ont convergé pour former le fleuve de causes qui traverse sa vie aujourd'hui.

Regardez de nouveau en vous. Vos sentiments vis-à-vis d'elle ont-ils un tant soit peu changé ? Vos sentiments vis-à-vis de vous-même ont-ils un tant soit peu changé ?

Traitez-vous avec compassion

Dès que vous vous sentez maltraité, témoignez-vous de la compassion – c'est un soin d'urgence pour le cœur. Essayez de placer une main sur votre joue ou sur votre cœur afin de stimuler l'expérience incarnée de la compassion.

Recherchez les déclencheurs

Examinez le déclencheur sous-jacent de votre malaise, qu'il s'agisse par exemple d'un sentiment de menace ou d'inquiétude. Montrez-vous réaliste. Êtes-vous en train d'exagérer ce qui s'est passé ? Êtes-vous focalisé sur un seul point négatif parmi une bonne douzaine d'éléments positifs ?

Mettez les choses en perspective

Mettez ce qui s'est passé en perspective. Les conséquences de la plupart des événements s'effacent avec
le temps. Elles font également partie d'un tout plus
vaste, dont l'essentiel est en général acceptable.

Pratiquez la générosité

Utilisez ce qui vous agace pour pratiquer la générosité. Songez à laisser aux gens ce qu'ils ont pris : leur
victoire, un peu d'argent ou de temps, leur avantage.
Soyez généreux en tolérance et en patience.

Considérez la rancune comme une source
de souffrances

Considérez votre propre rancune comme une source
de souffrances personnelle afin de vous motiver à
l'abandonner. La rancœur crée de l'affliction et a des
conséquences négatives sur la santé. Par exemple, une
hostilité répétée augmente le risque de maladies cardio-
vasculaires. Votre rancune vous fait toujours du mal,
alors qu'elle n'a souvent aucun effet sur l'autre. Comme
il est dit dans les programmes en douze étapes : *Le
ressentiment consiste à prendre soi-même du poison
et à attendre que l'autre meure.*

Étudiez la rancune

Prenez une journée et examinez réellement toute
trace, même infime, de rancune en vous. Voyez ce
qui la provoque et quels sont ses effets.

Installez-vous dans la conscience

Installez-vous dans la conscience, en observant la
rancune sans vous identifier à elle. Regardez-la apparaître puis disparaître comme n'importe quelle autre
expérience.

Acceptez d'être blessé

La vie entraîne nécessairement des blessures. Acceptez l'idée que certaines personnes vous malmèneront, que ce soit par accident ou délibérément. Bien entendu, cela ne signifie pas qu'il faille permettre aux autres de vous nuire et renoncer à vous affirmer. Acceptez simplement la réalité. Ressentez la peine, la colère, la peur, mais laissez-les vous traverser. La rancune peut devenir un moyen d'éviter d'affronter vos douleurs et vos sentiments profonds.

Détendez le moi

Détendez le moi. Relâchez l'idée qu'un « je » ou un « moi » a été offensé ou blessé (voir chapitre 13).

Répondez aux traitements injustes
par l'amour bienveillant

Traditionnellement, l'amour bienveillant est considéré comme l'antidote direct de la mauvaise intention, aussi, quand quelqu'un vous malmène, prenez la résolution de répliquer par de l'amour bienveillant. Peu importent les circonstances. Un célèbre sutra bouddhique met la barre très haut : « Même si des bandits vous découpaient sauvagement, membre après membre, à la scie… vous devriez vous exercer ainsi : "Notre esprit ne sera pas affecté et nous ne les maudirons pas ; nous demeurerons compatissants, l'esprit empli d'amour bienveillant à leur égard, sans haine à l'intérieur[3]." »

Personnellement, je n'en suis pas encore là, mais, s'il est possible de rester aimant lorsqu'on subit des sévices horribles – et c'est manifestement le cas si l'on en croit un certain nombre de récits –, alors nous devrions pouvoir être à la hauteur dans des situations moins dramatiques, comme lorsqu'on est bloqué dans des embouteillages ou que l'on subit une fois de plus les critiques d'un adolescent.

Communiquez

Dans la mesure où c'est utile, dites sincèrement ce que vous pensez et défendez-vous en vous affirmant habilement. Votre malveillance vous dit quelque chose. Le plus délicat est d'écouter son message – qui vous indique peut-être qu'une personne n'est pas un véritable ami ou que vous devriez fixer plus clairement vos limites – sans vous laisser emporter par la colère.

Ayez foi en la justice

Comme dans l'histoire du gorille, soyez assuré que les gens qui vous ont délibérément fait du mal paieront un jour pour leurs actes. Vous n'avez pas à faire justice vous-même.

Ne donnez pas de leçons dans la colère

Quels que soient vos efforts, certaines personnes ne retiendront pas la leçon que vous voulez leur donner. Alors pourquoi vous créer des problèmes en cherchant vainement à leur apprendre quelque chose ?

Pardonnez

Le pardon ne remet pas en cause l'existence d'un tort, il consiste à purger la charge émotionnelle liée au sentiment d'avoir été traité injustement. Le plus grand bénéficiaire de votre pardon est généralement vous-même. (Pour plus d'informations sur ce sujet, voir *L'Art du pardon, de la bonté et de la paix*[4] de Jack Kornfield, et *Pardonner pour de bon*[5] de Fred Luskin.)

L'AMOUR BIENVEILLANT
POUR LE MONDE ENTIER

Compte tenu de notre tendance ancestrale à réduire le champ de l'amour à un petit « nous » entouré d'« eux », il est bon d'entretenir l'habitude de repousser les limites de ce cercle – en l'élargissant en définitive jusqu'à inclure le monde entier. Voici quelques suggestions en ce sens.

Étendre la catégorie du « nous »

Soyez attentif aux processus mentaux automatiques qui vous poussent à vous identifier à certains groupes (sexe, race, religion, orientation sexuelle, parti politique, nation, etc.) et à classer les membres d'autres groupes dans la catégorie du *eux*. Focalisez-vous sur les similarités entre « nous » et « eux » plutôt que sur les différences. Reconnaissez que tout est interconnecté, que « nous » est en réalité le monde entier – qu'en un sens profond la planète entière est votre foyer et les gens qui la peuplent votre famille élargie. Créez délibérément des catégories mentales qui vous lient à des personnes que vous considérez en général comme « pas-vous ». Ainsi, lorsque vous voyez quelqu'un dans un fauteuil roulant, songez combien nous sommes tous d'une certaine manière handicapés.

Soyez particulièrement attentif au processus par défaut qui vous incite à valoriser votre propre groupe aux dépens des autres[6]. Notez combien cette valorisation est souvent dénuée de fondement rationnel. Soyez conscient des mille et une petites tendances de votre esprit à considérer les autres comme inférieurs à vous

– comme un « ça » à votre « moi ». Focalisez-vous sur les bons côtés des gens appartenant à d'autres groupes. Considérez-les davantage comme des individus que comme les représentants d'un groupe : c'est un moyen de réduire les préjugés[7].

Diminuer le sentiment de danger

Soyez attentif aux sentiments de menace. Ils nous permettaient de nous protéger à l'époque où nous vivions dans des environnements bien plus hostiles que ceux que la plupart d'entre nous connaissent aujourd'hui. En fait, quels sont les risques que quelqu'un vous fasse réellement du mal ?

Bénéfice mutuel

Cherchez à coopérer avec les membres d'autres groupes (en partageant la garde d'enfants ou en faisant des affaires ensemble, par exemple). Quand les gens dépendent les uns des autres pour leur bien-être et qu'ils en viennent à se découvrir fiables et honnêtes, il est beaucoup plus difficile de se considérer comme des ennemis.

Réchauffer le cœur

Réfléchissez aux souffrances endurées par tant d'hommes et de femmes. Réfléchissez également à ce qu'ils étaient peut-être lorsqu'ils étaient petits : vous activerez la chaleur et la bienveillance qu'inspirent naturellement les enfants.

Rappelez-vous la sensation que vous procure la proximité d'un être qui vous aime : vous stimule-

rez votre capacité à vous préoccuper des autres. Puis
songez à un être qui appartient à votre cercle et dont
vous vous êtes réellement préoccupé par le passé :
vos circuits neuronaux seront ainsi prêts à s'intéres-
ser à quelqu'un qui pourrait être un « eux ». Élargissez
votre cercle jusqu'à inclure tous les êtres vivants de
notre planète – comme dans la méditation de l'amour
bienveillant suivante.

MÉDITATION DE L'AMOUR BIENVEILLANT

Voici une méditation longue de l'amour bienveillant :

Adoptez une posture qui vous permette de rester
détendu et vigilant. Installez-vous dans le souffle.
Recherchez l'équanimité, l'espace et l'équilibre
mental.

*Soyez conscient des sensations du souffle dans
la région du cœur. Rappelez-vous la sensation
procurée par la présence d'un être que vous
aimez.*

*Continuez à sentir cet amour. Sentez ce flot
d'amour traverser votre cœur, peut-être au même
rythme que le souffle. Sans songer à quiconque
en particulier, sentez comme cet amour a sa vie
propre, qui traverse votre cœur.*

*Sentez votre amour pour les personnes que vous
connaissez bien, vos amis et vos parents. Sentez
un flot d'amour bienveillant et généreux traverser
votre cœur au même rythme que le souffle.*

Sentez cet amour bienveillant s'étendre davantage aux nombreuses personnes neutres que vous connaissez. Souhaitez-leur aussi ce qu'il y a de mieux. Souhaitez-leur de moins souffrir. D'être sincèrement heureuses.

Vous pouvez ressentir cet amour bienveillant telle une chaleur ou une lumière. Ou un bassin qui s'étend, ses douces vagues se déployant toujours plus loin, jusqu'à inclure un nombre toujours plus grand de gens.

Sentez votre amour bienveillant s'étendre jusqu'à inclure les personnes qui vous posent problème. Votre amour bienveillant a sa vie et sa force propres. Votre amour bienveillant comprend que de nombreux éléments ont affecté ces gens et les ont conduits à vous poser problème. Souhaitez même aux gens qui vous ont traité injustement de moins souffrir. D'être, eux aussi, sincèrement heureux.

La paix et la force de cet amour bienveillant débordent encore plus vers l'extérieur pour inclure les gens que vous ne connaissez pas personnellement. Ressentez de l'amour bienveillant pour tous les gens qui vivent dans votre pays aujourd'hui, que vous soyez d'accord avec eux ou non, que vous les aimiez ou non.

Prenez quelques minutes pour envisager d'étendre votre amour bienveillant aux milliards d'habitants de la Terre. À quelqu'un qui rit quelque part. À quelqu'un qui pleure. À quelqu'un qui se marie. À quelqu'un qui s'occupe d'un enfant ou d'un parent malade. À quelqu'un d'inquiet. À quelqu'un qui naît. À quelqu'un qui meurt.

Votre amour bienveillant s'écoule aisément, peut-être au même rythme que le souffle. Votre amour bienveillant s'étend à tous les êtres vivants de cette Terre. Souhaitez-leur du bien. À toutes sortes d'animaux, dans la mer, sur terre, dans les airs : qu'ils aient bien-être et santé. Souhaitez du bien aux plantes de toutes sortes : qu'elles aient bien-être et santé. Souhaitez du bien aux micro-organismes de toutes sortes, aux amibes, aux bactéries, y compris aux virus : que tous les êtres vivants connaissent le bien-être.

Afin que tous les êtres soient « nous ».
Afin que tous les enfants soient miens.
Toute vie, ma famille.
La Terre entière, ma demeure.

Chapitre 10 : POINTS CLÉS

• Si la compassion nous rend sensibles à la souffrance des êtres, la bienveillance nous permet de leur souhaiter le bonheur. La bienveillance a une dimension aimante, d'où l'expression « amour bienveillant ». Lorsque vous pratiquez la bienveillance, vous domptez le loup de la haine et nourrissez le loup de l'amour.

• Il y a de nombreuses manières d'y parvenir, notamment en établissant l'intention d'être bienveillant, en traduisant cette intention par des vœux spécifiques, en méditant sur l'amour bienveillant, en se focalisant sur la bienveillance au quotidien et en se servant de l'amour même comme d'un chemin de pratique.

• Il est facile d'être bienveillant lorsque les autres se conduisent bien envers soi, moins lorsqu'ils nous malmènent : le plus difficile est de préserver la bienveillance face à la malveillance.

• Il peut être utile de se rappeler que la bienveillance est sa propre récompense, que les autres subissent souvent les conséquences de leurs actes sans que vous ayez à vous faire justice, et que vous pouvez vous affirmer sans sombrer dans la rancune.

• Il y a de nombreuses manières de transformer la malveillance en bienveillance et de dompter le loup de la haine. Faites attention aux intentions que vous attribuez aux autres, prenez moins les choses « pour vous », considérez votre rancœur comme un poison dont vous êtes la première victime et dont vous voulez naturellement vous débarrasser, décidez de répliquer à la malveillance par la bienveillance, communiquez, affirmez-vous et pardonnez.

• Élargissez le cercle du « nous » jusqu'à inclure autant de monde que possible. Soyez attentif aux classements automatiques en « nous » et « eux », et cherchez à montrer qu'« eux » est en réalité « nous » ; notez l'apparition de sentiments de menace et voyez si le danger existe réellement ; ouvrez consciemment votre cœur aux autres ; pratiquez l'amour bienveillant à l'intention du monde entier.

Quatrième partie

SAGESSE

11

Fondements de la pleine conscience

Une éducation à l'attention serait l'éducation par excellence.

William JAMES

On entend de plus en plus parler de « pleine conscience », mais qu'est-ce que cela signifie exactement ? Être pleinement conscient veut tout simplement dire maîtriser correctement son attention : placer son attention là où l'on veut et l'y maintenir ; la déplacer lorsqu'on le souhaite.

Quand l'attention est stable, l'esprit l'est également : ni agité ni kidnappé par ce qui surgit dans la conscience, mais posé dans la présence, ancré et inébranlable. L'attention est comme un projecteur, et ce qu'elle illumine pénètre dans l'esprit et façonne le cerveau. Par conséquent, travailler à contrôler davantage son attention est peut-être le moyen le plus efficace de remodeler son cerveau, donc son esprit.

L'attention peut s'entraîner et se renforcer comme n'importe quelle autre capacité mentale[1]. Ce chapitre et le suivant décrivent de nombreuses manières d'y parvenir. Commençons par voir *comment* le cerveau prête attention.

VOTRE CERVEAU CONSCIENT

Pour contribuer à la survie d'un animal – en particulier d'un animal aussi complexe que l'homme –, le cerveau gère le flux de l'attention en équilibrant trois besoins : maintenir des informations à l'esprit, changer le contenu de la conscience et trouver le bon niveau de stimulation.

Retenir les informations

Le cerveau doit être capable de conserver les informations importantes au premier plan de la conscience – comme, il y a cent mille ans, un mouvement suspect dans la savane africaine ou un numéro de téléphone que vous venez d'entendre. Bernard Baars[2] a développé la théorie d'un *espace de travail global de la conscience* – ou, plus simplement, d'un tableau mental. Peu importe comment on l'appelle, il s'agit d'un espace qui contient les nouvelles informations, les informations anciennes récupérées dans la mémoire et les opérations mentales liées aux deux.

Conscience et actualisation

Deuxièmement, le cerveau doit actualiser régulièrement ce tableau par de nouvelles informations, qu'elles soient issues de l'environnement ou de l'esprit. Par exemple, supposons que vous entrevoyiez un visage familier dans une pièce bondée mais que vous soyez incapable de l'identifier. Lorsque vous finissez par vous rappeler le nom de la femme en question – Jane Smith, l'amie d'une amie –, vous actualisez son image par cette information.

LA QUÊTE DE STIMULATIONS

Troisièmement, le cerveau a un profond besoin de stimulations, sans doute destiné au départ à pousser nos ancêtres à chercher sans cesse de la nourriture, des partenaires sexuels et d'autres ressources. Ce désir est tellement ancré que, dans les chambres de privation sensorielle (un espace complètement noir et silencieux, où le sujet flotte dans de l'eau tiède salée), le cerveau se met parfois à créer des images hallucinatoires dans le simple but de traiter de nouvelles informations[3].

Un acte d'équilibrage neuronal

Votre cerveau jongle en permanence avec ces trois aspects de l'attention. Voyons comment il s'y prend.

Lorsque votre esprit est fixé sur quelque chose, qu'il s'agisse d'une présentation au bureau ou des sensations du souffle, les régions corticales qui contribuent à la mémoire de travail (une composante clé du tableau mental) sont relativement stables. Pour les maintenir dans cet état, une sorte de porte protège la mémoire de travail de toutes les autres informations circulant dans le cerveau. Quand la porte est fermée, vous restez focalisé sur un objet. Quand un nouveau stimulus vient frapper – par exemple une pensée surprenante ou le bruit d'un oiseau –, la porte s'ouvre subitement, permettant à de nouvelles données de pénétrer afin d'actualiser la mémoire de travail. Puis la porte se referme, maintenant les autres informations à l'extérieur. (Bien entendu, dans la réalité les choses sont bien plus complexes. Voir les ouvrages de Buschman et Miller[4], mais également de Dehaene, Sergent et Changeux[5].)

Aussi longtemps que le contenu de la mémoire de travail demeure modérément stimulant, la production continue de dopamine maintient la porte fermée. Si la stimulation décroît de manière significative, les neurones qui libèrent la dopamine ralentissent leurs décharges, permettant à la porte de s'ouvrir et à de nouvelles informations de s'engouffrer à l'intérieur. Par ailleurs, les pics de dopamine – provoqués par des opportunités ou par des menaces nouvelles – entraînent aussi l'ouverture de la porte[6].

C'est un système ingénieusement simple, qui produit des résultats complexes. Pour reprendre un exemple adapté de l'ouvrage de Todd Braver et Jonathan Cohen[7], songez à un singe qui mange des bananes dans un bananier. Le fait de manger maintient son attention sur *cet* arbre et stabilise ses niveaux de dopamine. Mais, lorsque les fruits commencent à manquer, les récompenses, donc la dopamine, se mettent à baisser, et des pensées dédiées à la nourriture disponible dans un *autre* bananier s'introduisent dans sa mémoire de travail. Ou, encore, si un singe amical se balance sur une branche à proximité, les pics de dopamine provoqués par ce nouveau stimulus déclenchent aussi subitement l'ouverture de la porte de la conscience.

Le système dopaminergique interagit avec un autre système neuronal – lié aux ganglions de la base – qui tente d'équilibrer les gratifications (d'autres aliments ! d'autres partenaires sexuels !) et les risques (exposition à des prédateurs, à des rivaux et à d'autres dangers) de la quête de stimulations. Les ganglions de la base sont une sorte de « stimostat » qui enregistre les stimulations issues des sens ou de l'esprit même. Ils se gardent de déclencher la quête de stimuli aussi longtemps que la stimulation dépasse un certain seuil.

En revanche, lorsqu'elle ne parvient plus à atteindre ce niveau minimal, ils réclament à votre cerveau de l'augmenter *immédiatement* – et vous réagissez soudain à une conversation ennuyeuse par une provocation ou vous sombrez dans vos pensées au milieu d'une méditation.

NOUS N'AVONS PAS TOUS LES MÊMES CAPACITÉS ATTENTIONNELLES

Nous sommes tous très différents quant à nos capacités à rester collé à l'information, à actualiser notre conscience et à solliciter de nouvelles stimulations (voir le tableau ci-dessous). Ainsi, la gamme des tempéraments normaux inclut à la fois les gens qui apprécient beaucoup la nouveauté et l'excitation, et ceux qui préfèrent la prévisibilité et le calme. En revanche, les sujets situés aux deux extrémités de ce spectre sont souvent confrontés à des difficultés, surtout à notre époque, dès lors qu'ils sont censés porter une attention soutenue à des objets qui ne sont pas forcément passionnants (par exemple certaines activités scolaires ou tâches administratives). Une personne dont la conscience est très facilement actualisable – dont la porte d'accès à la mémoire de travail est maintenue grande ouverte – aura donc des difficultés à écarter les stimuli non pertinents ou distrayants.

Quelle que soit votre tendance naturelle, l'attention est également influencée par le vécu et par les phénomènes culturels. Par exemple, la culture occidentale contemporaine fatigue, et parfois même submerge, le cerveau en lui soumettant plus d'informations qu'il n'en peut gérer de manière routinière. Notre culture habitue aussi le cerveau à un flux de stimulations particulièrement riche – songez aux jeux vidéo et aux centres commerciaux –, de sorte qu'une seule goutte peut sembler terne et ennuyeuse. Pour l'essentiel, la vie moderne s'empare de « l'esprit de singe » instable et enclin à la distraction de nos origines, et le nourrit aux stéroïdes. En plus de ce tableau général, d'autres facteurs – telles la motivation, la fatigue, l'hypoglycémie, la maladie, l'anxiété ou la dépression – peuvent également affecter l'attention.

Les conséquences de nos différentes tendances naturelles sur les trois aspects de l'attention

Tendance en termes d'aspect d'attention	Aspect d'attention et ses conséquences		
	Rester en contact avec l'information	Actualiser la conscience	Rechercher des stimulations
Forte	Obsessivité « Surfocalisation »	Filtres poreux Distractibilité Surcharge sensorielle	Hyperactivité Quête de frissons
Modérée	Bonne concentration Aptitude à diviser l'attention	Flexibilité mentale Assimilation Accommodement	Enthousiasme Adaptabilité
Basse	Fatigue de concentration Petite mémoire de travail	Idées fixes Oublis Courbe d'apprentissage plate	Blocage Apathie Léthargie

Quel est votre profil personnel ?

Chacun de nous a un profil d'aptitudes attentionnelles façonné par le tempérament, les expériences
de la vie, les influences culturelles et d'autres facteurs. Dans l'ensemble, quelles sont les forces et les
faiblesses de votre attention ? Que souhaiteriez-vous
améliorer ?

Le premier des écueils consiste à ignorer ce profil
– ou, pire, à en avoir honte – et à tenter de faire
entrer votre cube dans le moule arrondi générique.
Et le second consiste à ne jamais tenter de changer vos tendances. Entre ces deux options se trouve
une voie médiane qui vise à adapter votre travail,
votre situation familiale et vos pratiques spirituelles
à votre nature tout en travaillant à contrôler votre
attention au fil du temps.

Individualisez votre approche

En matière de pratique contemplative, de nombreuses méthodes traditionnelles ont été développées
à des époques et dans des cultures caractérisées par un
niveau de stimulation relativement faible. Mais qu'en
est-il de nos contemporains habitués à beaucoup plus
de stimulations, en particulier ceux qui sont à l'extrémité active de la gamme de tempérament normal ?
J'ai vu des gens renoncer à la méditation parce qu'ils
ne trouvaient tout simplement pas de méthode adaptée à leur cerveau.

L'impact inné de la *diversité neurologique* est bien
plus important que les variations de sexe, de race ou
d'orientation sexuelle. Si les traditions contemplatives
veulent toucher des pratiquants d'horizons différents,

elles doivent trouver des moyens d'accueillir toutes sortes de cerveaux. Qui plus est, en Occident, nous devons chercher à individualiser les pratiques contemplatives car – dans nos vies trépidantes de « propriétaires » – les méthodes ciblées et efficaces sont plébiscitées.

Que votre objectif soit d'être plus focalisé au travail, dans les conversations avec votre partenaire ou en méditation, accordez-vous la permission d'adapter votre approche à votre nature. Montrez-vous compatissant envers les défis que vous pose la pleine conscience : vous n'êtes pas fautif, et, en outre, il est fort possible que l'émotion positive suscitée par la compassion augmente votre niveau de dopamine et vous aide à stabiliser votre esprit.

Ensuite, demandez-vous lequel des trois aspects de l'attention vous semble le plus délicat : maintenir un objet dans la conscience, écarter les distractions ou gérer le désir de stimulations. Par exemple : vous fatiguez-vous rapidement quand vous tentez de vous concentrer ? Avez-vous l'impression d'avoir des filtres poreux, c'est-à-dire d'être facilement distrait par ce que vous voyez ou entendez autour de vous ? Peut-être faites-vous partie de ces personnes qui ont besoin d'un régime riche en stimulations ? (À moins que vous ne soyez un peu tout cela à la fois ?)

Dans la suite de ce chapitre, nous verrons des méthodes générales destinées à contrôler davantage l'attention. Puis, dans le suivant, nous utiliserons le mode d'entraînement principal à la pleine conscience – la méditation – afin d'améliorer votre profil personnel de capacités attentionnelles.

ÉTABLISSEZ DES INTENTIONS

Servez-vous du pouvoir du cortex préfrontal pour établir l'intention d'être plus conscient :

- Avant de commencer toute activité exigeant de la concentration, établissez délibérément une intention. Utilisez ce genre de phrases : *Que mon esprit soit stable.* Ou invoquez simplement en silence un sentiment de détermination.
- Éprouvez dans votre corps la sensation d'être une personne (que vous connaissez) extrêmement concentrée. Ce processus fait appel aux systèmes d'empathie du cerveau pour simuler en vous la nature consciente de quelqu'un d'autre.
- Réétablissez sans cesse vos intentions. Par exemple, si vous êtes en réunion, toutes les cinq minutes prenez la résolution de rester focalisé. Un de mes amis se sert d'un petit appareil qui peut être programmé pour vibrer à différents intervalles : il le laisse dans sa poche et, toutes les dix minutes, reçoit un appel discret à l'éveil.
- Établissez l'intention d'être attentif au réglage par défaut de votre vie en développant une pratique quotidienne de la pleine conscience.

Aides à la pleine conscience quotidienne

- Ralentissez.
- Parlez moins.
- Quand c'est possible, ne faites qu'une seule chose à la fois.
- Focalisez-vous sur votre souffle tout en effectuant vos activités quotidiennes.

• Détendez-vous jusqu'à éprouver un sentiment de présence calme en compagnie des autres.

• Considérez des éléments quotidiens – la sonnerie du téléphone, aller aux toilettes ou boire de l'eau – comme des appels à vous recentrer, à l'image des « clochettes des temples ».

• Aux repas, prenez le temps de réfléchir à l'origine de votre nourriture. Par exemple, si vous vous focalisez sur le blé contenu dans une tranche de pain, vous pouvez l'imaginer pousser dans les champs puis être récolté, battu, entreposé, moulu, cuit et expédié à un marché avant d'arriver dans votre assiette. En l'espace de quelques secondes, vous pouvez aller très loin. Il est même possible d'imaginer les personnes qui ont contribué à transformer ce blé en pain, le matériel et la technologie utilisés, ainsi que nos ancêtres éloignés qui ont compris peu à peu comment domestiquer les céréales sauvages.

• Simplifiez-vous la vie. Renoncez à de petits plaisirs au profit de satisfactions plus grandes.

RESTEZ ÉVEILLÉ ET VIGILANT

Le cerveau ne peut être pleinement attentif s'il n'est pleinement éveillé. Malheureusement, le commun des mortels manque de sommeil et dort une heure de moins qu'il ne le faudrait. Essayez de dormir suffisamment (« suffisamment » dépend de votre nature et de facteurs tels que la fatigue, la maladie, les problèmes de thyroïde ou de dépression). En d'autres termes, prenez soin de vous. Lutter pour être attentif lorsqu'on est fatigué revient à éperonner un cheval épuisé pour qu'il continue à grimper une côte au galop.

En supposant que vous soyez raisonnablement reposé, plusieurs facteurs supplémentaires peuvent augmenter votre vigilance :

- Rester assis le dos droit indique à la *formation réticulée* – un réseau de nerfs situé dans le tronc cérébral et impliqué dans l'éveil et dans la conscience – que vous devez rester vigilant et sur le qui-vive. C'est l'explication neurologique d'une phrase souvent prononcée par les professeurs : « Tenez-vous droit ! » et d'une consigne classique en méditation : « Adoptez une posture qui incarne la dignité. »

- Lorsqu'on décrit le fait d'imprégner sa conscience d'énergie et de clarté, on parle traditionnellement d'« illuminer l'esprit ». En réalité, pour surmonter la somnolence, on suggère parfois de visualiser à proprement parler de la lumière. Sur le plan neurologique, cette « illumination » implique probablement une montée de noradrénaline dans le cerveau. Ce neurotransmetteur – également déclenché par les réactions en chaîne de la réponse au stress – est un signal d'orientation général qui favorise la vigilance.

- L'oxygène est au système nerveux ce que l'essence est à votre voiture. Bien que le cerveau ne représente que 2 % du poids du corps, il consomme à peu près 20 % de votre oxygène. En inspirant profondément plusieurs fois, vous augmentez la saturation en oxygène dans votre sang et relancez votre cerveau.

CALMEZ LE CERVEAU

Quand l'esprit est calme, moins de bulles remontent à la surface pour vous distraire, et il est plus facile de demeurer conscient. Dans le chapitre 5, nous avons vu des moyens d'« apaiser le feu ». Ils contribuent à calmer l'esprit en détendant le corps et en modérant les émotions et les désirs. Les méthodes suivantes visent à affaiblir le brouhaha de la pensée verbale – cette voix qui papote en permanence dans un coin de votre tête.

Soyez conscient du corps entier

Certaines parties du cerveau sont liées par ce qu'on appelle l'*inhibition réciproque* : lorsqu'une région s'active, elle en inactive une autre. Dans une certaine mesure, les hémisphères droit et gauche ont ce type de relation. Ainsi, lorsque vous stimulez l'hémisphère droit en effectuant les activités dont il a la charge, les centres verbaux de l'hémisphère gauche sont réduits au silence.

L'hémisphère droit, qui traite les informations visuospatiales, joue un rôle essentiel dans la représentation de l'état corporel, de sorte que la conscience du corps peut contribuer à inhiber le bavardage verbal du cerveau gauche. L'activation de l'hémisphère droit est encore plus importante lorsque vous percevez le corps dans son *intégralité*, recourant ainsi au traitement global de cet hémisphère.

Pour pratiquer la conscience du corps entier, commencez par la respiration entière : au lieu de laisser l'attention passer, comme elle le fait en temps normal, d'une sensation à une autre, essayez d'expérimenter votre respiration comme une forme unique et unifiée de sensations dans le ventre, la poitrine, la gorge et le nez. Il est normal que ce ressenti unifié se désagrège au bout d'une seconde ou deux. Quand c'est le cas, essayez simplement de le recréer. Puis étendez la conscience jusqu'à inclure l'ensemble du corps, perçu globalement comme quelque chose d'unique. Cette sensation du corps aura également tendance à se désagréger rapidement, en particulier au début. Quand c'est le cas, contentez-vous de la restaurer, même si ce n'est que pour quelques secondes. Au fil de la pratique, vous ferez des progrès et vous finirez même par être capable de la maintenir dans des situations quotidiennes, telles des réunions.

En plus de faire taire l'esprit verbal, la conscience du corps entier contribue à *l'unicité de l'esprit* – un état méditatif caractérisé par la fusion de tous les aspects de l'expérience et une grande stabilité de l'attention. Comme nous le verrons dans le chapitre suivant, c'est un des facteurs de l'absorption contemplative profonde.

Réduire au silence les centres verbaux

Envoyez un ordre modéré aux centres verbaux, quelque chose du genre : *Silence, à présent, il est l'heure de se détendre et de se taire. Il n'y a rien d'important à évoquer dans l'immédiat. Vous aurez tout le temps de parler plus tard, au cours de la journée.* Ce faisant, vous utilisez le pouvoir de l'intention préfrontale pour inciter l'activité verbale à respecter un silence relatif. Quand (et non « si », hélas) les voix se remettent à marmonner, réitérez l'ordre. Par exemple : *Ce n'est pas le moment de bavarder, vos gémissements me pèsent, vous pourrez toujours parler quand j'aurai terminé cette réunion/ma déclaration d'impôts/ce putt.* Ou encore, vous pouvez occuper les centres du langage cérébraux par d'autres activités verbales, comme répéter votre proverbe, votre mantra ou votre prière préférée dans un coin de votre tête.

Si vous le souhaitez, prenez rendez-vous avec vous-même pour laisser votre esprit jacasser librement quand vous aurez achevé l'activité sur laquelle vous êtes focalisé. Assurez-vous d'honorer ce rendez-vous – il est étrangement drôle et résolument intéressant d'amplifier le flux verbal dans sa tête : c'est l'occasion de voir sa nature arbitraire et insensée.

DEMEUREZ
TELLE LA CONSCIENCE MÊME

Plus la pleine conscience se stabilisera, plus vous demeurerez telle la conscience même. La conscience contient des *objets-de-l'esprit* – un terme général désignant tout contenu mental, y compris les perceptions, les pensées, les désirs, les souvenirs, les émotions, etc. Bien que les objets-de-l'esprit puissent danser entre eux, la conscience même n'est jamais perturbée. La conscience est une sorte d'écran sur lequel ils s'inscrivent, tels des reflets à la surface d'une mare survolée par des oies – pour reprendre un proverbe zen. Elle n'est jamais troublée ni agitée par la projection en cours.

Dans votre cerveau, les schémas neuronaux représentés dans la conscience sont très variables, mais les capacités représentationnelles mêmes – la base de l'expérience subjective de la conscience – sont en général très stables. Par conséquent, demeurer dans la conscience apporte un sentiment exquis de clarté et de paix intérieures. C'est souvent dans la méditation qu'il est le plus profond, mais on peut le cultiver également tout au long de la journée. Servez-vous des réflexions guidées suivantes pour y parvenir.

Demeurer dans la conscience

Détendez-vous, les yeux ouverts ou fermés. Appliquez-vous à être juste là, un corps paisible qui respire. Observez les sensations du souffle qui va et vient. Distinguez aussi nettement que possible ce qui est observé de la sensation d'observer.

Observez le flux d'objets-de-l'esprit (les pensées, les souvenirs, les émotions) sans vous laisser aspirer en eux ; ne poursuivez pas de « carotte mentale » et ne luttez pas non plus contre des bâtons. Vous avez des pensées, mais vous n'êtes pas les pensées : ne vous identifiez pas au contenu de la conscience. Regardez le film sans plonger dans l'écran.

Laissez les expériences aller et venir sans tenter de les influencer. Des sensations d'attirance et d'aversion apparaîtront peut-être face à ces objets-de-l'esprit : acceptez ces préférences comme de simples objets-de-l'esprit supplémentaires. Voyez que tous les objets-de-l'esprit ont la même nature : ils vont et viennent.

Installez-vous dans le moment présent. Laissez tomber le passé et laissez filer le futur. Recevez chaque moment sans tenter de relier chacun d'entre eux au suivant. Demeurez telle la présence, sans souvenir ni projet. Il n'y a aucune tension, aucune recherche de quoi que ce soit. Rien à avoir, rien à faire, rien à être.

Notez les espaces entre les pensées : c'est une manière palpable de distinguer le champ de la conscience de son contenu. Par exemple, pensez délibérément à quelque chose de précis, comme « il y a le souffle », puis observez ce qui est présent juste avant et après la pensée. Voyez qu'il y a une sorte de préparation paisible, une capacité inutilisée, un vide fertile.

Notez la dimension spacieuse de la conscience : elle est illimitée, calme et silencieuse, vide jusqu'à ce que quelque chose apparaisse ; elle est suffisamment vaste pour tout contenir, toujours présente et fiable, et jamais altérée par les objets-de-l'esprit qui la traversent telles des étoiles filantes. Mais ne confondez pas les conceptions de la conscience – qui ne sont que d'autres objets-de-l'esprit – avec la conscience même. Revenez sans cesse à l'être, soyez simplement présent, en vous ouvrant à l'infini, sans frontière.

Explorez doucement d'autres dimensions de la conscience. Demeurez avec votre expérience directe sans chercher à conceptualiser la conscience. La conscience émet-elle une sorte de luminosité ? Est-elle empreinte d'une compassion subtile ? Les objets-de-l'esprit ne sont-ils que des modifications de la conscience même ?

Chapitre 11 : POINTS CLÉS

• Ce qui traverse votre attention sculpte votre cerveau. Par conséquent, contrôler votre attention pourrait être le moyen le plus efficace de façonner votre cerveau, donc votre esprit. Vous pouvez exercer et renforcer l'attention comme n'importe quelle autre capacité mentale. La pleine conscience est l'attention correctement contrôlée.

• L'attention se caractérise par trois aspects : maintenir les informations dans la conscience, l'actualiser par de nouvelles informations et rechercher la bonne quantité de stimulations.

• Les informations sont stockées dans la mémoire de travail, qui est équipée d'une sorte de porte à base de dopamine. Une stimulation continue maintient la porte fermée. L'augmentation ou la baisse de la stimulation provoque l'ouverture de la porte, permettant à de nouvelles informations de pénétrer dans la mémoire de travail.

• En outre, les ganglions de la base recherchent un certain niveau de stimulation. Si le flux stimulatoire est supérieur à ce seuil, tout va bien, mais, s'il s'assèche, les ganglions de la base incitent certaines parties du cerveau à le relever.

• Ces trois aspects de l'attention sont associés à un certain nombre de forces et de faiblesses naturelles. C'est une des facettes de la diversité neurologique. Chaque personne a un profil différent. Adapter son travail, sa vie de foyer et ses pratiques spirituelles à son profil, mais également améliorer son attention au fil du temps, ce sont des signes de bon sens et de compassion.

• De manière générale, pour améliorer l'attention, on peut utiliser l'intention, rester éveillé et vigilant, calmer l'esprit et demeurer telle la conscience même.

12

Félicité et concentration

> *La vision pénétrante associée à l'apaisement du mental élimine tous les tourments.*

Shantideva

La pleine conscience apporte vision profonde et sagesse – et la méditation est le meilleur moyen de la développer. Peu importe que vous n'ayez jamais médité auparavant. Dans les entreprises, dans les écoles et dans les hôpitaux du monde entier, les gens se forment désormais aux pratiques méditatives afin d'être plus productifs, plus attentifs, de guérir plus rapidement et de se sentir moins stressés. Nous nous servirons de la méditation pour explorer un grand nombre de méthodes destinées à entraîner l'attention. Sentez-vous libre de les appliquer également en dehors du cadre méditatif.

LE POUVOIR DE LA MÉDITATION

La concentration acquise en méditant s'empare du projecteur de l'attention et le transforme en un rayon laser. La concentration est l'alliée naturelle de la vision profonde, comme le suggère cette métaphore bouddhiste : *Nous sommes dans une forêt d'ignorance et nous avons besoin d'une machette aiguisée pour ouvrir le sentier de la compréhension : la vision profonde aiguise la lame, et la concentration lui donne la puissance.* Toutes les traditions mettent en avant les niveaux de concentration contemplative les plus profonds. Par exemple, l'Octuple Sentier bouddhiste inclut la Concentration Juste, qui consiste à développer quatre états d'absorption appelés *jhanas*. (Ce chapitre n'est pas un manuel des *jhanas*, qui sont généralement accessibles par une pratique intense.)

Les défis de la méditation

La méditation, qui va à l'encontre des tendances développées au cours de l'évolution, est un formidable moyen de renforcer notre attention en la soumettant à un test de pression.

Songez aux pratiques de l'*attention focalisée*, qui consiste à s'absorber dans un objet comme la respiration. Les animaux qui bloquaient leur attention sur un objet unique pendant plusieurs minutes d'affilée – par exemple la lumière du soleil qui se faufile entre les feuilles – réduisaient leur champ de vision et renonçaient au besoin de stimulations. Ils ne remarquaient même plus les ombres et les bruits menaçants à proximité et étaient condamnés à ne pas transmettre leurs gènes. On parle traditionnellement d'« esprit de singe » pour désigner de manière négative l'attention dissipée – mais c'est justement cet esprit indiscipliné qui a permis à nos ancêtres de survivre.

Songez également à la méditation de la *conscience ouverte*, ou conscience sans choix, où l'on accepte sans réaction tout ce qui se présente à l'esprit. Elle est aussi contre nature. Les sensations, émotions, désirs et autres objets mentaux *doivent* attirer notre attention pour nous faire réagir. Les laisser dériver sans sauter à bord n'est tout simplement pas naturel.

Si vous avez conscience de ces défis, vos efforts pour méditer seront teintés de bonne humeur et d'autocompassion.

Cinq facteurs de concentration

Pendant des milliers d'années, des hommes et des femmes ont cherché à renforcer l'attention dans ce véritable laboratoire qu'était la pratique contemplative. Le bouddhisme a identifié cinq facteurs essentiels de la stabilité de l'esprit :

- **L'attention appliquée** : diriger son attention sur un objet, par exemple le début de la respiration.
- **L'attention soutenue** : rester focalisé sur l'objet de l'attention, par exemple demeurer conscient d'une inspiration entière, du début jusqu'à la fin.
- **L'extase** : attention intense portée à l'objet, parfois vécue comme une montée de sensations bienheureuses.
- **La joie** : réjouissance du cœur qui inclut le bonheur, la satisfaction et la tranquillité.
- **L'unicité de l'esprit** : unification de la conscience, dans laquelle tout est expérimenté de manière globale. Peu de pensées. Équanimité. Sentiment fort d'être *présent*.

En nous basant sur les aides à la pleine conscience décrites dans le chapitre précédent, voyons comment il est possible de développer les substrats neuronaux de ces cinq facteurs. Au fil de la pratique, la concentration s'approfondit naturellement chez la plupart des gens[1]. Que vous soyez novice ou que la méditation occupe déjà une place importante dans votre vie, il est extraordinaire de savoir que l'on peut agir efficacement sur son cerveau pour stabiliser l'esprit, et même accéder à une absorption méditative profonde.

Pour simplifier les choses, nous nous référerons à la méditation assise focalisée sur la respiration, mais ces suggestions sont adaptables à d'autres pratiques (comme le yoga ou la psalmodie méditative) ainsi qu'à d'autres objets de l'attention (comme un mantra ou l'amour bienveillant). Lorsque votre esprit sera plus stable, vous pourrez vous concentrer sur d'autres types de pratiques contemplatives (par exemple la méditation de la vision profonde, la prière ou l'étude de l'impermanence) et des activités quotidiennes.

Les trois sections suivantes traitent de l'attention appliquée et soutenue, et des difficultés que rencontrent les gens dans ce domaine. Ensuite, nous examinerons l'extase et la joie, pour finir par l'unicité de l'esprit. Nous conclurons sur une méditation guidée qui rassemble ces cinq facteurs.

MAINTENIR L'ATTENTION SUR SON OBJET

Ces suggestions approfondiront votre attention au contenu de la conscience et vous aideront à maintenir fermée la porte de la mémoire de travail (évoquée dans le chapitre précédent) :

- Imaginez un petit gardien qui veille à ce que vous observiez le souffle et stimule votre attention si elle se met à vaciller. Ce gardien « vit » principalement dans le cortex cingulaire antérieur (CCA), qui compare les performances réelles aux objectifs. Le CCA est la région cérébrale la plus impliquée dans l'application et dans le soutien de l'attention.

- Faites appel aux centres du langage de votre cerveau en comptant ou en observant vos respirations. Par exemple, doucement, dans un coin de votre tête, comptez dix respirations puis recommencez. Si vous perdez le fil, reprenez simplement au début. (Vous pouvez également compter à rebours, de 10 à 1, en repartant de 10 si vous ne savez plus où vous en êtes.) Si vous êtes ambitieux, visez dix séries de dix respirations, c'est-à-dire cent au total, sans perdre le fil. Si vous le souhaitez, gardez les mains fermées, puis dépliez un doigt chaque fois que vous avez réalisé une série de dix. C'est un moyen formidable de commencer une méditation car l'esprit est stabilisé assez rapidement.

- Ou, encore, appliquez doucement l'attention à votre expérience – par exemple, en pensant « inspirer, expirer » à chaque respiration. Si c'est utile, appliquez doucement l'attention à d'autres objets de l'esprit : « pensée », « mémoire », « inquiétude », « projet », etc.

- Approfondissez votre implication dans la respiration en lui apportant chaleur, affection et même dévotion. Les émotions intensifient naturellement l'attention, en plus d'engager l'intégralité du cerveau : davantage de réseaux neuronaux se trouvent mobilisés par l'objet de l'attention.

FILTRER LES DISTRACTIONS

Voici des moyens de préserver un espace mental relativement calme en bloquant l'accès aux intrus distrayants :

- Prenez quelques minutes au début de chaque méditation pour vous ouvrir aux sons et autres stimuli qui vous entourent, et les explorer. Faites de même avec votre monde intérieur. Paradoxalement, inviter les distractions à *entrer* les encourage à *sortir*. En renonçant à leur résister, vous évitez de décocher une seconde flèche et réduisez l'attention qu'elles reçoivent. En outre, le cerveau tend à s'habituer aux stimuli continus et ne les remarque plus au bout d'un moment.

- De même, l'objet pleinement accepté traverse souvent plus rapidement l'esprit. C'est un peu comme les gens qui frappent à votre porte : si vous les ignorez, ils continuent de frapper, mais, si vous ouvrez, ils entrent, disent ce qu'ils ont à dire, puis s'en vont. Vous pouvez les aider à s'en aller en utilisant la technique d'observation douce décrite ci-dessus (par exemple « bruits de circulation... irritation »). Laisser un objet émerger pleinement dans la conscience permet à son schéma d'activité neuronale latent d'apparaître tout aussi pleinement. Une fois le message transmis, l'assemblage neuronal n'a plus besoin de se mettre en avant ni de disputer la vedette à d'autres assemblages. Et, comme il est arrivé à destination et a effectué sa communication, il sera désormais soumis aux puissants processus d'actualisation permanente de la mémoire de travail – qui en général effacent le tableau mental au bout d'un moment pour laisser la place à un autre assemblage.

- Une fois le sentiment de distraction réduit, refocalisez-vous sur l'objet de l'attention (ou sur la méditation que vous pratiquez). Si les distractions réapparaissent, vous pouvez toujours vous rouvrir à elles pendant quelques minutes.
- Il est également possible de repousser doucement les pensées distrayantes aux tout premiers stades de leur développement pour retomber sans cesse dans le souffle. Vous perturbez ainsi la formation d'assemblages neuronaux avant qu'ils ne se consolident complètement.
- Souvenez-vous que vous pourrez toujours penser à d'autres objets plus tard : dites-vous que vous avez pris rendez-vous avec la méditation et que vous devez l'honorer. C'est une façon d'utiliser la capacité du cortex préfrontal à exercer une influence descendante sur le flux de perceptions et de pensées[2].
- Notez que tout ce qui traverse l'esprit est un spectacle éphémère, où les artistes sont en permanence expulsés de la scène par de nouveaux venus. À quoi bon se laisser happer par un objet particulier si vous savez pertinemment qu'il sera vite remplacé par autre chose ?
- Si toutes les techniques précédentes ont échoué, faites de la distraction même l'objet de l'attention le temps de votre méditation. Un jour, je tentais de me concentrer sur le souffle mais j'étais sans cesse distrait par un climatiseur bruyant. Au bout d'un moment, j'ai renoncé et je me suis tourné vers ce bruit – dans lequel je me suis plutôt bien absorbé...

GÉRER LE DÉSIR DE STIMULATIONS

Les méthodes suivantes accroissent la stimulation de la méditation et sont particulièrement utiles pour ceux qui ont un tempérament très actif. Le plus délicat est de les utiliser seulement lorsqu'elles sont nécessaires pour stabiliser l'esprit, et non comme une échappatoire à la discipline méditative.

• Le cerveau intensifie l'attention lorsqu'il est confronté à la nouveauté. Notez donc les qualités particulières de chaque respiration. Faites intervenir d'autres informations en prêtant attention aux détails, telles les sensations à différents points de la lèvre supérieure.

• Focalisez-vous sur les multiples sensations d'une vaste zone de votre corps, comme la poitrine. Ou notez les sensations de la respiration dans le corps entier, comme les mouvements subtils de vos hanches et de votre tête.

• Fractionnez le souffle pour qu'il y ait plus d'éléments à noter. L'inspiration, l'expiration, la petite pause entre les deux – nous en sommes déjà à trois. Vous pouvez même diviser encore un peu plus chaque inspiration et chaque expiration. (On peut appliquer des méthodes similaires à la méditation marchée et à d'autres pratiques.)

• Pratiquez la méditation marchée, qui stimule davantage que la position assise. Ou servez-vous de pratiques apparentées pour méditer, tels le yoga ou le tai-chi.

• Ouvrez-vous aux sentiments de plénitude et de satisfaction. Ils augmentent la stimulation et indiquent que vous êtes déjà complet, qu'il est inutile de chercher quoi que ce soit d'autre.

- La tonalité affective neutre n'est pas stimulante et pousse l'esprit à rechercher l'action. Observez comment réagit l'esprit face aux objets-de-l'esprit neutres et rendez-les plus stimulants en notant doucement « neutre ».

EXTASE ET JOIE

Examinons à présent les deux facteurs de concentration suivants : l'extase et la joie. Ces sentiments positifs contribuent à focaliser l'attention car ils se traduisent dans le cerveau par un apport élevé et continu de dopamine au substrat neuronal de la mémoire de travail. Comme nous l'avons vu dans le chapitre précédent, la porte de la mémoire de travail – donc du champ de la conscience – s'ouvre subitement en cas de baisse ou d'augmentation nettes de la dopamine. Un niveau de dopamine constamment élevé – provoqué par exemple par des sentiments positifs – prévient les chutes brutales. De même, quand les neurones qui libèrent la dopamine sont proches de leur taux de décharge maximal, ils peuvent difficilement provoquer de pics. Ainsi, plus vous éprouvez des sentiments agréables et intenses, plus la libération de dopamine est importante – et plus votre attention est focalisée.

En d'autres termes, que vous plongiez profondément dans la contemplation méditative ou que vous tentiez simplement de garder les yeux ouverts à une réunion l'après-midi, le bonheur peut véritablement vous aider. Pour ma part, j'ai constaté que l'intensification des émotions positives pendant la méditation était une pratique merveilleuse : on se sent formidablement bien, la concentration est accrue, et l'on éprouve un sentiment de bien-être prononcé tout au long de la journée.

Voici quelques moyens d'intensifier l'extase et la joie. Testez-les d'abord en méditant, puis dans des situations quotidiennes.

- Remarquez l'extase et la joie lorsqu'elles émergent d'elles-mêmes. Ouvrez-vous à elles et invitez-les à pénétrer en vous.
- Dites-vous : *Que vienne l'extase (la félicité). Que vienne la joie (le bonheur, la satisfaction, la tranquillité).* De manière détendue, souhaitez que l'extase et la joie apparaissent.
- Intégrez l'extase et la joie aux sensations du souffle. Laissez la félicité vous irriguer, laissez le souffle se calmer.
- Faites de l'extase et de la joie le nouvel objet de votre attention, puis absorbez-vous de plus en plus dans cet état d'être.
- La joie inclut le bonheur, la satisfaction et la tranquillité. Explorez-les tous. En particulier la tranquillité – un des sept facteurs d'éveil du bouddhisme –, qui mène également à la concentration. Cette sensation profonde de paix et de calme – à l'image d'une mare immobile et étale – mérite réellement d'être connue et cultivée.
- Soyez conscient des nuances entre extase, bonheur, satisfaction et tranquillité. Identifiez clairement chaque état afin de pouvoir l'invoquer par la suite. Avec le temps, il est naturel d'avoir de

plus en plus envie de s'éloigner de l'intensité de l'extase pour se rapprocher des récompenses plus subtiles, mais sublimes du bonheur, de la satisfaction et de la tranquillité.

• Essayez d'intensifier doucement ces états d'esprit, en les associant par exemple à une accélération subtile de la respiration. Un état se renforce naturellement pendant quelques secondes, parfois quelques minutes, puis s'apaise de nouveau. Vous pouvez alors recommencer l'opération.

• Quand vous méditez, il est souvent efficace de passer de l'extase au bonheur, puis à la satisfaction et à la tranquillité. Ensuite, quand la méditation s'achève, faites le chemin inverse en respectant chaque étape au lieu de sauter directement de la tranquillité à l'extase.

• De manière générale, l'idéal est d'activer suffisamment son esprit pour encourager ces différents états mentaux, mais de ne pas le surdiriger ni de s'attacher à un résultat particulier.

UNICITÉ DE L'ESPRIT

L'unicité de l'esprit implique l'unification de la conscience, de plus en plus absorbée dans l'objet d'attention. Les pensées sont réduites au minimum, et l'esprit est très stable. On se sent alors très présent, en proie à un sentiment croissant d'équanimité.

Cet état est sans doute associé aux ondes gamma mises en évidence chez les méditants expérimentés[3]. Lorsqu'un individu est plongé dans une méditation profonde, on constate à la fois une diffusion et un renforcement des ondes gamma, qui sous-tendent vraisemblablement l'expérience d'une conscience de plus en plus spacieuse et de plus en plus stable.

L'unicité de l'esprit tend à découler naturellement des quatre autres facteurs de concentration. Vous pouvez également l'encourager de plusieurs autres manières. Premièrement, comme nous l'avons déjà évoqué plus tôt, la conscience du corps entier stimule le traitement holistique de l'hémisphère droit, contribuant à unifier l'esprit. Pour l'expérimenter, commencez par percevoir la respiration dans son ensemble, puis étendez cette perception jusqu'à inclure le corps comme un tout unifié. Si l'expérience se désagrège, contentez-vous de la régénérer jusqu'à ce qu'elle soit plus stable. Deuxièmement, livrez-vous à l'instant présent tel qu'il est. Laissez tomber le passé et le futur : pour une fois, le temps de cette méditation, renoncez à l'inquiétude, aux projets et aux fantasmes. Entretenez une présence continue à l'ici-et-maintenant. Troisièmement, détendez autant que possible la sensation d'un « moi » personnel (nous traiterons ce sujet plus en détail au chapitre suivant). Trop de « je » finit par vous distraire et par vous séparer de la belle profondeur d'être qu'est l'unicité.

« S'il n'y a pas de calme,
Il n'y a pas de silence.
S'il n'y a pas de silence,
Il n'y a pas de vision profonde.
S'il n'y a pas de vision profonde,
Il n'y a pas de clarté. »

Tenzin PRIYADARSHI

MÉDITATION DE LA CONCENTRATION

Peu importe le point de départ, on peut toujours progresser en concentration. Comme un muscle, celle-ci se renforce à l'usage. Lorsque votre esprit vagabonde, comme il le fera inévitablement, essayez de ne pas vous critiquer : retournez simplement à la conscience de la respiration suivante. Comme le dit le professeur bouddhiste Joseph Goldstein : soyez détendu mais non désinvolte. Ce n'est pas ce qui s'est passé hier qui importe mais ce que vous faites *maintenant*. Vous pouvez toujours réappliquer votre attention au souffle et l'y maintenir. Vous pouvez toujours vous ouvrir à l'extase et à la joie. Et vous pouvez toujours basculer un peu plus dans l'unicité de l'esprit.

Le Bouddha a élaboré une sorte de carte routière de la pratique contemplative : stabiliser, unifier et focaliser l'esprit. Nous l'utiliserons pour nous guider dans la méditation suivante, qui fait appel aux aides à la pleine conscience et à la concentration décrites dans ce chapitre et dans les précédents. Il est également possible d'adapter ces instructions à d'autres méditations ou activités en pleine conscience.

MÉDITATION

Adoptez une posture confortable, à la fois détendue et vigilante. Fermez les yeux ou laissez-les ouverts, le regard vague dirigé un mètre environ devant vous.

Soyez conscient des bruits qui vont et viennent. Conscient des sensations dans votre corps.

Conscient des pensées et des sentiments. Notez tout ce qui est particulièrement distrayant. Soyez conscient de cette distraction pendant quelque temps, puis voyez si vous pouvez vous centrer sur la respiration.

Établissez une intention pour votre méditation, peut-être avec des mots, peut-être sans mot. Imaginez que vous êtes quelqu'un de très concentré, une personne que vous connaissez ou une figure historique à l'image du Bouddha.

Détendez-vous complètement. Inspirez profondément puis expirez pleinement, en sentant la tension quitter votre corps. Soyez conscient des sensations internes du souffle : l'air frais qui pénètre et l'air chaud qui sort, la poitrine et le ventre qui s'élèvent et retombent. Ne tentez en aucune façon de contrôler la respiration, acceptez-la simplement telle qu'elle est. Restez conscient du souffle tout au long de la méditation, en l'utilisant comme une sorte d'ancre.

Sentez-vous autant que possible en sécurité.

Vous êtes dans un cadre protégé, fort à l'intérieur de vous-même, capable de relâcher la vigilance et d'amener l'attention en vous.

Témoignez-vous de la compassion. Invoquez également d'autres sentiments positifs, y compris des sentiments doux, comme la gratitude.

Sentez les bienfaits de cette méditation pénétrer en vous, vous nourrir et vous aider, sentez votre esprit et votre cerveau s'incliner doucement dans une direction toujours plus saine.

Pendant les cinq minutes ou plus à venir, essayez de rester présent à chaque respiration, du début à la fin. Imaginez qu'un petit gardien surveille votre attention et vous prévient immédiatement si votre esprit se met à vagabonder. Livrez-vous à chaque respiration et abandonnez tout le reste. Lâchez le passé, lâchez le futur et soyez présent à chaque moment.

Repérez un endroit où les sensations physiques de la respiration sont importantes : la poitrine ou la lèvre supérieure. Au début de chaque inspiration, appliquez l'attention à ces sensations. Puis maintenez l'attention du début à la fin. Soyez conscient de l'intervalle qui sépare l'inspiration de l'expiration. Puis appliquez l'attention à l'expiration et maintenez-la.

Si c'est utile, vous pouvez compter doucement les respirations dans votre tête, de 1 à 10, en reprenant au début si vous perdez le fil. Ou observer doucement le souffle : « Inspiration/Expiration ». Une fois la concentration approfondie, laissez ces mots se dissiper.

Livrez-vous à la respiration, en renonçant à tout le reste, le temps de cette méditation. Soyez conscient des sensations de chaque souffle. En inspirant, sachez que vous inspirez. En expirant, sachez que vous expirez.

Prenez conscience de tout sentiment d'extase ou de joie. Ouvrez-vous à eux et invitez-les à pénétrer en vous. Déplacez quelque temps votre attention sur eux. Que la félicité puisse apparaître. Autant que possible, intensifiez les sentiments d'extase et

*de joie. Respirez par exemple un peu plus rapi-
dement. Si vous éprouvez des accès de félicité,
laissez-les traverser votre corps.*

*Vous vous sentez très heureux, très satisfait,
très tranquille. Explorez les qualités propres de
l'extase, du bonheur, de la satisfaction et de la
tranquillité. Soyez de plus en plus absorbé dans
ces états.*

*Insufflez de l'extase et de la joie dans votre
souffle, en approfondissant un peu plus votre
concentration, en stabilisant réellement votre
esprit.*

*Votre esprit devient très calme. L'attention est
absorbée principalement dans un objet, comme
les sensations du souffle au niveau de la lèvre
supérieure. Peu de pensées verbales apparaissent
et elles passent rapidement. Il y a une grande
tranquillité. Il y a une conscience de la respiration globale, toutes les sensations de la respiration unifiées en un tout. Puis une conscience du
corps dans son ensemble. Sentez le corps entier
bouger légèrement avec la respiration. Vous ne
bougez pas pour saisir ou fuir ce qui traverse
l'esprit. Si quelque chose semble sur le point de
perturber la paix, laissez passer et détendez-vous
dans le calme.*

*Votre esprit accède à l'unicité. Il y a la
conscience du corps entier, de l'expérience
entière. Peu de pensées, peut-être aucune. L'impression de frontières et de barrières qui tombent
dans votre esprit. Aucune résistance à quoi que
ce soit. Relâchez tout. Vous sentez votre esprit*

s'unifier et se renforcer de plus en plus. Que l'unicité puisse apparaître.

Laissez survenir des états d'esprit d'une plénitude et d'une profondeur peut-être inhabituelles. Relâchez toute pensée. Installez-vous plus profondément dans la respiration, en vous unissant à la respiration. Vous absorber dans la respiration est de plus en plus naturel. Rien à atteindre, rien à être. Laissez la vision profonde apparaître, en pénétrant l'expérience, l'esprit et le monde. De petits vestiges de désir irrépressible se détachent. Vous êtes serein et libre.

Quand vous le souhaitez, mettez progressivement fin à la méditation. Revenez doucement de là où vous êtes, passez par la tranquillité, la satisfaction, le bonheur, l'extase, pour parvenir enfin à un état d'esprit plus quotidien. Prenez votre temps.

Soyez doux avec vous-même.

Puissent cette sérénité et cette stabilité de l'esprit pénétrer votre être et devenir une partie de vous-même. Puissent-elles vous nourrir, ainsi que tous ceux qui vous entourent.

• La pleine conscience mène à la sagesse, et la méditation est le meilleur moyen de la développer.

• En plus de ses bienfaits en termes de productivité, d'apprentissage et de santé, la méditation concentre l'esprit pour la pratique contemplative. Elle favorise la vision profonde et libératrice des origines de la souffrance, mais également du bonheur et de la paix.

• Dans le bouddhisme, cinq facteurs traditionnels stabilisent l'esprit : l'attention appliquée, l'attention soutenue, l'extase, la joie et l'unicité de l'esprit. Nous avons examiné de nombreuses façons de renforcer leurs substrats neuronaux.

• Nous avons traité des difficultés de l'attention appliquée et soutenue à travers trois aspects : maintenir l'attention sur son objet, filtrer les distractions et gérer le désir de stimulations.

• L'extase et la joie focalisent l'attention en provoquant une élévation prolongée des taux de dopamine. La porte de la mémoire de travail se trouve ainsi fermée, et vous pouvez vous absorber de plus en plus dans le paysage intérieur.

• L'unicité de l'esprit est probablement favorisée par la synchronisation d'ondes gamma dans de vastes aires cérébrales. On peut encourager cet état par les quatre autres facteurs de concentration, mais également en prenant conscience du corps entier, en se livrant au moment présent et en détendant le sentiment du moi.

13

Relâcher le soi

*Étudier la Voie, c'est s'étudier soi-même.
S'étudier soi-même, c'est s'oublier soi-même.
S'oublier soi-même, c'est être illuminé par toutes choses.*

Dogen

Venons-en à présent au soi apparent, la source peut-être la plus importante de souffrances – qu'il s'agit donc de traiter avec une sagesse particulière.

Examinez votre propre expérience. Que se passe-t-il quand vous recherchez l'approbation ou que vous prenez les choses « pour vous » ? Vous souffrez. Quand vous vous identifiez à elles en tant que « moi » ou que vous tentez de les posséder en tant que « mien », vous vous exposez à la souffrance, puisque toute chose est fragile et vouée inévitablement à prendre fin. Quand vous vous différenciez des autres et du monde en tant que « je », vous vous sentez distinct et vulnérable – et vous souffrez.

En revanche, quand vous lâchez la subtile sensation de contraction au cœur du « moi » – quand vous êtes immergé dans le flux de la vie plutôt que distinct de lui, quand l'ego et l'égotisme se retirent à l'arrière-plan –, vous vous sentez plus serein et plus épanoui. Vous avez peut-être vécu déjà cette expérience sous un ciel étoilé, au bord de la mer ou à la naissance d'un enfant. Paradoxalement, moins votre « je » est présent, plus vous êtes heureux. Ou, comme les moines bouddhistes et les condamnés à mort le disent parfois : « Pas de soi, pas de problème. »

À un moment ou à un autre de notre vie, nous nous posons tous la même question : « Qui *suis*-je ? » Et personne n'a vraiment la réponse. Le soi est un sujet délicat – en particulier quand c'est le sujet même qui se considère comme objet ! Commençons donc par ancrer ce concept volatil dans une activité expérimentale : en emmenant son corps en promenade. Nous analyserons ensuite la nature du soi dans le cerveau, avant d'examiner des méthodes destinées à détendre et à libérer le « self-ing[*] » afin de se sentir plus confiant, plus serein et uni à toute chose. (Pour plus d'informations sur ce sujet profond, qui dépasse le cadre d'un seul chapitre, voir *Living Dhamma* d'Ajahn Chah, *The Book : On the Taboo against Knowing Who You Are* d'Alan Watts, *I Am That : Talks with Sri Nisargadatta Maharaj*, ou *The Spiritual Teachings of Ramana Maharshi*.)

---

[*] Selfing : processus continuel d'élaboration du moi. (*N.d.T.*)

PROMENER SON CORPS

Essayez de réaliser cet exercice en éprouvant un sentiment de « soi » aussi réduit que possible.

Si vous ressentez la moindre gêne, focalisez votre attention sur des sensations physiques élémentaires, comme celles des pieds ou des mains.

EXERCICE

Détendez-vous. Soyez conscient de votre corps qui respire.

Établissez l'intention de relâcher le soi autant que possible et voyez l'effet produit.

Soyez conscient de la respiration. Soyez la respiration. Il n'y a rien d'autre à faire. Le soi n'a rien d'autre à faire.

Sentez-vous autant que possible en sécurité. Laissez tomber toute sensation de danger ou d'aversion. Il est inutile de mobiliser le soi pour vous protéger.

Sentez la paix s'élever et retomber avec chaque respiration. Le soi n'a pas besoin de s'accrocher aux sensations plaisantes.

Relâchez tout contrôle de la respiration. Laissez le corps gérer la respiration, comme il le fait naturellement pendant le sommeil.

La respiration n'est pas interrompue. La conscience n'est pas interrompue. La conscience est spacieuse, et la sensation de soi, réduite. La conscience est paisible et agréable, le soi, inutile. La conscience et le monde ne sont pas interrompus et s'en sortent très bien sans le soi.

Déplacez lentement le regard autour de vous. Ce qui est vu n'a besoin d'aucun soi pour être reçu.

Faites de petits mouvements, sans qu'ils soient dirigés par un soi. Un doigt bouge légèrement, le poids se déplace sur la chaise. Les intentions entraînent ces mouvements, mais aucun « je » n'a besoin de les guider.

Mettez-vous doucement debout sans que le soi guide le mouvement. Il y a la conscience de l'être debout, mais un soi est-il nécessaire ici ?

Remuez un peu en restant debout. Les perceptions et les mouvements se produisent sans avoir besoin d'être possédés ou dirigés.

Puis promenez-vous, lentement ou rapidement. Sans qu'un soi intervienne. Les perceptions et les mouvements se produisent sans que quiconque s'identifie à ces expériences. Consacrez-y quelques minutes.

Au bout de quelque temps, rasseyez-vous. Demeurez dans le souffle, simplement présent, conscient. Les pensées consacrées à soi ou façonnées par le « je » ne sont que des contenus de la conscience comme les autres : elles n'ont rien de particulier.

Détendez-vous et respirez. Les sensations et les sentiments ne sont que des contenus de la conscience qui s'élèvent et se dissipent. Le soi

> *s'élève et se dissipe également dans la conscience,*
> *sans que cela pose problème. Laissez juste le soi*
> *aller et venir à sa guise. Aucun problème.*
>
> *Détendez-vous et respirez. Voyez ce qui est*
> *présent lorsque le soi est absent.*
>
> *Détendez-vous et respirez. Il n'y a pas le*
> *moindre problème.*

Réflexions

Vous aurez peut-être un peu de mal à réintégrer le monde de la pensée verbale. Tout en lisant ces lignes, essayez de comprendre les mots sans qu'un soi intervienne dans la compréhension. Notez que l'esprit peut très bien accomplir ses fonctions sans être dirigé par un soi.

Pour revenir à l'exercice précédent :

• Comment avez-vous perçu le soi, le « je » ou le « mien » ? Quel est l'effet du soi ? Est-ce une expérience agréable ou désagréable ? L'expansion de soi correspond-elle à une sensation de contraction ?

• Est-il possible de pratiquer un grand nombre d'activités mentales et physiques en limitant le sentiment de soi ?

• Le soi était-il toujours identique, ou différents aspects apparaissaient-ils au premier plan à différents moments ? L'intensité du soi changeait-elle également – le sentiment du « je » était-il parfois fort et parfois plus subtil ?

• Qu'est-ce qui a amené le soi à changer ? Quels effets provoquaient la peur, la colère, ou même d'autres pensées liées au danger ? Quels effets provoquaient le désir ou d'autres pensées liées à des opportunités ? Quels effets provoquaient les gens rencontrés ou imaginés ? Le soi a-t-il une existence indépendante, ou apparaît-il et change-t-il selon les circonstances ?

LE SOI DANS VOTRE CERVEAU

Les expériences de soi que vous venez de vivre – le fait qu'il ait de multiples aspects, qu'il ne soit qu'une partie d'une personne, qu'il change en permanence et varie selon les circonstances – dépendent de substrats physiologiques situés dans le cerveau. Les pensées, les sentiments, les images, etc., sont des schémas d'informations représentés par des schémas de structure et d'activité neuronales. De la même manière, les différents aspects du soi apparent – et la sensation intime et puissante *d'être* un soi – existent sous forme de schémas dans l'esprit et le cerveau. L'essentiel n'est pas de savoir si ces schémas existent. Les vraies questions sont : Quelle est leur *nature* ? Ce que semblent représenter ces schémas – un « je » qui serait le propriétaire unifié et continu d'expériences et l'agent d'actions – existe-t-il réellement ? Ou bien, telle une licorne, le soi est-il un être mythique dont il existe des représentations mais qui demeure en réalité imaginaire ?

Le soi a de multiples aspects

Les nombreux aspects du soi relèvent de structures et de processus répartis dans le cerveau et dans le système nerveux, et ancrés dans les interactions du corps avec le monde. Les chercheurs classent ces facettes, et leurs fondements neuronaux, de diverses manières. Par exemple, il est probable que le *soi réflexif* (« Je résous un problème ») émane principalement de connexions neuronales du cortex cingulaire antérieur, du cortex préfrontal supéro-externe (supérieur-extérieur) et de l'hippocampe. Le *soi émotionnel* (« Je suis contrarié ») vient de l'amygdale, de l'hypothalamus, du *striatum* (qui fait partie des ganglions de la base) et du tronc cérébral supérieur[1]. D'autres parties de votre cerveau servent à distinguer votre visage sur les photos de groupe, à connaître votre personnalité, à éprouver un sentiment de responsabilité ou à considérer les situations de votre point de vue plutôt que de celui d'un autre[2].

Le *soi autobiographique*[3] englobe le soi réflexif et une partie du soi émotionnel, et donne l'impression d'un « je » doté d'un passé et d'un avenir uniques. Le *soi-noyau* implique la sensation sous-jacente et essentiellement non verbale d'un « je » sans grands repères passés ou futurs. Si le cortex préfrontal – où se trouve l'essentiel du substrat neuronal du soi autobiographique – est lésé, le soi-noyau demeure mais sans véritable impression de continuité avec le passé ou le futur. En revanche, si les structures subcorticales et du tronc cérébral dont dépend le soi-noyau sont endommagées, le soi-noyau et le soi autobiographique disparaissent, ce qui laisse penser que le fondement neuronal et mental du soi autobiographique est le soi-noyau[4]. Quand votre esprit est très calme, le soi autobiographique semble en grande partie absent, ce qui correspond vraisemblablement à une désactivation relative de son substrat neuronal. Les méditations qui apaisent l'esprit, à l'image des pratiques de concentration que nous avons examinées dans le chapitre précédent, améliorent le contrôle conscient de ce processus de désactivation.

Le *soi-comme-objet* apparaît lorsqu'on pense délibérément à soi-même – « Ai-je envie de cuisine chinoise ou italienne ce soir ? Pourquoi suis-je si indécis ? » – ou lorsque des associations à soi apparaissent spontanément dans la conscience. Ces représentations du « moi » font partie d'un scénario qui relie des clichés momentanés du soi en une sorte de film apparemment cohérent au fil du temps[5]. L'autoréférence narrative dépend des structures corticales médianes[6], mais également de la jonction des lobes temporaux et pariétaux et de l'extrémité postérieure du lobe temporal[7]. Ces régions cérébrales exercent aussi de nombreuses autres fonctions (par exemple penser à d'autres personnes, évaluer), de sorte qu'il est impossible de dire qu'elles sont spécifiquement liées au soi[8]. Les représentations du soi les traversent comme d'autres contenus mentaux, s'entremêlant telles des brindilles et des feuilles dans un cours d'eau, apparemment sans statut neurologique particulier.

Plus fondamentalement, le *soi-comme-sujet* correspond au sentiment élémentaire d'être l'expérimentateur d'expériences. La conscience possède une subjectivité inhérente, un positionnement par rapport à une perspective particulière (par exemple par rapport à mon corps plutôt qu'au vôtre). Ce positionnement est ancré dans la relation entre le corps et le monde. Ainsi, lorsque vous tournez la tête pour parcourir une pièce du regard, ce que vous voyez est précisément lié à vos mouvements. Le cerveau passe en revue d'innombrables expériences afin de trouver le trait commun : l'expérimentation dans un corps particulier. En effet, la subjectivité naît de la distinction intrinsèque entre ce corps-*ci* et ce monde-*là*. Au sens le plus large, la subjectivité est générée par le cerveau, mais également par les interactions continuelles entre le corps et le monde[9].

Puis le cerveau passe en revue des moments de subjectivité pour créer un sujet apparent qui – au cours du développement, de l'enfance à l'âge adulte – est élaboré et stratifié grâce à la maturation cérébrale, notamment de régions du cortex préfrontal[10]. Mais il n'y a pas de sujet *intrinsèque* dans la subjectivité. Dans les pratiques méditatives avancées, on trouve une pure conscience sans sujet[11]. La conscience exige de la subjectivité, mais non de sujet.

En résumé, d'un point de vue neurologique, le sentiment quotidien d'être un soi unifié est une parfaite illusion : le « je » en apparence cohérent et solide est en réalité une construction de nombreux sous-systèmes et sous-sous-systèmes, dénuée de centre fixe, et l'impression fondamentale qu'il existe un sujet d'expériences est fabriquée à partir d'une myriade de moments de subjectivité disparates.

Le soi n'est qu'une partie de la personne

Ce que l'on appelle une *personne* est un corps-esprit global, un système autonome et dynamique dépendant de la culture humaine et du monde naturel[12]. Vous êtes une personne, et j'en suis une. Les personnes ont une histoire, des valeurs et des projets. Elles sont moralement responsables et récoltent ce qu'elles sèment. La personne existe aussi longtemps que le corps est en vie et que le cerveau est raisonnablement intact. Mais, comme nous l'avons constaté, les contenus mentaux liés au soi n'ont pas de statut neurologique particulier et appartiennent simplement au flux continu de l'activité mentale. Quel que soit l'aspect du soi momentanément actif, il n'engage qu'une petite fraction des nombreux réseaux cérébraux[13]. Même les aspects du soi stockés dans la mémoire implicite et explicite n'occupent qu'une part de l'entrepôt où le cerveau conserve les informations sur le monde, le traitement perceptuel, l'action judicieuse, etc. Le soi n'est qu'une partie de nous.

De plus, nous pouvons fonctionner en grande partie sans être dirigés par un « je ». Par exemple, la plupart de nos pensées surgissent sans que nous les façonnions de manière délibérée. Nous nous livrons tous régulièrement à de nombreuses activités mentales et physiques sans qu'intervienne un « je ». En fait, souvent, moins il y a de soi, et mieux c'est : notre efficacité à la tâche et notre fonctionnement émotionnel s'en trouvent améliorés[14]. Même lorsqu'on a l'impression que le soi prend une décision consciente, ce choix est souvent le résultat de facteurs inconscients[15].

Mais, surtout, la conscience n'a pas besoin d'un soi pour fonctionner. Les aspects du soi apparaissent et se dissipent dans la conscience, mais celle-ci demeure indépendante des vicissitudes du soi. Pour vous en rendre compte, soyez attentif aux premières secondes pendant lesquelles vous entendez ou voyez quelque chose de nouveau. Au début, ce n'est souvent qu'une pure perception qui se cristallise en conscience, indépendamment d'un être, d'un « je » qui la perçoit. Puis on observe généralement un sentiment croissant du soi lié à la perception, en particulier si elle a un sens particulier à nos yeux. Mais il apparaît tout de suite que la *conscience peut faire son travail sans sujet*. Nous présumons systématiquement qu'il existe un sujet car la conscience implique la subjectivité et que le cerveau, comme nous l'avons vu plus haut, passe en revue des moments de subjectivité pour trouver un sujet apparent. Mais la subjectivité est simplement un moyen de structurer l'expérience. Ce n'est pas une entité, un être fantomatique qui regarde avec nos yeux. En fait, en observant sa propre expérience, on voit que le soi – le sujet apparent – entre souvent en jeu après coup. À de nombreux égards, le soi ressemble à quelqu'un qui court derrière une procession déjà en route en criant continuellement : « Voyez ce que j'ai créé ! »

Le soi change sans arrêt

Certaines parties du soi s'avancent puis cèdent la place à d'autres parties, comme les assemblages neuronaux momentanés dont elles dépendent. Si les flux d'énergie de ces assemblages pouvaient être vus comme un jeu de lumières, un spectacle extraordinaire aurait lieu en permanence dans votre tête. Dans le cerveau, *chaque manifestation du soi est impermanente*. Le soi est sans arrêt construit, déconstruit et reconstruit.

Si le soi semble cohérent et continu, c'est grâce à la façon dont l'expérience conscience est produite par le cerveau : imaginez un millier de photographies superposées les unes sur les autres, chacune prenant quelques secondes pour devenir une image claire puis s'effacer. Cette construction composite de l'expérience crée une illusion d'intégration et de continuité, comme vingt-quatre photogrammes statiques par seconde créent l'apparence du mouvement dans un film. Par conséquent, nous ne vivons pas le « maintenant » comme une mince tranche de temps dans laquelle chaque cliché d'expérience apparaît nettement puis cesse brusquement, mais comme un intervalle mouvant d'environ une à trois secondes, qui devient flou et s'efface à chacune de ses extrémités[16].

Le problème est moins l'existence du soi que le « selfing ». Comme l'a déclaré Buckminster Fuller : « "Je" semble être un verbe. »

Le soi dépend des circonstances

À tout moment, les parties du soi présentes dépendent de nombreux facteurs, y compris de l'héritage génétique, de l'histoire personnelle, du tempérament et des circonstances. En particulier, le soi est très lié à la tonalité affective de l'expérience. Lorsque celle-ci est neutre, le soi tend à s'effacer à l'arrière-plan. Mais, aussitôt qu'apparaît un élément résolument agréable ou désagréable – par exemple un courriel intéressant ou une douleur physique –, le soi se mobilise parallèlement à la cascade de processus qui va de la tonalité affective à l'attachement, en passant par le désir irrépressible. Le soi s'organise autour de désirs forts. Qu'est-ce qui vient en premier : est-ce le « je » qui crée un désir ? Ou est-ce le désir qui crée un « je » ?

Le soi est aussi largement dépendant du contexte social. Promenez-vous tranquillement : le sentiment de soi est souvent peu présent. Mais, si vous tombez sur une vieille connaissance, en l'espace de quelques secondes de nombreuses parties du soi se manifestent : des souvenirs d'expériences partagées peuvent survenir – ou vous vous demandez quelle allure vous avez.

Le soi ne se met jamais en avant tout seul. Pour commencer, il s'est développé au cours de millions d'années, façonné par les méandres de l'évolution[17]. Aujourd'hui, à tout moment, il surgit grâce à des activités neuronales liées à d'autres systèmes corporels, eux-mêmes tributaires d'un réseau de facteurs, depuis un magasin d'alimentation jusqu'aux constantes physiques en apparence arbitraires, mais en réalité remarquablement prévoyantes, de cet univers, qui permettent les conditions de la vie, telles les étoiles, les planètes et l'eau. *Le moi n'a pas d'existence intrinsèque, incon-*

ditionnelle et absolue en dehors du réseau de causes qui le génèrent[18].

Le soi est comme une licorne

Les représentations liées au soi abondent dans l'esprit, donc dans le cerveau. Ces schémas d'informations et d'activité neuronale sont certainement réels. Mais ce qu'ils désignent, explicitement ou implicitement – un « je » unifié, durable et indépendant qui serait le propriétaire d'expériences et l'agent d'actions – n'existe tout simplement pas. Dans le cerveau, les activités liées au soi sont distribuées et composées, non unifiées. Elles sont variables et transitoires, non durables. Et elles varient en fonction des circonstances, y compris des interactions du corps avec le monde. Le fait que nous ayons le sentiment d'avoir un soi ne signifie pas que nous ayons un soi. Le cerveau relie des moments hétérogènes de self-ing et de subjectivité pour former une illusion de cohérence et de continuité. En réalité, ce « moi » est un personnage de fiction. Parfois, il est utile d'agir comme s'il était réel, comme nous le verrons plus bas. Jouez au « moi » quand vous en avez besoin. Mais tâchez de ne pas oublier que ce que vous êtes en tant que personne – liée de manière dynamique au monde – est plus vivant, plus intéressant, plus compétent et plus remarquable que n'importe quel soi.

UN SOI (APPARENT) A SON UTILITÉ

Un soi apparent a parfois du bon. Il permet de distinguer les personnes, relie les expériences kaléidoscopiques de la vie (qui semblent survenir à un « moi » particulier) et pimente les relations – « Je t'aime » est une déclaration beaucoup plus forte que « Il y a de l'amour ici ».

Le sentiment du soi est discrètement présent chez l'enfant dès la naissance[19] et se développe considérablement jusqu'à l'âge de cinq ans. Si ce n'est pas le cas, de sérieux problèmes relationnels apparaissent. Les processus liés au soi ont de bonnes raisons d'être raccordés dans le cerveau. Ils ont aidé nos ancêtres à trouver leur place dans des communautés de chasseurs-cueilleurs de plus en plus socialisées, où les dynamiques interpersonnelles avaient un rôle important pour la survie : percevoir le soi des autres et exprimer habilement le sien permettait de former des alliances, de s'accoupler et de maintenir ses enfants en vie. L'évolution des relations a entraîné l'évolution du soi, et vice versa. Les bénéfices du soi ont donc été un facteur de l'évolution du cerveau. Le soi s'est mêlé à l'ADN humain grâce à des avantages reproductifs lentement accumulés sur cent mille générations.

Il n'est pas question de défendre ou de justifier le soi. Mais il ne serait pas non plus judicieux de le rabaisser ou de le supprimer. Contentez-vous de ne pas en faire une affaire – il s'agit simplement d'un schéma mental qui n'est ni foncièrement différent ni meilleur que les autres objets-de-l'esprit. Les méthodes suivantes permettent de ne pas résister au soi ou de ne pas en faire un problème. L'objectif est de le voir tel qu'il est et de l'encourager à se détendre, à se dissiper telle la brume matinale à la chaleur du soleil. Et que reste-t-il sans le « moi » ? L'espace, la sagesse, les valeurs et les vertus sincères, et une douce joie chaleureuse.

S'AFFRANCHIR DE L'IDENTIFICATION

Le soi se développe notamment en s'assimilant aux choses – en s'identifiant à elles. Malheureusement, lorsque vous vous identifiez à quelque chose, vous liez votre destin au sien – et, pourtant, tout en ce monde est voué à prendre fin. Surveillez donc votre tendance à vous identifier à des points de vue, à des objets ou à des gens. Une des techniques consiste à se poser le genre de questions suivantes : *Suis-je cette main ? Suis-je cette croyance ? Suis-je ce sentiment du « je » ? Suis-je cette conscience ?* Vous pouvez enchaîner sur une réponse explicite, telle que : *Non, je ne suis pas cette main.*

Veillez en particulier à ne pas vous identifier aux fonctions de direction (surveillance, planification, sélection, etc.). Notez que votre cerveau est capable de bâtir des projets et de faire des choix *sans* implication excessive du « je », comme c'est le cas lorsque vous conduisez pour aller au travail. Veillez aussi à ne pas vous identifier à la conscience : laissez-la apparaître sans éprouver le besoin de vous assimiler à elle ou de la diriger.

Considérez le « je-moi-mien » et d'autres formes de soi comme de simples objets-de-l'esprit parmi d'autres – des pensées comme les autres. Souvenez-vous : *Je ne suis pas mes pensées. Je ne suis pas ces pensées du « je ».* Ne vous identifiez pas au soi ! N'abusez pas des mots du soi (« je », « moi », « moi-même » ou « mien »). Essayez de passer un certain temps – par exemple une heure au travail – sans les utiliser.

Laissez les expériences traverser la conscience sans vous identifier à elles. Si cette position était verbalisée, elle donnerait à peu près ceci : *Le voir se produit. Il y a des sensations. Des pensées apparaissent. Un sentiment de moi émerge.* Bougez, planifiez, ressentez et parlez en laissant le moins de place possible à l'idée d'un soi.

Étendez cette vigilance aux minifilms diffusés dans le simulateur de votre esprit. Notez que l'idée de soi est enracinée dans la plupart de ces clips, y compris lorsqu'il n'a pas un rôle à part entière. Cet enracinement renforce le soi quand les neurones déchargent et se raccordent ensemble au cours de vos simulations. Cultivez plutôt l'idée générale, également applicable aux minifilms, selon laquelle les événements peuvent être perçus du point de vue d'un corps-esprit particulier sans qu'un « je » soit nécessairement en charge de la perception.

GÉNÉROSITÉ

Le soi se développe également par la possessivité. Il est comme un poing serré : lorsque vous ouvrez la main pour donner, il n'y a plus de poing – plus de soi.

Toutes les occasions de donner dans cette vie sont autant d'opportunités de s'affranchir de soi. On peut offrir du temps, de l'aide, de l'argent, de la modération, de la patience, de la non-rivalité et du pardon. Toute forme de service – y compris prendre soin des autres, fonder une famille et un grand nombre de professions – implique la générosité.

L'envie – et sa proche cousine, la jalousie – est un obstacle majeur à la générosité. Percevez donc la souffrance dans l'envie, dans le mal qu'elle *vous* inflige. En fait, l'envie active une partie des réseaux neuronaux intervenant dans la douleur physique[20]. En faisant preuve de compassion et de bienveillance, souvenez-vous que vous irez bien, même si d'autres ont la célébrité, la richesse et un partenaire idéal – et que ce n'est pas votre cas. Pour vous libérer des griffes de l'envie, pratiquez la compassion et l'amour bienveillant. Un jour, au cours d'une retraite méditative, alors que j'enviais des gens, je me suis senti étonnamment serein en leur destinant ce vœu : *Puissiez-vous avoir tout le succès qui me manque.*

Observez également les perceptions, les pensées, les émotions et les autres objets-de-l'esprit, et demandez-vous : *Est-ce qu'ils ont un propriétaire ?* Puis observez la vérité des choses : *Ils n'ont pas de propriétaire.* Vouloir posséder l'esprit est une démarche stérile : l'esprit n'appartient à personne.

UNE SAINE HUMILITÉ

Mais, surtout, le soi se développe par l'égotisme. Son antidote est une saine humilité. Être humble, c'est être naturel et modeste, ce n'est *pas* être un paillasson, se sentir honteux ou inférieur. C'est simplement ne pas se placer au-dessus des autres. L'humilité apporte la sérénité : vous n'avez pas à chercher à impressionner les gens, et, par conséquent, personne ne vous reproche d'être prétentieux ou enclin au jugement.

Soyez bon envers vous-même

Paradoxalement, l'humilité est renforcée lorsqu'on prend soin de soi-même, puisque les réseaux cérébraux du soi s'activent lorsqu'on se sent menacé ou privé de soutien. Pour réduire cette activation, assurez-vous que vos besoins fondamentaux sont satisfaits. Par exemple, nous aspirons tous à nous sentir aimés. L'empathie, les compliments et l'amour que l'on reçoit – en particulier dans l'enfance – sont intériorisés dans des réseaux neuronaux qui contribuent aux sentiments de confiance et de valorisation. Lorsqu'on en a manqué au fil des ans, on peut finir avec un trou au cœur.

Le soi s'affaire autour de ce trou ! Il tente de le dissimuler derrière le couvercle de la suffisance ou de se « shooter » momentanément à l'attachement. En plus d'agacer les autres – donc de vous priver plus que jamais d'empathie, de compliments et d'amour –, ces stratégies sont vaines, puisqu'elles n'abordent pas la question essentielle.

Comblez plutôt le trou de votre cœur en vous imprégnant de ce qui est bon (voir chapitre 4), une brique après l'autre. Quand j'étais plus jeune, j'avais l'impression d'avoir dans le cœur un trou au moins aussi grand que les fondations d'un gratte-ciel. Quand j'ai compris qu'il devait et *pouvait* être comblé, j'ai cherché délibérément des preuves de ma valeur (comme l'amour et le respect des autres), j'ai souligné mes qualités et mes réalisations. Et j'ai pris quelques secondes pour m'imprégner de cette expérience. Au bout de plusieurs semaines, après avoir posé de nombreuses briques, j'ai commencé à me sentir différent : en l'espace de quelques mois, il y avait un sentiment important de valeur personnelle. Aujourd'hui, des années et des milliers de briques plus tard, ce trou a beaucoup rétréci.

Peu importe la taille du trou dans votre cœur, chaque jour vous offre au moins quelques briques pour le combler. Soyez attentif à ce qu'il y a de bon en vous, mais également à l'affection et à la reconnaissance des autres – puis imprégnez-vous-en. Une seule brique n'en viendra jamais à bout. Mais, en persistant, jour après jour, brique après brique, vous y parviendrez.

Comme de nombreuses pratiques, la bienveillance envers soi-même est une sorte de radeau permettant de traverser le fleuve de la souffrance – pour reprendre une métaphore du Bouddha. Lorsque vous atteindrez l'autre rive, vous n'aurez plus besoin de l'embarcation. Vous aurez si bien étayé vos ressources internes que vous ne chercherez plus à prouver votre valeur.

Laissez les autres penser
ce qu'ils veulent de vous

Au cours de l'évolution, nous en sommes venus à nous soucier énormément de notre réputation, qui déterminait la place et les chances de survie de chacun au sein du groupe[21]. Il est parfaitement humain de vouloir être respecté, même aimé. Mais il ne s'agit pas d'être prisonnier de ce que les autres pensent de soi. Comme l'a déclaré Shantideva[22] :

Pourquoi devrais-je me réjouir des louanges d'autrui,
Quand d'autres me mépriseront et me critiqueront ?
Et pourquoi m'offenser des reproches,
Quand d'autres penseront du bien de moi ?

Songez au temps que vous passez à penser – y compris de la manière la plus subtile, dans un recoin du simulateur – à ce que les autres pensent de vous. Veillez à ne rien faire dans le but de récolter l'admiration et les compliments. Essayez simplement de faire de votre mieux. Pensez à la vertu, à la bienveillance et à la sagesse : tout ce que vous pouvez, c'est tenter sincèrement de vous laisser guider par elles. Et c'est déjà beaucoup !

Inutile de chercher à être spécial

Croire qu'il faut avoir quelque chose de spécial pour mériter l'amour et le soutien des autres revient à placer la barre très haut et à s'imposer un grand nombre d'efforts et de tensions pour la franchir – jour après jour. C'est aussi le meilleur moyen de s'exposer à l'autocritique et à des sentiments dévalorisants si vous n'obtenez pas la reconnaissance ardemment désirée. Prononcez plutôt les phrases suivantes : *Que je sois aimé sans être spécial. Que j'apporte ma contribution sans être spécial.*

Songez à renoncer à être spécial – y compris important et admiré. La renonciation est l'antithèse de l'attachement, donc une voie radicale du bonheur. Prononcez les phrases suivantes en silence et notez l'effet produit : *Je renonce à être important. Je renonce à chercher l'approbation.* Sentez la paix qui émane de la renonciation.

Aimez *celui* ou *celle* que vous êtes, comme si vous vous préoccupiez d'une personne qui vous est chère. Mais n'aimez pas le *soi* ou tout autre objet-de-l'esprit.

UNI AU MONDE

Le sentiment de soi grandit lorsque vous vous distinguez du monde. À l'inverse, approfondir la sensation de connexion permet de le réduire.

Pour vivre, pour métaboliser, le corps doit être uni au monde par des échanges continus d'énergie et de matière. De la même manière, le cerveau n'est pas fondamentalement distinct du reste du corps qui le nourrit et le protège. Votre cerveau est donc uni au monde[23]. Et, comme nous l'avons constaté à de nombreuses reprises, l'esprit et le cerveau forment un système intégré. Par conséquent, l'esprit et le monde sont intimement liés :

Vous pouvez contribuer à approfondir cette prise de conscience de différentes manières :

- Réfléchissez aux flux d'aliments, d'eau et de lumière qui nourrissent votre corps. Considérez-vous comme n'importe quel autre animal dépendant du monde naturel. Passez du temps au contact de la nature.
- Soyez attentif à la dimension *spatiale* de votre environnement, par exemple le volume d'air vide dans votre salon, ou l'espace occupé par les voitures lorsque vous allez au travail. C'est un moyen de sensibiliser naturellement la conscience aux choses comme un tout.
- Pensez plus large et plus grand. Par exemple, lorsque vous faites le plein d'essence, songez au vaste réseau de causes qui contribue à produire le moi apparent – conduire sa voiture, se sentir peut-être stressé ou préoccupé –, songez aussi à la station-service, à l'économie mondiale et, en définitive, au plancton et aux algues compressés sous terre et transformés en pétrole. Voyez combien ces causes dépendent d'un réseau encore plus important incluant le système solaire, notre galaxie, d'autres galaxies et les processus physiques du monde matériel. Essayez de sentir cette vérité profonde : vous êtes et demeurez dépendant de l'univers entier. La Voie lactée dépend du Groupe local, le soleil dépend de la Voie lactée, et vous-même, du Soleil – ainsi, à certains égards,

vous dépendez de galaxies situées à des millions d'années-lumière d'ici.

- Si possible, allez jusqu'au cadre ultime : le tout, la totalité qui est tout. Par exemple, le monde que vous voyez de près, y compris votre corps et l'esprit qu'il contient, est toujours un tout unique. À n'importe quel moment, vous pouvez observer ce tout unique. Ses parties changent, indéfiniment. Elles se défont, pourrissent et se dispersent, toutes autant qu'elles sont. Par conséquent, aucune d'elles ne peut être une source fiable, durable de vrai bonheur – y compris le soi. Mais le tout en tant que tout ne change jamais. Le tout demeure un tout de façon fiable. Le tout ne s'attache et ne souffre jamais. L'ignorance se contracte dans le soi. La sagesse inverse ce processus, vidant le soi dans le tout.

Il est extraordinairement paradoxal de constater qu'à l'instant où les choses individuelles – tel le soi – semblent moins fondées et moins fiables la totalité de toute chose semble plus sûre et plus réconfortante. Plus le sentiment d'inconsistance grandit, plus chaque chose en apparence individuelle ressemble à un nuage sur lequel on tenterait vainement de se tenir. Au début, c'est assez déroutant. Mais ensuite vous prenez conscience que c'est le ciel même – la totalité – qui vous retient. Vous marchez sur le ciel *parce que vous êtes le ciel*. Il en a toujours été ainsi. Nous avons toujours été le ciel.

UNI À LA VIE

Un jour, un de mes amis qui participait à une retraite méditative dans un monastère birman fit plusieurs vœux, dont celui de ne pas tuer intentionnellement d'êtres vivants. Au bout de deux semaines, il constata que sa méditation ne se passait pas très bien. Il était également préoccupé par les toilettes situées près de sa hutte. Il s'agissait d'une fosse, et, après chaque utilisation, il était censé la nettoyer à l'eau, mais des fourmis étaient souvent emportées au cours de l'opération. Il demanda à l'abbé si c'était acceptable. « Non, répondit simplement le supérieur du monastère, c'est contraire à votre vœu. » Mon ami prit le commentaire au sérieux et se mit à nettoyer les toilettes en faisant bien plus attention. Et – est-ce réellement une coïncidence ? – sa méditation s'approfondit de manière spectaculaire.

Combien de fois plaçons-nous notre confort avant la vie d'un autre être, comme dans le cas de ces fourmis et des toilettes ? Il ne s'agit pas d'intentions cruelles, mais d'égocentrisme. Regardez la créature dans les yeux – la mouche, la souris – et sachez qu'elle veut vivre, tout comme vous. Que vous inspirerait l'idée de mourir pour le *confort* de quelqu'un d'autre ?

Si vous le souhaitez, appliquez-vous à ne jamais tuer pour votre confort. C'est un moyen de vous sentir lié à toute forme de vie, en harmonie avec d'autres êtres. Vous traiterez alors le monde comme une extension de vous-même : en ne faisant pas de mal au monde, on ne se fait pas de mal non plus.

De la même manière, se montrer bienveillant envers le monde, c'est se montrer bienveillant envers soi-même. Dès que le moi commence à se détendre et à se dissiper, on peut réellement se demander comment vivre. Un jour, à l'occasion d'une retraite, j'ai éprouvé un sentiment du tout tellement puissant que la parfaite futilité de la part infime que je représentais m'a désespéré. Ma vie ne pouvait compter.

Après avoir très peu dormi, j'attendais assis à l'extérieur du réfectoire avant le petit déjeuner. Le bâtiment se trouvait au bord d'un ruisseau, et, non loin de là, une biche et son faon broutaient l'herbe sous les arbres. J'ai commencé à percevoir très profondément que chaque être vivant a sa nature et sa place dans le tout. La biche léchait son faon, le frottait et le mordillait. Elle était clairement à sa place et finirait un jour par mourir et par se disperser, mais en attendant elle s'épanouissait et apportait sa contribution. Les insectes et les oiseaux faisaient également bruisser les feuilles tombées : tous s'agitaient, chacun bénéficiant à sa façon au tout.

Comme chacun de ces animaux, j'avais ma place et ma contribution à apporter. Seul, aucun de nous n'avait d'importance. Mais je pouvais très bien être à ma place et m'épanouir. Je pouvais me détendre et être le tout. Être le tout exprimé par une partie, être une partie exprimant le tout.

Un peu plus tard, un écureuil gris et moi-même nous sommes observés, séparés de un mètre à peine l'un de l'autre. Il était naturel de souhaiter du bien à cet écureuil, qu'il trouve des glands et échappe aux chouettes. (Et, compte tenu de la complexité de la forêt, de souhaiter aussi du bien à la chouette, qu'elle trouve un écureuil pour apaiser sa faim.) Nous nous sommes regardés pendant une durée étrangement longue, et j'ai vraiment souhaité le meilleur à cet écureuil. Puis j'ai eu une autre révélation : comme l'écureuil, j'étais moi-même un organisme. Je pouvais donc me souhaiter du bien, comme à n'importe quel autre être vivant.

On peut se souhaiter du bien, comme on peut souhaiter le meilleur à tout être vivant. On peut agir conformément à sa nature, avec un cerveau humain, en allant aussi loin que possible sur la voie du bonheur, de l'amour et de la sagesse en cette vie.

Et que reste-t-il lorsque le moi se dissipe, même temporairement ? L'élan de contribution sincère et le souhait de s'épanouir en tant qu'animal humain parmi six milliards d'autres humains. D'être en bonne santé, fort et de vivre encore de nombreuses années. D'être affectueux et bon. De s'éveiller, en demeurant telle la conscience rayonnante, spacieuse et aimante. De se sentir protégé et soutenu. D'être heureux et à l'aise, serein et comblé. De vivre et d'aimer en paix.

Chapitre 13 : POINTS CLÉS

• Il est ironique et poignant que le « je » soit à l'origine d'un grand nombre de souffrances. Lorsqu'on prend les choses « pour soi », que l'on tente de les posséder ou de se distinguer de toute chose, que l'on s'identifie à ce qui est voué à prendre fin, on souffre. Mais, quand on détend le sentiment de soi et que l'on se joint au flux de la vie, on se sent heureux et satisfait.

• Lorsqu'on promène son corps – ou que l'on pratique n'importe quelle autre activité – sans renforcer le soi, on fait des découvertes intéressantes : le soi semble en général un peu contracté et tendu, il est souvent superflu et il change en permanence. Le soi s'active en particulier face à des opportunités et des menaces. Ce sont les désirs qui forment souvent un « je » avant qu'un « je » ne forme les désirs.

• Les pensées, les sentiments, les images, etc., sont des schémas d'informations basés sur des schémas de structure et d'activité neuronales. De même, les représentations de soi et le sentiment de soi sont des schémas de l'esprit et du cerveau. La question n'est pas de savoir si ces schémas existent. Les questions essentielles sont : Quelle est leur *nature* ? Ce qu'ils désignent – un propriétaire d'expériences et un agent d'actions unifié et continu – existe-t-il réellement ?

• Les nombreux aspects du soi relèvent de nombreux réseaux neuronaux. Ces réseaux ont beaucoup de fonctions en dehors du soi, et les représentations de soi qu'ils projettent ne semblent pas avoir de statut neurologique particulier.

• Le soi n'est qu'une partie de la personne. La plupart des pensées, des projets et des actes n'ont pas besoin d'être dirigés par un soi. Les réseaux neuronaux liés au soi ne représentent qu'une petite partie du cerveau, et une partie encore plus petite du système nerveux.

• Le soi change sans arrêt. Dans le cerveau, toute manifestation du soi est impermanente. Comme les photogrammes individuels créent l'illusion du mouvement dans un film, les assemblages neuronaux qui se rejoignent puis se dispersent créent l'illusion d'un soi cohérent et continu.

• Le soi apparaît et change en fonction des circonstances, notamment des tonalités affectives agréables ou désagréables. Il dépend également des relations – y compris avec le vaste monde. La base la plus fondamentale du sentiment du « je » – la subjectivité inhérente à la conscience – émerge dans la relation entre le corps et le monde. Le soi n'a aucune existence propre.

• L'activité mentale liée au soi, y compris le sentiment d'être le sujet d'expériences, renvoie à un « je » unifié, durable et indépendant qui serait le propriétaire d'expériences et l'agent d'actions essentiel – mais ce dernier n'existe pas. Le soi est un recueil de représentations réelles d'un être irréel – comme les histoires de licorne.

• Le soi apparent est utile dans les relations et, au fil du temps, contribue à la formation d'un sentiment de cohérence psychologique sain. Les humains ont l'impression d'avoir un soi parce que ce dernier leur a été vital au cours de l'évolution. Il est vain de vouloir s'opposer au soi, puisque l'aversion ne fait que l'intensifier. L'important est de ne pas se laisser tromper par le soi et de le laisser se détendre et se dissiper.

• Le soi se développe par l'identification, la possessivité, l'orgueil et la mise à distance du monde et de la vie. Nous avons examiné de nombreux moyens de nous affranchir de ces chaînes pour nous centrer de plus en plus sur l'espace ouvert du cœur, sur la bienveillance envers notre propre épanouissement et sur les relations paisibles et satisfaisantes avec les autres êtres.

Appendice

NEUROCHIMIE
NUTRITIONNELLE

Jan Hanson, acupunctrice agréée

Dans les chapitres précédents, nous avons vu comment transformer le cerveau par des interventions mentales. Cet appendice décrit de façon résumée comment renforcer la fonction cérébrale par l'intervention *physiologique* d'une nutrition adaptée. Bien entendu, aucune de ces suggestions ne doit remplacer des soins professionnels ni viser à traiter des maladies.

Ma longue expérience d'acupunctrice spécialisée en nutrition clinique (et un certain nombre de leçons personnelles !) m'a permis de constater à maintes reprises que de petits changements judicieux et sensés dans notre alimentation quotidienne pouvaient entraîner peu à peu d'importants bienfaits. Et parfois ces mesures – comme prendre des nutriments qui nous font défaut depuis longtemps – peuvent améliorer rapidement notre bien-être.

RÈGLES ESSENTIELLES

Aidez votre cerveau en mangeant bien tous les jours : réduisez le plus possible vos apports en sucre et évitez les allergènes alimentaires.

Bien manger tous les jours

Absorbez une grande variété de nutriments riches. Surtout, mangez de grosses quantités de protéines et de légumes. Consommez des protéines à chaque repas : visez une portion à peu près équivalente à la paume de votre main. Mangez au moins l'équivalent de trois grosses portions de légumes par jour – et plus si possible ! Idéalement, à chaque repas la moitié de votre assiette devrait être couverte de légumes de toutes sortes et de toutes les couleurs. Les fruits sont également importants, en particulier les baies, qui sont connues pour leurs bienfaits sur le cerveau[1].

Réduire le plus possible le sucre

Contrôlez votre consommation de sucre. Une glycémie élevée entraîne des dysfonctionnements de l'hippocampe[2]. Les problèmes de tolérance au glucose – le signe d'une trop grande consommation de sucre – sont associés à une baisse relative des performances cognitives chez les sujets âgés[3]. Le meilleur moyen de réduire le plus possible le sucre est d'éviter complètement le sucre raffiné (en particulier dans les boissons sucrées), ainsi que les aliments fabriqués à partir de farine raffinée (dont le pain, les nouilles et les cookies).

Éviter les allergènes alimentaires

Consommer des aliments auxquels on est sensible provoque une réaction allergique et inflammatoire, pas seulement dans le système digestif, mais dans tout le

corps. Une inflammation chronique, même relativement légère, est l'ennemie du cerveau. Par exemple,
la sensibilité au gluten est associée à plusieurs troubles
neurologiques[4]. Même sans intolérance connue, l'augmentation de la consommation de lait est corrélée à
un risque accru de la maladie de Parkinson[5].

Les allergènes alimentaires les plus courants sont les
produits fabriqués à partir de lait de vache, de céréales
à gluten (blé, avoine, seigle, orge, épeautre et kamut)
et de soja. Les allergies alimentaires peuvent être for-
mellement identifiées grâce à des examens sanguins
pratiqués dans des laboratoires d'analyses médicales.
De manière informelle, essayez d'éliminer les aliments
qui vous semblent suspects pendant une semaine ou
deux, puis voyez si vous vous sentez mieux, si votre
digestion est facilitée, si vos idées sont plus claires et
votre énergie, en hausse.

LES COMPLÉMENTS ESSENTIELS
POUR VOTRE CERVEAU

Les vitamines et les minéraux sont les cofacteurs
de milliers de processus métaboliques. Ils participent
à tous les aspects de votre santé, y compris au fonctionnement de votre cerveau et de votre esprit[6]. Il est
donc important d'en absorber suffisamment pour sub-
venir à tous vos besoins. Si vous consommez beaucoup d'aliments cuisinés, si vous n'achetez pas et ne
préparez pas vous-même vos repas, votre alimentation ne vous apporte probablement pas à elle seule
les quantités optimales de vitamines et de minéraux.
Par conséquent, il est logique de la compléter prudemment.

Prenez un complément multivitamines/multiminéraux concentré

Un bon complément multivitamines/multiminéraux est votre police d'assurance : il vous aidera à absorber une vaste gamme de nutriments essentiels. Bien que tous les nutriments soient importants, concentrez-vous particulièrement sur les vitamines B, cruciales pour la santé cérébrale. Les vitamines B-12, B-6 et l'acide folique participent tous à un processus biochimique appelé *méthylation*, qui joue un rôle crucial dans la production d'un grand nombre de neurotransmetteurs. Une carence dans ces vitamines peut entraîner un taux d'homocystéine (un acide aminé) élevé. Des niveaux de vitamines B bas et d'homocystéine élevé augmentent les risques de baisse des performances cognitives et de démence chez les personnes âgées[7]. Un taux d'acide folique bas est également un facteur de risque de la dépression : le supplémenter peut soulager les symptômes de la dépression[8].

Votre complément multivitaminé devrait contenir entre dix et vingt-cinq fois plus de vitamines B que les apports journaliers recommandés et 800 mcg ou plus d'acide folique[9]. La plupart des minéraux devraient être dosés à 100 % ou plus des apports journaliers recommandés. Pour parvenir à ces niveaux, vous devrez peut-être ajouter d'autres suppléments à votre complément multivitaminé général.

Prenez des acides gras oméga-3

Les acides gras oméga-3 que l'on trouve dans l'huile de poisson – acide docosahexaénoïque (DHA) et acide icosapentaénoïque (EPA) – ont de nombreux bienfaits sur votre cerveau : ils favorisent notamment la croissance neuronale, améliorent l'humeur et ralentissent la démence[10]. Le DHA, l'acide gras structural prédominant du système nerveux central, est crucial pour le développement cérébral. L'EPA est une molécule anti-inflammatoire importante.

Prenez suffisamment d'huile de poisson pour absorber au moins 500 mg de DHA par jour et à peu près la même quantité d'EPA[11]. Recherchez des produits de qualité – fabriqués selon le processus de distillation moléculaire. La plupart des gens préfèrent prendre des gélules plutôt que d'avaler directement l'huile de poisson.

Si vous êtes végétarien, avalez une cuillère à soupe d'huile de lin par jour (mélangée par exemple à de la vinaigrette, mais non chauffée). Bien que l'huile de lin soit convertie en DHA et en EPA, chez la plupart des gens ce processus est inefficace et incomplet. Par conséquent, ajoutez 500 mg de DHA d'algue à votre huile de lin.

Prenez de la vitamine E sous forme de gammatocophérol

La vitamine E est le principal antioxydant des membranes cellulaires du cerveau[12]. Sa forme la plus commune dans l'alimentation est le gamma-tocophérol, qui représente 70 % de l'apport total en vitamine E.

Malheureusement, les compléments nutritionnels contiennent en général de l'alpha-tocophérol, une autre forme de vitamine E. Ce dernier semble moins bénéfique que le gamma-tocophérol, qu'il dilue lorsqu'il est absorbé naturellement par l'alimentation. C'est peut-être ce qui explique en partie que les études sur la

supplémentation en vitamine E aient des résultats miti-
gés. Toutefois, des chercheurs ont constaté que les
personnes âgées qui consomment des quantités plus
élevées de vitamine E – principalement sous forme de
gamma-tocophérol – ont moins de risques de développer la maladie d'Alzheimer et connaissent un déclin
cognitif plus lent[13].

En attendant d'autres études, il semble raisonnable de prendre un complément de vitamine E
qui contienne un mélange de tocophérols dominé
par le gamma-tocophérol. Prenez un complément
contenant environ 400 UI (unités internationales)
de vitamine E[14], composé au moins pour moitié de
gamma-tocophérol[15].

SUPPORT NUTRITIONNEL
DES NEUROTRANSMETTEURS

Vous pouvez modifier la production de neurotransmetteurs par des interventions nutritionnelles ciblées.
Mais soyez prudent. Commencez par des doses mini-
males et respectez votre nature : les réactions varient
de manière significative selon les individus. Essayez un
complément à la fois, en vous assurant que le premier
vous convient avant d'en ajouter un second. Arrêtez
immédiatement en cas d'effets secondaires. Demandez
l'avis de votre médecin si vous prenez des antidépresseurs ou des psychotropes.

La sérotonine

La sérotonine améliore l'humeur, la digestion et le
sommeil. Elle est fabriquée à partir du tryptophane,

un acide aminé, essentiellement en deux étapes : le tryptophane est transformé en 5-hydroxytryptophane (5-HTP), qui est ensuite converti en sérotonine. Des cofacteurs nutritionnels sont nécessaires à ces conversions, notamment le fer et la vitamine B-6 (sous forme de phosphate de pyridoxal ou PALP)[16]. Par conséquent, les nutriments suivants peuvent contribuer à la production de sérotonine. Vous pouvez les utiliser ensemble si vous le souhaitez.

Fer
Si vous vous sentez fatigué ou déprimé, évoquez avec votre médecin la possibilité d'un taux de fer trop bas. C'est le cas de nombreuses femmes lorsqu'elles ont leurs règles. Une analyse sanguine est nécessaire pour déterminer si vous êtes anémié. Si c'est avéré, vous pouvez prendre un complément en fer dosé selon les résultats de vos analyses.

Vitamine B-6
La vitamine B-6 est le cofacteur de douzaines – peut-être de centaines – de processus métaboliques importants, y compris la production de plusieurs neurotransmetteurs (dont la sérotonine). Prenez 50 mg de vitamine B-6 (sous forme de PALP) le matin.

5-Hydroxytryptophane et tryptophane
Prenez entre 50 et 200 mg de 5-HTP le matin ou entre 500 et 1 500 mg de tryptophane avant le coucher[17]. Si vous souhaitez en priorité améliorer votre humeur, prenez du 5-HTP le matin. Il est peu probable qu'il vous fasse somnoler, et c'est la voie la plus directe à la sérotonine. Si vous avez des problèmes d'insomnie, commencez par du trytophane

315

juste avant le coucher car il est très probable que vous dormirez mieux.

Noradrénaline et dopamine

La noradrénaline et la dopamine sont des neurotransmetteurs excitateurs qui améliorent l'humeur, l'attention et l'énergie. Le processus de création de ces neurotransmetteurs débute par la phénylalanine, un acide aminé. Celle-ci est convertie en tyrosine, puis en dopamine, transformée à son tour en noradrénaline[18].

Comme pour la sérotonine, le fer et la vitamine B-6 (sous forme de PALP) sont des cofacteurs nécessaires à ces conversions. Par conséquent, supplémenter ces derniers peut accroître la noradrénaline et la dopamine. Parce qu'il est souvent plus efficace d'optimiser la sérotonine avant d'augmenter la dopamine et la noradrénaline, commencez par les nutriments qui favorisent la sérotonine. Prenez-en pendant environ deux semaines avant de songer à la phénylalanine ou à la tyrosine.

Certaines personnes trouvent les compléments en phénylalanine et en tyrosine trop stimulants. Si vous vous sentez nerveux ou agité après les avoir pris, arrêtez-les. Par prudence, commencez par une faible dose de 500 mg ou moins, à jeun le matin. Si les effets vous conviennent, vous pouvez augmenter la dose jusqu'à 1500 mg par jour[19]. De ces deux acides aminés, la tyrosine est la voie d'accès la plus directe à la fabrication de la noradrénaline et de la dopamine. C'est la raison pour laquelle elle est plus souvent utilisée, bien que certaines personnes préfèrent la phénylalanine. Les deux conviennent.

Acétylcholine

L'acétylcholine intervient dans la mémoire et dans l'attention. Pour fabriquer ce neurotransmetteur, votre alimentation doit être riche en choline, présente par exemple dans le jaune d'œuf (peut-être sa meilleure source), le bœuf, le foie ou les matières grasses d'origine laitière. Songez également aux éléments suivants. Si vous décidez d'essayer des compléments, introduisez-les un par un. Trouvez le complément ou la combinaison de compléments (qui peut les inclure tous les trois) qui vous convient le mieux.

Phosphatidylsérine

La phosphatidylsérine (PS) est le phospholipide principal du cerveau et un élément clé des membranes cellulaires cérébrales. Les phospholipides jouent un rôle important dans la communication entre les cellules cérébrales. La PS stimule la production d'acétylcholine[20] et semble aider la mémoire. Vous pouvez en prendre entre 100 et 300 mg par jour[21].

Acétyl-L-carnitine

L'acétyl-L-carnitine semble contribuer à lutter contre les problèmes de mémoire et la maladie d'Alzheimer, peut-être à travers ses effets sur les voies chimiques de l'acétylcholine[22]. Essayez entre 500 et 1 000 mg par jour, le matin à jeun[23]. Si vous êtes sensible aux stimulants, peut-être est-il préférable de le tester en dernier.

Huperzine-A

Extraite d'une fougère chinoise, l'huperzine-A ralentit la dégradation métabolique de l'acétylcholine

et semble ainsi améliorer la mémoire et l'attention[24].
Essayez entre 50 et 200 mg par jour[25].

CHANGEZ DE LA BASE AU SOMMET

Votre cerveau est composé de milliers de milliards de
molécules, issues pour la plupart de ce que vous avez
avalé à un moment ou à un autre. En modifiant légèrement votre alimentation et vos compléments, vous
pouvez modifier peu à peu les composants de votre
cerveau, de la base au sommet moléculaire. Plus le
substrat physiologique de votre cerveau s'améliorera,
plus votre bien-être physique et mental sera sans doute
important, et plus vos pratiques psychologiques et spirituelles – y compris les techniques décrites dans cet
ouvrage – seront fructueuses.

Remerciements

Nous aimerions remercier et citer de nombreuses personnes :

Nos guides spirituels, dont Christina Feldman, James Baraz, Tara Brach, Ajahn Chah, Ajahn Amaro, Ajahn Sumedho, Ajahn Brahm, Jack Kornfield, Sylvia Boorstein, Guy et Sally Armstrong, Joseph Goldstein, Kamala Masters (un grand merci pour le chapitre sur l'équanimité), Steve Armstrong, Gil Fronsdal, Phillip Moffit, Wes Nisker et Adi Da.

Nos guides et mentors intellectuels, dont Dan Siegel, Evan Thompson, Richard Davidson, Mark Leary, Bernard Baars, Wil Cunningham, Phil Zelazo, Antoine Lutz, Alan Wallace, William Waldron, Andy Olendzki, Jerome Engel, Frank Benson et Fred Luskin. Au moment de finaliser ce livre, nous sommes tombés sur un article des Drs Davidson et Lutz, intitulé « Le cerveau de Bouddha ». Nous leur reconnaissons volontiers l'usage premier de ce titre. Nous saluons également la mémoire de Francisco Varela.

Nos bienfaiteurs, dont le Spirit Rock Meditation Center, le Mind and Life Institute, Peter Bauman, les membres du San Rafael Meditation Group, Patrick Anderson, Terry

Patten, Daniel Ellenberg, Judith Bell, Andy Dreitcer, Michael Hagerty, Julian Isaacs, Stephen Levine, Richard Miller, Deanna Clark, le Community Dharma Leaders Program et Sue Thoele.

Nos lecteurs attentifs, qui nous firent de nombreuses suggestions utiles, y compris Linda Graham, Carolyn Pincus, Harold Hedelman, Steva Meyers, Gay Watson, John Casey, Cheryl Wilfong, Jeremy Lent et John Prendergast.

Nos merveilleux éditeurs et maquettistes chez New Harbinger, dont Melissa Kirk, Jess Beebe, Amy Shoup et Gloria Sturzenacker.

Notre illustrateur, Brad Reynolds, aussi méticuleux que généreux (www.integralartandstudies.com).

Nos familles, dont Jan, Forrest et Laurel Hanson ; Shelly Scammell ; Courtney, Taryn et Ian Mendius ; William Hanson, Lynne et Jim Bramlett ; Keith et Jenny Hanson ; Patricia Winter Mendius ; Catherine M. Graber, E. Louise Mendius et Karen M. Chooljian.

Et toutes les autres personnes qui ont ouvert l'esprit et le cœur de chacun d'entre nous.

Références

Préface

1. Valéry, P. *Œuvres*, tome II. Paris, Gallimard, Bibliothèque de La Pléiade, 1960, p. 813.

2. Ricard, M. *Plaidoyer pour le bonheur*. Paris, Nil, 2003.

3. Weil, S. *La Pesanteur et la grâce*. Paris, éditions Pocket, 1988 (p. 42-43).

4. Steiner, G. *Maîtres et Disciples*. Paris, Gallimard, 2003.

5. Lenoir, F. *Socrate, Jésus, Bouddha. Trois maîtres de vie*. Paris, 2009, Fayard.

6. Ricard, M. *L'Art de la méditation*. Paris, Nil, 2008, p. 103-104.

7. Bandura, A. *L'Apprentissage social*. Liège, Mardaga, 1976.

8. Damasio, A. « La science en 2050 ». *Pour la science*, janvier 2000, p. 81.

9. Baxter, L. R. et coll. « Caudate glucose metabolic rate changes with both drug and behavior therapy for obsessive-

compulsive disorder ». *Archives of General Psychiatry*, 1992, 49 : 681-699.

10. Furmark, T. et coll. « Common changes in cerebral blood flow in patients with social phobia treated with citalopram or cognitive-behavioral therapy ». *Archives of General Psychiatry*, 2002, 59 : 425-433.

11. Siegle, G. J. et coll. « Use of fMRI to predict recovery from unipolar depression with Cognitive Behavior Therapy ». *American Journal of Psychiatry*, 2006, 163 : 735-738.

12. Siegle, G. J. et coll. « Neurobehavioral therapies in the 21st century : Summary of an emerging field and an extended example of Cognitive Control Training for depression ». *Cognitive Therapy and Research*, 2007, 31 : 235-262.

13. Perlman, D. M. et coll. « Differential effects on pain intensity and unpleasantness of two meditation practices ». *Emotion*, 2010, 10(1) : 65-71.

14. Segal, Z. V. et coll. « Antidepressant monotherapy vs sequential pharmacotherapy and mindfulness-based cognitive therapy, or placebo, for relapse prophylaxis in recurrent depression ». *Archives of General Psychiatry*, 2010, 67(12) : 1256-1264.

15. Rubya, K. « The neurobiology of Meditation and its clinical effectiveness in psychiatric disorders ». *Biological Psychology*, 2009, 82 : 1-11.

16. Grant, J. A. et coll. « Cortical thickness and pain sensitivity in Zen meditators ». *Emotion*, 2010, 10(1) : 43-53.

17. André, C. « Consommer moins pour exister mieux », *Cerveau & Psycho*, 2010, 39 : 16-17.

18. Thibon, G. *L'Illusion féconde*. Paris, Fayard, 1995, p. 98.

19. Midal, F. « La connaissance véritable n'est accessible qu'à travers une pratique ». *Le Nouvel Observateur*,

2003, Hors-Série n° 50, « La Philosophie du bouddhisme », p. 86-89.

20. Compte-Sponville, A. *L'Esprit de l'athéisme. Introduction à une spiritualité sans Dieu*. Paris, Albin Michel, 2006.

Chapitre 1

1. Hebb, D. O. 1949. *The Organization of Behavior*. New York, Wiley. LeDoux, J. E. 2003. *Synaptic Self : How Our Brains Become Who We Are*. New York, Penguin. Trad. *Neurobiologie de la personnalité*, Paris, Odile Jacob, 2003.

2. Maguire, E., D. Gadian, I. Johnsrude, C. Good, J. Ashburner, R. Frackowiak et C. Frith. 2000. « Navigation-related structural change in the hippocampi of taxi drivers ». *Proceedings of the National Academy of Sciences*, 97 : 4398-4403.

3. Davidson, R. J. 2004. « Well-being and affective style : Neural substrates and behavioural correlates ». *Philosophical Transactions of the Royal Society* 359 : 1395-1411.

4. Linden, D. J. 2007. *The Accidental Mind : How Brain Evolution Has Given Us Love, Memory, Dreams, and God*. Cambridge (MA), The Belknap Press of Harvard University Press.

5. Lammert, E. 2008. « Brain wnts for blood vessels ». *Science*, 322 : 1195-1196.

6. Raichle, M. et D. Gusnard. 2002. « Appraising the brain's energy budget ». *Proceedings of the National Academy of Sciences*, 99 : 10237-10239.

7. Rabinovich, M., R. Huerta et G. Laurent. 2008. « Transient dynamics for neural processing ». *Science*, 321 : 48-50.

8. Thompson, E, et F. J. Varela. 2001. « Radical embodiment : Neural dynamics andv consciousness ». *Trends in Cognitive Sciences*, 5 : 418-425.

9. Meyer, J. S. et L. F. Quenzer. 2004. *Psychopharmacology : Drugs, the Brain, and Behavior*. Sunderland (MA), Sinauer Associates.

10. Knoch, D., A. Pascual-Leone, K. Meyer, V. Treyer et E. Fehr. 2006. « Diminishing reciprocal fairness by disrupting the right prefrontal cortex ». *Science*, 314 : 829-832.

11. Vaitl, D., J. Gruzelier, G. Jamieson, D. Lehman, U. Ott, G. Sammer, U. Strehl, N. Birbaumer, B. Kotchoubey, A. Kubler, W. Miltner, P. Putz, I. Strauch, J. Wackermann et T. Weiss. 2005. « Psychobiology of altered states of consciousness ». *Psychological Bulletin*, 133 : 149-182.

12. Lutz, A., L. Greischar, N. Rawlings, M. Ricard et R. Davidson. 2004. « Long-term meditators self-induce high-amplitude gamma synchrony during mental practice ». *Proceedings of the National Academy of Sciences*, 101 : 16369-16373.

Chapitre 2

1. MacLean, P. D. 1990. *The Triune Brain in Evolution : Role in Paleocerebral Functions*. New York, Springer.

2. Dunbar, R. I. M. et S. Shultz. 2007. « Evolution in the social brain ». *Science*, 317 : 1344-1347.

3. Han, S. et G. Northoff. 2008. « Culture-sensitive neural substrates of human cognition : A transcultural neuroimaging approach ». *Nature Reviews Neuroscience*, 9 : 646-654.

4. Siegel, D. 2007. *The Mindful Brain : Reflection and Attunement in the Cultivation of Well-Being*. New York, W. W. Norton and Co.

5. Dehaene, S., C. Sergent et J. Changeux. 2003. « A neuronal network model linking subjective reports and objective physiological data during conscious perception ». *Proceedings of the National Academy of Sciences*, 100 : 8520-8525.

Thompson, E. et F. J. Varela. 2001.

6. Robinson, P., 2007. « How to fill a synapse ». *Science*, 316 : 551-553.

7. Thompson, E. 2007. *Mind in Life : Biology, Phenomenology, and Sciences of Mind*. Cambridge (MA), Harvard University Press.

8. Cunningham, W. et P. D. Zelazo. 2007. « Attitudes and evaluations : A social cognitive neuroscience perspective ». *Trends in Cognitive Sciences*, 11 : 97-104.

9. Atmanspacher, H. et P. Graben. 2007. « Contextual emergence of mental states from neurodynamics ». *Chaos and Complexity Letters*, 2 : 151-168.

10. Rasia-Filho, A., R. Londero et M. Achaval. 2000. « Functional activities of the amygdalia : An overview ». *Journal of Psychiatry and Neuroscience*, 25 : 14-23.

11. LeDoux, J. E. 1995. « Emotion : Clues from the brain ». *Annual Review of Psychology*, 46 : 209-235.

12. Eisenberger, N. I., et M. D. Lieberman. 2004. « Why rejection hurts : A common neural alarm system for physical and social pain ». *Trends in Cognitive Science*, 8 : 294-300.

13. Raichle, M. E., A. M. MacLeod, A. Z. Snyder, W. J. Powers, D. A. Gusnard et G. L. Shumlan. 2001. « A default mode of brain function ». *Proceedings of the National Academy of Sciences*, 98 : 676-682.

14. Sapolsky, R. M. 2006. « A Natural history of peace ». *Foreign Affairs*, 85 : 104-121.

15. Bowles, S. 2006. « Group competition, reproductive leveling, and the evolution of human altruism ». *Science*, 314 : 1569-1572.

16. Yang, E., D. Zald et R. Blake. 2007. « Fearful expressions gain preferential access to awareness during continuous flash suppression ». *Emotion, 7 :* 882-886.

17. Jiang, Y. et S. He. 2006. « Cortical responses to invisible faces : Dissociating subsystems for facial-information processing ». *Current Biology*, 16 : 2023-2029.

18. Seligman, M. 2006. *Learned Optimism : How to Change Your Mind and Your Life*. New York, Vintage/Random House. Trad. *La Force de l'optimisme*, Paris, Inter-Editions, 2008.

19. Baumeister, R., E. Bratlavsky, C. Finkenauer et K. Vohs. 2001. « Bad is stronger than good ». *Review of General Psychology*, 5 : 323-370.

20. Brickman, P., D. Coates et R. Janoff-Bulman. 1978. « Lottery winners or accident victims : Is happiness relative ? » *Journal of Personality and Social Psychology*, 36 : 917-927.

21. Peeters, G. et J. Czapinski. 1990. « Positive-negative asymmetry in evaluations : The distinction between affective and informational negativity effects ». *European Review of Social Psychology*. Volume 1, édité par W. Stroebe et M. Hewstone. New York : Wiley.

22. Gottman, J. 1995. *Why Marriages Succeed or Fail : And How You Can Make Yours Last*. New York, Simon and Schuster. Trad. *Les couples heureux ont leurs secrets*, Paris, Jean-Claude Lattès, 2000.

23. Quirk, G., J. C. Repa et J. E. LeDoux. 1995. « Fear conditioning enhances short-latency auditory responses of lateral amygdala neurons : Parallel recordings in the freely behaving rat ». *Neuron*, 15 : 1029-1039.

24. Vaish, A., T. Grossman et A. Woodward. 2008. « Not all emotions are created equal : The negativity bias in social-emotional development ». *Psychological Bulletin*, 134 : 383-403.

25. Raichle, M. 2006. « The brain's dark energy ». *Science*, 314 : 1249-1250.

26. Gusnard, D. A., E. Abuja, G. I. Schulman et M. E. Raichle. 2001. « Medial prefrontal cortex and self-referential mental activity : Relation to a default mode of brain function ». *Proceedings of the National Academy of Sciences*, 98 : 4259-4264.

27. Niedenthal, P. 2007. « Embodying emotion ». *Science*, 316 : 1002.

Pitcher, D., L. Garrido, V. Walsh et B. C. Duchaine. 2008. « Transcranial magnetic stimulation disrupts the perception and embodiment of facial expressions ». *The Journal of Neuroscience*, 28 : 8929-8933.

28. Leary, M., C. Adams, A. Allen et J. Hancock. 2007. « Self-compassion and reactions to unpleasant self-relevant events : The implications of treating oneself kindly ». *Journal of Personality*, 92 : 887-904.

29. Niedenthal, P. 2007.

Chapitre 3

1. Eisenberger, N. I., et M. D. Lieberman. 2004.

2. Yamasaki, H., K. LaBar et G. McCarthy. 2002. « Dissociable prefrontal brain systems for attention and emotion ». *Proceedings of the National Academy of Sciences*, 99 : 11447-11451.

3. Rasia-Filho, A., R. Londero et M. Achaval. 2000.

4. Licinio J., P. W. Gold et M. L. Wong. 1995. « A molecular mechanism for stress-induced alterations in susceptibility to disease ». *Lancet*, 346 : 104-106.

5. Sapolsky, R. M. 1998. *Why Zebras Don't Get Ulcers*. New York, W. H. Freeman Co.

Wolf, J. L. 1995. « Bowel function ». *In Primary Care of Women*, édité par K. J. Carlson et S. A. Eisenstat. Saint Louis, MO : Mosby-Year Book, Inc.

Chapitre 4

1. Maletic, V., M. Robinson, T. Oakes, S. Iyengar, S. G. Ball et J. Russell. 2007. « Neurobiology of depression : An integrated view of key findings ». *International Journal of Clinical Practice*, 61 : 2030-2040.

2. Lewis, M. D. 2005. « Self-organizing individual differences in brain development ». *Developmental Review*, 25 : 252-277.

3. Pare, D., D. R. Collins et J. G. Pelletier. 2002. « Amygdala oscillations and the consolidation of emotional memories ». *Trends in Cognitive Sciences*, 6 : 306-314.

4. Begley, S. 2007. *Train Your Mind, Change Your Brain : How a New Science Reveals Our Extraordinary Potential to Transform Ourselves.* New York, Ballantine Books. Trad. *Entraîner votre esprit, transformer votre cerveau : comment la science de pointe révèle le potentiel extraordinaire de la neuroplasticité*, Outre-mont (QC), Ariane, 2008.

5. Tanaka, J., Y. Horiike, M. Matsuzaki, T. Miyaska, G. Ellis-David et H. Kasai. 2008. « Protein synthesis and neurotrophin-dependent structural plasticity of single dendritic spines ». *Science*, 319 : 1683-1697.

6. Spear, L. P. 2000. « The adolescent brain and age-related behavioral manifestations ». *Neuroscience Biobehavior Review*, 24 : 417-463.

7. Gould, E., P. Tanapat, N. B. Hastings, T. Shors. 1999. « Neurogenesis in adulthood : A possible role in learning ». *Trends in Cognitive Sciences*, 3 : 186-192.

8. Lewis, M. D. 2005.

9. Monfils, M-H., K. K. Cowansage, E. Klann et J. LeDoux. 2002. « Extinction-reconsolidation boundaries : Key to persistent attenuation of fear memories ». *Science*, 324 : 951-955.

10. Frederickson, B. L. 2000. « Cultivating positive emotions to optimize health and well-being ». *Prevention and Treatment* vol. 3 : Article 0001a, posté en ligne, 7 mars 2000.

11. Frederickson, B. L. et R. Levenson. 1998. « Positive emotions speed recovery from the cardiovascular sequelae of negative emotions ». *Psychology Press*, 12 : 191-220.

12. Frederickson, B. L. 2001. « The role of positive emotions in positive psychology ». *American Psychologist*, 56 : 218-226.

Frederickson, B. L., R. Mancuso, C. Branigan et M. Tugade. 2000. « The undoing effect of positive emotions ». *Motivation and Emotion*, 24 : 237-258.

Chapitre 5

1. Benson, H. 2000. *The Relaxation Response*. New York, Harper Paperbacks. Trad. *Réagir par la détente*, Paris, Tchou, 1976.

2. Dusek, J. A., H. Out, A. L. Wohlhueter, M. Bhasin, L. F. Zerbini, M. G. Joseph, H. Benson et T. A. Libermann. 2008. « Genomic counter-stress changes induced by the relaxation response ». *PloS ONE*, 3 : e2576.

3. Kristal-Boneh, E, M. Raifel, P. Froom et J. Ribak. 1995. « Heart rate variability in health and disease ». *Scandinavian Journal of Work, Environment, and Health*, 21 : 85-95.

4. Luskin, F., M. Reitz, K. Newell, T. G. Quinn et W. Haskell. 2002. « A controlled pilot study of stress management training of elderly patients with congestive heart failure ». *Preventive Cardiology*, 5 : 168-174.

McCraty, R., M. Atkinson et D. Thomasino. 2003. « Impact of a workplace stress reduction program on blood pressure and emotional health in hypertensive employees ». *Journal of Alternative and Complementary Medicine*, 9 : 355-369.

5. Hölzel, B. K., U. Ott, T. Gard, H. Hempel, M. Weygandt, K. Morgen et D. Vaitl. 2008. « Investigation of mindfulness meditation practitioners with voxel-based morphometry ». *Social Cognitive and Affective Neuroscience*, 3 : 55-61.

Lazar, S., C. Kerr, R. Wasserman, J. Gray, D. Greve, M. Treadway, M. McGarvey, B. Quinn, J. Dusek, H. Benson, S. Rauch, C. Moore et B. Fischl. 2005. « Meditation experience is associated with increased cortical thickness ». *NeuroReport*, 16 : 1893-1897.

6. Hölzel, B. K., U. Ott, T. Gard, H. Hempel, M. Weygandt, K. Morgen et D. Vaitl. 2008.

Luders, E., A. W. Toga, N. Lepore et C. Gaser. 2009. « The underlying anotomical correlates of long-term meditation : Larger hippocampal and frontal volumes of gray matter ». *Neuroimage*, 45 : 672-678.

7. Lazar, S., C. Kerr, R. Wasserman, J. Gray, D. Greve, M. Treadway, M. McGarvey, B. Quinn, J. Dusek, H. Benson, S. Rauch, C. Moore et B. Fischl. 2005.

Luders, E., A. W. Toga, N. Lepore et C. Gaser. 2009.

8. Lazar, S., C. Kerr, R. Wasserman, J. Gray, D. Greve, M. Treadway, M. McGarvey, B. Quinn, J. Dusek, H. Benson, S. Rauch, C. Moore et B. Fischl. 2005.

9. Carter, O. L., D. E. Presti, C. Callistemon, Y. Ungerer, G. B. Liu et J. D. Pettigrew. 2005. « Meditation alters perceptual rivalry in Tibetan Buddhist monks ». *Current Biology*, 15 : 412-413.

Tang, Y., Y. Ma, J. Wang, Y. Fan, S. Feg, Q. Lu, Q. Yu, D. Sui, M. Rothbart, M. Fan et M. Posner. 2007. « Short-term meditation training improves attention and self-regulation ». *Proceedings of the National Academy of Sciences*, 104 : 17452-17156.

10. Lutz, A., J. Brefczynski-Lewis, T. Johnstone et R. Davidson. 2008. « Regulation of the neural circuitry of emotion by compassion meditation : Effects of meditative expertise ». *PloS ONE*, 3(3) : e1897.

11. Lazar, S., C. Kerr, R. Wasserman, J. Gray, D. Greve, M. Treadway, M. McGarvey, B. Quinn, J. Dusek, H. Benson, S. Rauch, C. Moore et B. Fischl. 2005.

12. Davidson, R. J. 2004.

13. Lutz, A., L. Greischar, N. Rawlings, M. Ricard et R. Davidson. 2004.

14. Tang, Y., Y. Ma, J. Wang, Y. Fan, S. Feg, Q. Lu, Q. Yu, D. Sui, M. Rothbart, M. Fan et M. Posner. 2007.

15. Davidson, R. J., J. Kabat-Zinn, J. Schumacher, M. Rosenkranz, D. Muller, S. F. Santorelli, F. Urbanowski, A. Harrington, K. Bonus et J. F. Sheridan. 2003. « Alterations in brain and immune function produced by mindfulness meditation ». *Psychosomatic Medicine*, 65 : 564-570. Tang, Y., Y. Ma, J. Wang, Y. Fan, S. Feg, Q. Lu, Q. Yu, D. Sui, M. Rothbart, M. Fan et M. Posner. 2007.

16. Walsh, R. et S. L. Shapiro. 2006. « The meeting of meditative disciplines and Western psychology : A mutually enriching dialogue ». *American Psychologist*, 61 : 227-239.

17. Walsh, R. et S. L. Shapiro. 2006.

18. Hariri, A. R., S. Y. Bookheimer et J. C. Mazziotta. 2000. « Modulating emotional response : Effects of a neocortical network on the limbic system ». *NeuroReport*, 11 : 43-48.
Lieberman, M., N. Eisenberg, M. Crocket, S. Tom, J. Pfeifer et B. Way. 2007. « Putting feelings into words ». *Psychological Science*, 18 : 421-428.

19. Gross, J. J. et O. P. John. 2003. « Individual differences in two emotion regulation processes : Implications for affect, relationships, and wellbeing ». *Journal of Personality and Social Psychology*, 85 : 348-362.

20. Aspinwall, L. G. et S. E. Taylor. 1997. « A stitch in time : Self-regulation and proactive coping ». *Psychological Bulletin*, 121 : 417-436.

21. Siegel, D. J. 2001. *The Developing Mind*. New York, Guilford Press. Siegel, D. 2007.

22. Schore, A. 2003. *Affect Regulation and the Repair of the Self*. New York, W. W. Norton.

23. Main, M., E. Hese et N. Kaplan. 2005. « Predictability of attachment behavior and representational processes at 1, 6 and 19 years of age : The Berkeley Longitudinal

Study. Dans *Attachment from Infancy to Adulthood : The Major Longitundinal Studies*, édité par K. E. Grossman, K. Grossman et E. Waters. New York, Guilford Press.

24. Siegel, D. J. 2001.

25. Siegel, D. 2007.

Chapitre 6

1. Thompson, E. 2007.

2. Lewis, M. D. et R. M. Todd. 2007. « The self-regulating brain : Cortical-subcortical feedback and the development of intelligent action ». *Cognitive Development*, 22 : 406-430.

Tucker, D. M., D. Derryberry et P. Luu. 2000. « Anatomy and physiology of human emotion : Vertical integration of brain stem, limbic, and cortical systems ». Dans *Handbook of the Neuropsychology of Emotion*, édité par J. Borod. Londres, Oxford University Press.

3. McClure, S. M., D. I. Laibson, G. Loewenstein et J. D. Cohen. 2004. « Separate neural systems value immediate and delayed monetary rewards ». *Science*, 306 : 503-507.

4. Pour plus de détails, voir Lewis, M. D. et R. M. Todd. 2007, et Paus, T. 2001. « Primate anterior cingulate cortex : Where motor control, drive, and cognition interface ». *Nature Reviews Neuroscience*, 2 : 417-424.

5. Thompson, E, et F. J. Varela. 2001.

6. Posner, M. I. et M. K. Rothbart. 2000. « Developing mechanisms of self-regulation ». *Development and Psychopathology*, 12 : 427-441.

7. Lewis, M. D. 2005.

8. Kocsis, B. et R. P. Vertes. 1994. « Characterization of neurons of the supramammillary nucleus and mammillary body that discharge rhythmically with the hippocampal

theta rhythm in the rat ». *Journal of Neuroscience*, 14 : 7040-7052.
Lewis, M. D. 2005.
    9. Lewis, M. D. et R. M. Todd. 2007.
    10. Niedenthal, P. 2007.

Chapitre 7

1. Thera, N. 1993. « The four sublime states : Contemplations on love, compassion, sympathetic joy, and equanimity ». Trouvé sur http ://www.accesstoinsight.org/lib/authors/nyanaponika/whee1006.html le 3 avril 2009.

2. Baars, B. J. 1997. « In the theatre of consciousness : Global workspace theory, a rigorous scientific theory of consciousness ». *Journal of Consciousness Studies*, 4 : 292.

3. Lutz, A., L. Greischar, N. Rawlings, M. Ricard et R. Davidson. 2004.

4. Brahm, A. 2006. *Mindfulness, Bliss, and Beyond : A Meditator's Handbook*. Boston, Wisdom Publications.

5. Sumedho, A. 2006. « Trust in awareness ». Conférence donnée au monastère de Chithurst, Chithurst, RU, 25 février.

6. Kornfield, J. 1996. *Teachings of the Buddha*. Boston, Shambhala.

Chapitre 8

1. Dunbar, R. I. M. et S. Shultz. 2007.

2. Shutt, K., A. MacLarnon, M. Heistermann et S. Semple. 2007. « Grooming in Barbary macaques : Better to give than to receive ? » *Biology Letters*, 3 : 231-233.

3. Silk, J. B. 2007. « Social components of fitness in primate groups ». *Science*, 317 : 1347-1351.

4. Dunbar, R. I. M. et S. Shultz. 2007.
Sapolsky, R. M. 2006.

5. Allman, J., A. Hakeem, J. Erwin, E. Nimchinsy et P. Hop. 2001. « The anterior cingulate cortex : The evolution of an interface between emotion and cognition ». *Annals of the New York Academy of Sciences*, 935 : 107-117.

Nimchinsky, E., E. Gilissen, J. Allman, D. Perl, J. Erwin et P. Hof. 1999. « A neuronal morphologic type unique to humans and great apes ». *Proceedings of the National Academy of Science*, 96 : 5268-5272.

6. De Waal, F. 2006. *Primates and Philosophers : How Morality Evolved*. Princeton (NJ), Princeton University Press. Trad. *Primates et Philosophes*, Paris, Le Pommier, 2008.

7. Bard, K. A. 2006. « Are humans the only primates that cry ? » *Scientific American Mind*, 17 : 83.

8. Allman, J., A. Hakeem, J. Erwin, E. Nimchinsy et P. Hop. 2001. Nimchinsky, E., E. Gilissen, J. Allman, D. Perl, J. Erwin et P. Hof. 1999.

9. Semaw, S., S. Renne, J. W. K. Harris, C. S. Feibel, R. L. Bernor, N. Feesseha et K. Mowbray. 1997. « 2.5-million-year-old stone tools from Gona, Ethiopia. *Nature*, 385 : 333-336.

10. Dunbar, R. I. M. et S. Shultz. 2007.

11. Simpson, S. W., J. Quande, N. E. Levin, R. Butler, G. Dupont-Nivet, M. Everett et S. Semaw. 2008. « A female *Homo erectus* pelvis from Gona, Ethiopia ». *Science*, 322 : 1089-1092.

12. Balter, M. 2007. « Brain evolution studies go micro ». *Science*, 315 : 1208-1211.

13. Allman, J., A. Hakeem, J. Erwin, E. Nimchinsy et P. Hop. 2001.

14. Hermann, E., J. Call, H. Hernández-Lloreda, B. Hare et M. Tomasello. 2007. « Humans have evolved specialized skills of social cognition : The cultural intelligence hypothesis ». *Science*, 317 : 1358-1366.

15. Norenzayan, A. et A. F. Shariff. 2008. « The origin and evolution of religious prosociality ». *Science*, 322 : 58-62.

16. Wilson, E. O. 1999. *Consilience : The Unity of Knowledge*. London, Random House/Vintage Books. Trad. *L'Unicité de la vie*, Paris, Robert Laffont, 2000.

17. Nowak, M. 2006. « Five rules for the evolution of cooperation ». *Science*, 314 : 1560-1563.

18. Bowles, S. 2006.

19. Bowles, S. 2006.
Judson, O. 2007. « The selfless gene ». *Atlantic*, October, 90-97.

20. Harbaugh, W. T., U. Mayr et D. R. Burghart. 2007. « Neural responses to taxation and voluntary giving reveal motives for charitable donations ». *Science*, 316 : 1622-1625.
Moll, J., F. Krueger, R. Zahn, M. Pardini, R. Oliveira-Souza et J. Grafman. 2006. « Human fronto-mesolimbic networks guide decisions about charitable donation ». *Proceedings of the National Academy of Sciences*, 103 : 15623-15628.
Rilling, J., D. Gutman, T. Zeh, G. Pagnoni, G. Berns et C. Kilts. 2002. « A neural basis for social cooperation ». *Neuron*, 35 : 395-405.

21. Bateson, M., D. Nettle et G. Robert. 2006. « Cues of being watched enhance cooperation in a real-world setting ». *Biology Letters*, 2 : 412-141.

22. de Guervain, D., U. Fischbacher, V. Treyer, M. Schellhammer, U. Schnyder, A. Buck et E. Fehr. 2004. « The neural basis of altruistic punishment ». *Science*, 305 : 1254-1258.
Singer, T., B. Seymour, J. Doherty, K. Stephan, R. Dolan et C. Fritch. 2006. « Empathic neural responses are modulated by the preceived fairness of others ». *Nature*, 439 : 466-469.

23. Cheney, D. L. et R. M. Seyfarth. 2008. *Baboon Metaphysics : The Evolution of a Social Mind*. Chicago, University of Chicago Press.

24. Nowak, M. 2006.

25. Norenzayan, A. et A. F. Shariff. 2008.

26. Oberman, L. M. et V. S. Ramachandran. 2007. « The simulating social mind : The role of the mirror neuron system and simulation in the social and communicative deficits of autism spectrum disorders ». *Psychology Bulletin*, 133 : 310-327.

27. Singer, T., B. Seymour, J. O'Doherty, H. Kaube, R. J. Dolan et C. D. Fritch. 2004. « Empathy for pain involves the affective but not sensory components of pain ». *Science*, 303 : 1157-1262.

28. Niedenthal, P. 2007.

29. Gallagher, H. et C. Frith. 2003. « Functional imaging of "theory of the mind" ». *Trends in Cognitive Sciences*, 7 : 77-83.

30. Singer, T. 2006. « The neuronal basis and ontogeny of empathy and mind reading ». *Neuroscience and Biobehavioral Reviews*, 30 : 855-863.

31. Coward, F. 2008. « Standing on the shoulders of giants ». *Science*, 319 : 1493-1495.

32. Gibbons, S. 2008. « The birth of childhood ». *Science*, 322 : 1040-1043.

33. Jankowiak, W. et E. Fischer. 1992. « Romantic love : A cross-cultural perspective ». *Ethnology*, 31 : 149-155.

34. Young, L. et Z. Wang. 2004. « The neurobiology of pair bonding ». *Nature Neuroscience*, 7 : 1048-1054.

35. Guastella, A. J., P. U. B. Mitchell et M. R. Dads. 2008. « Oxytocin increases gaze to the eye region of human faces ». *Biological Psychiatry*, 305 : 3-5.

36. Kosfeld, M., M. Hienrichs, P. Zak, U. Fischbacher et E. Fehr. 2005. « Oxytocin increases trust in humans ». *Nature*, 435 : 673-676.

37. Petrovic, P., R. Kalisch, T. Singer et R. J. Dolan. 2008. « Oxytocin attenuates affective evaluations of conditioned faces and amygdalia activity ». *Journal of Neuroscience*, 28 : 6607-6615.

38. Taylor, S. E., L. C. Klein, B. P. Lewis, T. L. Gruenewald, R. A. R. Gurung et J. A. Updegraff. 2000. « Biobehavioral responses to stress in females : Tend-and-befriend, not fight-or-flight ». *Psychological Review*, 107 : 411-429.

39. Fisher, H. E., A. Aron et L. Brown. 2006. « Romantic love : A mammalian brain system for mate choice ». *Philosophical Transactions of the Royal Society*, 361 : 2173-2186.

40. Aron, A., H. Fisher, D. Mashek, G. Strong, H. Li et L. Brown. 2005. « Reward, motivation, and emotion systems associated with early-stage intense romantic love ». *Journal of Neurophysiology*, 94 : 327-337.

41. Schechner, S. 2008. « Keeping love alive ». *Wall Street Journal*, 8 février, W1.

42. Fisher, H. E., A. Aron et L. Brown. 2006.

43. Eisenberger, N. I. et M. D. Lieberman. 2004.

44. Siegel, D. J. 2001.

45. Hanson, R., J. Hanson et R. Pollycove. 2002. *Mother Nurture : A Mother's Guide to Health in Body, Mind, and Intimate Relationships*. New York, Penguin.

46. Bowles, S. 2006.

47. Choi, J. et S. Bowles. 2007. « The coevolution of parochial altruism and war ». *Science*, 318 : 636-640.

48. Bowles, S. 2009. « Did warfare among ancestral hunter-gatherers affect the evolution of human social behaviors ? » *Science*, 324 : 1293-1298.

49. Bowles, S. 2006.
Keeley, L. H. 1997. *War before Civilization : The Myth of the Peaceful Savage*. New York, Oxford University Press.

Trad. *Les Guerres préhistoriques*, Monaco/Paris, Éditions du Rocher, 2003.

50. Efferson, C., R. Lalive et E. Feh. 2008. « The coevolution of cultural groups and ingroup favoritism ». *Science*, 321 : 1844-1849.

51. Sapolsky, R. M. 2006.

Chapitre 9

1. Siegel, D. 2007.

2. Ekman, P. 2007. *Emotions Revealed : Recognizing Faces and Feelings to Improve Communication and Emotional Life*, 2nd ed. New York, Holt and Company LLC.

3. Siegel, D. 2007.

4. Siegel, D. 2007.

5. Lutz, A., J. Brefczynski-Lewis, T. Johnstone et R. Davidson. 2008.

6. Lutz, A., J. Brefczynski-Lewis, T. Johnstone et R. Davidson. 2008.

7. Haidt, J ; 2007. « The new synthesis in moral psychology ». *Science*, 316 : 998-1102.

8. Gottman, J. 1995.

9. Rosenberg, M. 2008 (seconde édition). *Nonviolent Communication : A Language of Life*. Chicago, Puddledancer Press. Trad. *Les mots sont des fenêtres (ou bien ce sont des murs)*, Paris, La Découverte, 2005.

10. Niedenthal, P. 2007.

11. Brehony, K. A. 2001. *After the Darkest Hour : How Suffering Begins the Journey to Wisdom*. New York, McMillan. Trad. *Comment vaincre les difficultés du quotidien*, Paris, Pocket, 2004.

Chapitre 10

1. Fronsdal, G., trad. 2006. *The Dhammapada : A New Translation of the Buddhist Classic with Annotations*. Boston, Shambhala.

2. Gaskin, S. 2005. *Monday Night Class*. Summertown (TN), Book Publishing Company.

3. Nanamoli, B et B. Bodhi. 1995. *The Middle Length Discourses of the Buddha : A Translation of the Majjhima Nikaya (Teachings of the Buddha)*. Boston, Wisdom Publications.

4. Kornfield, J. 2008. *The Art of Forgiveness, Lovingkindness, and Peace*. New York, Bantam. Trad. *L'Art du pardon, de la bonté et de la paix*, Paris, Pocket, 2009.

5. Luskin, F. 2002. *Forgive for Good : A Proven Prescription for Health and Happiness*. New York, HarperCollins. Trad. *Pardonner pour de bon : le secret d'une vie heureuse et en santé*, Montréal, Fides, 2008.

6. Efferson, C., R. Lalive et E. Feh. 2008.

7. Fiske, S. T. 2002. « What we know about bias and intergroup conflict, the problem of the century ». *Current Directions in Psychological Science*, 11 : 123-128.

Chapitre 11

1. Jha, A. P., J. Krompinger et M. J. Baime. 2007. « Mindfulness training modifies subsystems of attention ». *Cognitive, Affective, Behavioral Neuroscience*, 7 : 109-119. Tang, Y., Y. Ma, J. Wang, Y. Fan, S. Feg, Q. Lu, Q. Yu, D. Sui, M. Rothbart, M. Fan et M. Posner. 2007.

2. Baars, B. J. 1997.

3. Lilly, J. 2006. *The Deep Self : Consciousness Exploration in the Isolation Tank*. Nevada City (CA), Gateways Books and Tapes.

4. Buschman, T. et E. Miller. 2007. « Top-down versus bottom-up control of attention in the prefrontal and posterior parietal cortices ». *Science*, 315 : 1860-1862.

5. Dehaene, S., C. Sergent et J. Changeux. 2003.

6. Braver, T., D. Barch et J. Cohen. 2002. « The role of prefrontal cortex in normal and disordered cognitive control : A cognitive neuroscience perspective ». Dans *Principles of Frontal Lobe Function*, édité par D. T. Stuss et R. T. Knight. New York, Oxford University Press.

Cohen, J., G. Aston-Jones et M. Gilzenrat. 2005. « A systems-level perspective on attention and cognitive control ». Dans *Cognitive Neuroscience of Attention*, édité par M. Posner. New York, Guilford Press.

O'Reilly, R. 2006. « Biologically based computational models of high-level cognition ». *Science*, 314 : 91-94.

7. Braver, T. et J. Cohen. 2000. « On the control of control : The role of dopamine in regulating prefrontal function and working memory ». Dans *Control of Cognitive Processes : Attention and Performance XVIII*, édité par S. Monsel et J. Driver. Cambridge (MA), MIT Press.

Chapitre 12

1. Lutz, A., H. A. Slager, J. D. Dunne et R. J. Davidson. 2008. « Attention regulation and monitoring in meditation ». *Trends in Cognitive Sciences*, 12 : 163-169.

2. Engel, A. K., P. Fries et W. Singer. 2001. « Dynamic predictions : Oscillations and synchrony in top-down processing ». *Nature Reviews Neuroscience*, 2 : 704-716.

3. Lutz, A., L. Greischar, N. Rawlings, M. Ricard et R. Davidson. 2004.

Chapitre 13

1. Lewis, M. D. et R. M. Todd. 2007.

2. Gillihan, S. et M. Farah. 2005. « Is self special ? A critical review of evidence from experimental psychology and cognitive neuroscience ». *Psychological Bulletin*, 131 : 76-97.

3. D'Amasio, A. 2000. *The Feeling of What Happens : Body and Emotion in the Making of Consciousness*. Orlando (FL), Harvest Books.

4. D'Amasio, A. 2000.

5. Gallagher, S. 2000. « Philosophical conceptions of the self : Implications for cognitive science ». *Trends in Cognitive Sciences*, 7 : 77-83.

6. Farb, N. A. S., Z. V. Segal, H. Mayberg, J. Bean, D. McKeon, Z. Fatima et A. Anderson. 2007. « Attending to the present : Mindfulness meditation reveals distinct neural modes of self-reference ». *Social Cognitive and Affective Neuroscience*, 2 : 313-322.

7. Legrand, D. et P. Ruby. 2009. « What is self-specific ? Theoretical investigation and critical review of neuroimaging results ». *Psychological Review*, 116 : 252-282.

8. Legrand, D. et P. Ruby. 2009.

9. Thompson, E. 2007.

10. Zelazo, P. D., H. H. Gao et R. Todd. 2007. « The development of consciousness ». Dans *The Cambridge Handbook of Consciousness*, édité par P. D. Zelazo, M. Moscovitch et E. Thompson. New York, Cambridge University Press.

11. Amaro. 2003. *Small Boat, Great Mountain : Theravadan Reflections on the Natural Great Perfection*. Redwood Valley (CA), Abhayagiri Buddhist Monastery.

12. Mackenzie, M. 2009. « Enacting the self : Buddhist and enactivist approaches to the emergence of the self ». *Phenomenology and the Cognitive Sciences*.

13. Gusnard, D. A., E. Abuja, G. I. Schulman et M. E. Raichle. 2001. Legrand, D. et P. Ruby. 2009.

14. Koch, C. et N. Tsuchiya. 2006. « Attention and consciousness : Two distinct brain processes ». *Trends in Cognitive Sciences*, 11 : 16-22.

Leary, M. R., C. E. Adams et E. B. Tate. 2006. « Hypo-egoic self-regulation : Exercising self-control by diminishing the influence of the self ». *Journal of Personality*, 74 : 180-183.

15. Galdi, S., L. Arcuri et B. Gawronski. 2008. « Automatic mental associations predict future choices of undecided decision makers ». *Science*, 321 : 1100-1102.

Libet, B. 1999. « Do we have free will ? » *Journal of Consciousness Studies*, 6 : 47-57.

16. Lutz, A., J. Lachaux, J. Martinerie et V. Varela. 2002. « Guiding the study of brain dynamics by first-person data : Synchrony patterns correlate with ongoing conscious states during a simple visual task ». *Proceedings of the National Academy of Sciences*, 99 : 1586-1591.

Thompson, E. 2007.

17. Leary, M. R. et N. R. Buttermore. 2003. « The evolution of the human self : Tracing the natural history of self-awareness ». *Journal for the Theory of Social Behaviour*, 33 : 365-404.

18. Mackenzie, M. 2009.

19. Stern, D. 2000. *The Interpersonal World of the Infant*. New York, Basic Books. Trad. *Le Monde interpersonnel du nourrisson*, Paris, PUF, 2003.

20. Takahashi, H., M. Kato, M. Matsuura, D. Mobbs, T. Suhara et Y. Okubo. 2009. « When your gain is my pain and your pain is my gain : Neural correlates of envy and schadenfreude ». *Science*, 323 : 937-939.

21. Bowles, S. 2006.

22. Shantideva. 2003. *The Way of the Bodhisattva : A Translation of the Bodhicharyavatara*. Boston, Shambhala. P 113.

23. Thompson, E, et F. J. Varela. 2001.

Appendice. Neurochimie nutritionnelle

1. Galli, R. L., D. F. Bielinski, A. Szprengiel, B. Shukitt-Hale et J. A. Joseph. 2006. « Blueberry supplemented diet reverses age-related decline in hippocampal HSP70 neuroprotection ». *Neurobiology of Aging*, 27 : 344-350. Joseph, J. A., N. A. Denisova, G. Arendash, M. Gordon, D. Diamond, B. Shukitt-Hale et D. morgan. 2003. « Blueberry supplementation enhances signaling and prevents behavioral deficits in an Alzheimer disease model ». *Nutritional Neuroscience*, 6(3) : 153-162.

2. Wu W., A. M. Brickman, J. Luchsinger, P. Ferrazzano, P. Pichiule, M. Yoshita, T. Brown, C. DeCarli, C. A. Barnes, R. Mayeux, S. Vannucci et S. A. Small. 2008. « The brain in the age of old : The hippocampal formation is targeted differentially by diseases of late life ». *Annals of Neurology*, 64 : 698-706.

3. Messier, C. et M. Gagnon. 2000. « Glucose regulation and brain aging : Nutrition and cognitive decline ». *The Journal of Nutrition Health, and Aging*, 4 : 208-213.

4. Hadjivassiliou, M., R. A. Gunwale et G. A. B. Davies-Jones. 2002. « Gluten sensitivity as a neurological illness ». *Journal of Neurology, Neurosurgery and Psychiatry*, 72 : 560-563.
Hadjivassiliou, M., A. Gibson, G. A. B. Davies-Jones, A. J. Lobo, T. J. Stephenson et A. Milford-Ward. 1996. « Does cryptic gluten sensitivity play a part in neurological illness ? » *Lancet*, 347 : 369-371.

5. Park, M., G. W. Ross, H. Petrovitch, L. R. White, K. H. Masaki, J. S. Nelson, C. M. Tanner, J. D. Curb, P. L. Blanchette et R. D. Abbott. 2005. « Consumption of milk and calcium in midlife and the future risk of Parkinson disease ». *Neurology*, 64 : 1047-1051.

6. Kaplan, B. J., S. G. Crawford, C. J. Field et J. S. A. Simpson. 2007. « Vitamins, minerals, and mood ». *Psychological Bulletin*, 133 : 747-760.

7. Clarke, R., J. Birks, E. Nexo, P. M. Ueland, J. Schneede, J. Scott, A. Molloy et J. G. Evans. 2007. « Low vitamin B-12 status and risk of cognitive decline in older adults ». *American Journal of Clinical Nutrition*, 86 : 1384-1391.

Vogiatzoglou, A., H. Refsum, C. Johnson, S. M. Smith, K. M. Bradley, C. de Jager, M. M. Budge et A. D. Smith. 2008. « Vitamin B12 status and rate of brain volume loss in community-dwelling elderly ». *Neurology*, 71 : 826-832.

8. Miller, A. 2008. « The methylation, neurotransmitter, and antioxidant connections between folate and depression ». *Alternative Medicine Review*, 13(3) : 216-226.

9. Marz, R. B. 1999. *Medical Nutrition from Marz*, 2nd ed. Portland (OR), Omni Press.

10. Ma, Q. L., B. Teter, O. J. Ubeda, T. Morihara, D. Dhoot, M. D. Nyby, M. L. Tuck, S. A. Frautschy et G. M. Cole. 2007. « Omega-3 fatty acid docosahexaenoic acid increases SorLA/LR11, a sorting protein with reduces expression in sporadic alzheimer's disease (AD) : Relevance to AD prevention ». *The Journal of Neurosciences*, 27 : 14299-14307.

Puri, B. K. 2006. « High-resolution magnetic resonance imaging sincinterpolation-based subvoxel registration and semi-automated quantitative lateral ventricular morphology employing threshold computation and binary image creation in the study of fatty acid interventions in schizophrenia, depression, chronic fatigue syndrome, and Huntington's disease ». *International Review of Psychiatry*, 18 : 149-154.

Singh, M. 2005. « Essential fatty acids, DHA, and human brain ». *Indian Journal of Pediatrics*, 72 : 239-242.

Su, K., S. Huang, C. Chiub et W. Shenc. 2003. « Omaga-3 fatty acids in major depressive disorder : A preliminary double-blind, placebo-controlled trial ». *European Neuropsychopharmacology*, 13 : 137-271.

11. Hyman, M. 2009. *The UltraMind Solution*. New York, Scribner.

12. Kidd, P. 2005. « Neurodegeneration from mitochondrail insufficiency : Nutrients, stem cells, growth factors, and prospects for brain rebuilding using integrative management ». *Alternative Medicine Review*, 10 : 268-293.

13. Morris, M. C., D. A. Evans, C. C. Tnagney, J. L. Bienas, R. S. Wilson, N. T. Aggarwal et P. A. Scherr. 2005. « Relation of the tocopherol forms to incident Alzheimer disease and to cognitive change ». *American Journal of Clinical Nutrition*, 81 : 508-514.

14. Marz, R. B. 1999.

15. Hyman, M. 2009.

16. Murray, R. K., D. K. Granner, P. A. Mayes et V. W. Rodwell. 2000. *Harper's Biochemistry*, 25th ed. New York : McGraw-Hill.

17. Hyman, M. 2009.
Marz, R. B. 1999.

18. Murray, R. K., D. K. Granner, P. A. Mayes et V. W. Rodwell. 2000.

19. Hyman, M. 2009.

20. Pedata, F., L. Giovannelli, G. Spignoli, M. G. Giovannini et G. Pepeu. 1985. « Phosphatidylserine increases acetylcholine release from cortical slices in aged rats ». *Neurobiology of Aging*, 6 : 337-339.

21. Hyman, M. 2009.

22. Spagnoli, A., U. Lucca, G. Menasce, L. Bandera, G. Cizza, G. Forloni, M. Tettamanti, L. Frattura, P. Tiraboschi, M. Comelli, U. Senin, A. Longo, A. Petrini, G. Brambilla, A. Belloni, C. Negri, F. Cavazzuti, A. Salsi,

P. Calogero, E. Parma, M. Stramba-Badiale, S. Vitali, G. Andreoni, M. R. Inzoli, G. Santus, R. Caregnato, M. Peruzza, M. Favaretto, C. Bozeglav, M. Alberoni, D. de Leo, L. Serraiotto, A. Baiocchi, S. Scoccia, P. Culotta et D. Ieracitano. 1991. « Long-term acetyl-L-carnitine treatment in Alzheimer's disease ». *Neurology*, 41 : 1726.

23. Hyman, M. 2009.

24. Cheng, D. H., H. T. Ren et C. Xi. 1996. « Huperzine A, a novel promising acetylcholinesterase inhibitor ». *NeuroReport*, 8 : 97-101.

Sun, Q. Q., S. S. Xu, J. L. Pan, H. M. Guo et W. Q. Cao. 1999. « Huperzine-A capsules enhance memory and learning performance in 34 pairs of matched adolescent students ». *Zhongguo yao li xue bao [Acta Pharmacologica Sinica]*, 20 : 601-603.

25. Hyman, M. 2009.

Table des matières

Deuxième partie
Bonheur

APPENDICE